新MHK轻松过

模拟试题及详解

苗东霞 主编
苗东霞 赵凤珠 阮宝娣 编著

二级

北京语言大学出版社
BEIJING LANGUAGE AND CULTURE UNIVERSITY PRESS

图书在版编目（CIP）数据

新 MHK 轻松过（二级）模拟试题及详解 / 苗东霞主编
. -- 北京：北京语言大学出版社，2021.5
ISBN 978-7-5619-5835-3

Ⅰ. ①新… Ⅱ. ①苗… Ⅲ. ①汉语－少数民族教育－水平考试－习题集 Ⅳ. ① H19-44

中国版本图书馆 CIP 数据核字（2021）第 059500 号

新 MHK 轻松过 （二级）模拟试题及详解
XIN MHK QINGSONG GUO (ER JI) MONI SHITI JI XIANGJIE

排版制作：北京创艺涵文化发展有限公司
责任印制：周 燚

出版发行：北京语言大学出版社
社 址：北京市海淀区学院路 15 号，100083
网 址：www.blcup.com
电子信箱：service@blcup.com
电 话：编辑部 8610-82303390
国内发行 8610-82303650/3591/3648
海外发行 8610-82303365/3080/3668
北语书店 8610-82303653
网购咨询 8610-82303908
印 刷：北京鑫丰华彩印有限公司

版 次：2021 年 5 月第 1 版 印 次：2021 年 5 月第 1 次印刷
开 本：889 毫米 × 1194 毫米 1/16 印 张：20.25
字 数：436 千字
定 价：62.00 元

PRINTED IN CHINA

前言

自2002年出版第一本MHK图书——《MHK大纲（三级）》以来，伴随着MHK考试推行范围的扩大，北京语言大学出版社（以下简称“北语社”）的MHK图书出版也走过了18年的历程。这18年中，北语社一系列MHK图书帮助一届届学子顺利通过了考试，提高了国家通用语言文字水平。

社会的发展日新月异，新事物、新理念层出不穷，新的MHK大纲也应运而生。北语社也与时俱进，依据新考试大纲，推出了大型MHK图书系列——“新MHK轻松过”系列。本系列图书体系清晰，品类齐全：既有依据新教学理念编写的考教结合类教材，又有高质量的试卷合辑；既有对考生宏观的考试指导，又有微观的试题解析。可以说，本系列图书满足了考生的各方面需求。

“新MHK轻松过”系列图书架构

级别	考试教程				分项分类练习	附答案详解的模拟试题	模拟试卷合辑 *
一级	听力理解教程	阅读理解教程	书面表达教程	口语考试教程	全项一本通	模拟试题及详解	模拟题集
二级	听力理解教程	阅读理解教程	书面表达教程	口语考试教程	全项一本通	模拟试题及详解	模拟题集
三级	听力理解教程	阅读理解教程	书面表达教程	口语考试教程	全项一本通	模拟试题及详解	模拟题集
四级	听力理解教程	阅读理解教程	读后写教程	口语考试教程	全项一本通	模拟试题及详解	模拟题集

* 每个级别的模拟试卷合辑均有多册，按1、2、3、4排序。

“新MHK轻松过”系列特色

❶ 新大纲，新题型，新语料

本系列所有图书都是依照新大纲编写的，语料涉及的词汇全面覆盖新大纲词汇表，试题按照新大纲样卷中的题型编排，语料反映最新的社会发展状况。一切都力图体现一个“新”字。

❷ 灵活搭配，自由组合，全方位提升

本系列每个级别都包含四类图书，一类一功能，互为补充。考生可以按照图书功能依次使用各册图书，也可以根据自己的语言水平灵活选用。可先使用考试教程，夯实基础；然后进行分项分类练习，逐项巩固；最后使用模拟题集熟悉考试流程，为正式考试做准备。也可以直接使用附答案详解的模拟试题或模拟试卷合辑，先进行考前演练，从中找差距，再针对自己的弱项使用考试教程进行提升。总之，灵活选用本系列图书，可全方位提升考生的应考能力和语言水平。

❸ 好教，好用，配套齐全

本系列图书作者在深入研究新旧两版大纲的基础上，比较新旧大纲的异同，逐个分析考点，逐条讲练应试策略，力求图书有用、适用、好用。其中配有录音的分册，考生扫描二维码可随时听配套录音。考试教程配有教案、课件，供教师教学时参考。

关于本册

本册依据《MHK 大纲（二级）》（修订版）编写，全面分析了大纲中的考点并提炼出应试策略和技巧；编者选取反映社会发展的最新语料编制了 10 套模拟试题，语料涉及的词汇全面覆盖大纲词汇表，题型与大纲样卷的题型保持一致。

本册结构

本册分为四个部分：考点分析、模拟试题、听力理解录音材料、答案及详解。

❶ 考点分析

本部分全面分析了《MHK 大纲（二级）》（修订版）中的考点，旨在帮助考生明确考试要求，做好应考准备。针对每个考点，先进行例题解析，再提炼出应试策略和技巧，为考生熟悉题型、掌握学习方法、提高学习效率指明了路径。

❷ 模拟试题

模拟试题共有 10 套。题型与大纲样卷的题型保持一致；语料涵盖社会生活、科学技术、历史文化、文学艺术、人物故事、经济发展等各个方面的内容；语料的选取遵循针对性、实用性、趣味性、科学性的原则，既考查语言水平，又实现开卷有益。

❸ 听力理解录音材料

录音材料是听力理解考试的重要组成部分，放在本册 10 套模拟试题之后。考生可参照录音材料反复听录音，掌握听力技巧，提高听力水平。

❹ 答案及详解

每套题的“答案及详解”均包括“答案速查”和“详细解析”两个板块。“答案速查”便于考生迅速查对答案，估算测试成绩；“详细解析”归纳了每道题涉及的考点，并详细解析答题思路，帮助考生建立正确的答题思路，提高答题的准确率。

使用建议

准备参加 MHK（二级）考试的考生，既可以在教师的指导下学习本书，也可以自学。但无论采用何种方式，都要先认真学习、领悟各部分考点分析的内容，再有计划地做模拟试题，最后对照题解理清答题思路。这样就能循序渐进地提高思辨能力，最终顺利通过考试。

将本书用于课堂教学的教师，可以根据以下建议安排课时：每个部分的考点分析均用 6 ～ 8 课时讲授；每套模拟试题结合答案及详解进行讲练，均用 4 课时讲授。

本书由赵凤珠、阮宝娣、苗东霞三位作者共同编写。其中，听力理解考点分析、模拟试题中的听力理解部分、听力试题的答案及详解由赵凤珠和阮宝娣编写，阅读理解考点分析、模拟试题中的阅读理解部分、阅读试题的答案及详解由赵凤珠编写，书面表达考点分析、模拟试题中的书面表达部分、书面表达试题的答案及详解和范文由苗东霞编写。

在本系列图书编写过程中，我们从国内出版的各种报纸、杂志以及网络上选用了一些语料，并对语料做了适当改写，在此，我们向原作者表示诚挚的感谢。由于种种客观原因，目前我们无法与所有语料的原作者一一取得联系，希望原作者看到本系列图书后尽快与我们联系，我们将按照有关规定支付稿酬。

最后，希望本系列图书给广大考生带来新颖的理念、便捷的体验和立竿见影的实效。祝愿广大考生使用本系列图书后，在 MHK 考试中都取得理想的成绩，切实提高国家通用语言文字水平。

目 录

第一部分

考点分析

一　听力理解考点分析

以下对听力理解题型和考点的分析均以《MHK大纲（二级）》（修订版）为依据。

听力理解是MHK（二级）的第一项考试内容，共35题，考试时间约为35分钟。听力理解分测验由两部分试题组成：

第一部分共15题，这一部分试题都是两个人的简短对话，第三个人根据对话提出一个问题，考生听完以后应在试卷上的四个选项中选出最恰当的答案，然后在答题卡上找到相应的题号，并在代表所选答案的字母上画一横道。

第二部分共20题，这一部分试题包括多轮对话和简短讲话，每段对话或讲话之后会提出几个问题，考生听完以后应在试卷上的四个选项中选出最恰当的答案，并在答题卡上找到相应的题号，在代表所选答案的字母上画一横道。

听力理解主要考查应考者在日常生活、学习和社会交往过程中的听力理解能力，包括听懂正常语速的对话和简短讲话。

听力理解的考点

☆能领会听力材料的内容要点或大意；

☆能大体领会说话人的观点和态度；

☆能基本掌握听力材料的主要事实和比较具体的信息；

☆能根据需要适当运用各种听力策略。

•考点一　能领会听力材料的内容要点或大意

例题解析

【例1】

A 陪她看病

B 替她请假

C 照顾病人

D 问候老师

（样卷第3题）

［录音材料］

女：我妈妈生病住院了，需要人照顾。你能帮我跟老师说一声吗？

男：没问题，放心吧。

问：女的让男的帮她做什么？

正确答案是 B。本题主要考查的是考生能否领会听力材料的内容要点或大意。女的跟男的说自己妈妈生病住院了，需要人照顾，想让男的把这件事情跟老师说一声。“说一声”在这里的意思就是帮她请个假。选项 B“替她请假”符合题意，选项 A、C、D 都不是女的让男的帮她做的事情。

【例 2】

A 过于细心

B 很有才能

C 做事稳当

D 缺点很多

（样卷第 23 题）

［录音材料］

一个少年认为自己最大的缺点是不够大胆，所以他去看医生。

医生听了他介绍的情况后说：“这怎么叫缺点呢？明明是个优点嘛。你只不过是做事的时候考虑得比较多，而这样的人一般来说比较可靠，很少惹麻烦。”

少年有些怀疑：“照您这么说，勇敢不就成为缺点了？”

医生摇摇头，说：“不，勇敢是一种优点，而胆小是另一种优点。胆小和勇敢，就好像白银和黄金，人们重视黄金，但并不是说要否定白银。如果你是个战士，胆小显然是缺点；但如果你是个司机，胆小则是优点。你不用因为自己的胆小而担心，你应该利用这个特点，想办法增长自己的才能。”

问：医生觉得少年是什么样的人？

正确答案是 C。本题主要考查的是考生能否领会听力材料的内容要点或大意。医生认为做事时考虑比较多的人比较可靠，很少惹麻烦，与选项 C“做事稳当”意思吻合。选项 A 讲话中没有提到，选项 B、D 均不是医生对少年的看法。

应试策略和技巧

此类考题主要考查考生能否领会听力材料的内容要点或大意。一般来说，这种类型的题经常会有以下几种提问方式：

① 这段话（对话）主要告诉我们什么？ / 这段话（对话）的主要内容是什么？

② 从这段话（对话）中我们可以知道什么？

③ 说话人（男的、女的）要表达的意思是什么？

④ 下列哪一项正确 / 不正确 / 没有提到？

要想解答好这类题，可从以下几个方面入手：

1. 抓关键信息

不论是对话还是简短讲话，一般来说都只有一个中心。考生要想选出正确答案，必须在听的时候找到中心和重要细节。一般来说，录音材料提到最多的是“谁、什么、做什么、怎么样、为什么、哪个”，这是听力考试的基本思路。另外，考生在听之前看选项找关键信息也很重要。比如：“医院人一定很多，咱们早点儿去吧。”关键信息就是“早点儿去”，前边是想早去的理由。这个句子的中心是医院，因此问题一定跟医院有关系。

当我们听一段对话或简短讲话时，抓关键信息是有规律可循的。一般来说，对话或讲话里只有一个中心，另外还有几个细节和中心有关系。因为我们不知道会问中心还是细节，所以都要注意。比如：“男：明天就要比赛了，我真急死了。女：急什么呀！还能选不上吗？”这段对话的中心是“着急”，关键信息当然是“急什么呀”，表示否定意义。另外后边的“还能选不上吗？”并不是问句，而是用反问的语气表示肯定。考生需要在考前有目的地练习抓关键信息，从而逐步掌握做题方法。

2. 多总结归纳

在听力理解中，有很多问题不能直接找到答案，而是要对听力材料进行归纳总结才能得出正确答案。一般稍长一点儿的对话或简短讲话后会跟着 2 ～ 3 个问题，其中一个问题常常会问主要内容是什么，考生需要边听边总结出听力材料的重点和主要内容。此外，每一段听力材料后的问题提问的侧重点都不同，有的会问一个问题的几个方面，有的会问不同人的观点，有的会问事情发生的原因，等等。因此，在听的过程中，考生要听清问题的侧重点，并把最主要的内容总结出来。比如下面这段话：

一个人怀疑自己得了病，他去医院找有名的医生检查。医生检查完了以后，什么也没有对他说，就开始在诊断书上写：“胃癌、血癌、肺癌……”那个人看了后，大声地哭了起来，问医生自己还能活几天。医生说：“别着急，我还没写完呢！”说完就接着写：“胃癌等，都可以排除。”

问：根据这段话，我们可以知道什么？

这段材料讲述的是一件事的过程，没有关于主要内容的总结，因此考生要自己总结才能得出答案。总结后的主要线索是去医院——没写完的诊断书——哭——写完的诊断书。根据这个线索即可推断出正确选项。

•考点二　能大体领会说话人的观点和态度

例题解析

【例 3】

A 赞扬

B 劝告

C 遗憾

D 苦恼

（样卷第 6 题）

［录音材料］

女：你不能总是抱怨别人，也应该替对方想一想啊。

男：你说得对，我的确没有替别人考虑过。

问：女的是什么语气？

正确答案是 B。本题主要考查的是考生能否领会说话人的观点和态度。女的对男的说不能总是抱怨，应该替对方想一想，可以看出女的是一种劝告或建议的语气。选项 B“劝告”符合题意。

【例 4】

A 安慰鼓励女的

B 给女的纠正错误

C 夸奖女的学习努力

D 询问女的学习情况

（样卷第 8 题）

［录音材料］

女：这个概念我反复看了好几遍，可考试时还是写错了。

男：没关系，这次是月考，问题不大。你这次注意了，下次肯定就能做对了。

问：男的在做什么？

正确答案是 A。本题主要考查的是考生能否领会说话人的观点和态度。女的说自己考试时写错了，男的说没关系，男的显然是在安慰女的。从“下次肯定就能做对了”中可以看出男的在鼓励女的。因此只有选项 A 符合题意。

【例 5】

A 不够一致

B 不够全面

C 难以理解

D 站不住脚

（样卷第 33 题）

［录音材料］

一般人们认为晚上 10 点到凌晨 3 点睡觉是最好的，因为晚上 12 点到凌晨 3 点，是人的深度睡眠期，只要这三个小时睡好了，就能保证一天都有精神，如果错过了，则会不利于身体健康。而从入睡到进入深度睡眠一般需要 30 到 60 分钟，所以，晚上 10 点到 10 点半睡觉最好。然而这样的观点有一定的片面性，因为这种观点是以“睡觉一定要在晚上”为前提的。

实验证明，生物钟默认的睡眠时间，指的是睡后的六至八小时，因此什么时候开始睡觉并不特别重要，重要的是睡眠的时间要足够，并且要养成好的休息习惯。也就是说，所谓的“作息时间”，只是一种习惯而已，是可以改变的。当然，一个新习惯的养成需要一定的时间，一般为三到五天，所以习惯的交替最好不要太频繁。

问：对于一般人关于睡觉的观点，说话人的看法是什么？

正确答案是 B。本题主要考查的是考生能否把握听力材料中的关键信息。材料中提到，说话人认为这样的观点有一定的片面性，选项 B“不够全面”与“有一定的片面性”意义一致。因此只有选项 B 符合题意。

应试策略和技巧

这类题主要考查考生能否大体领会说话人的观点和态度。它包括对话和简短讲话中涉及的观点和态度等。一般来说，这种类型的题主要有以下几种提问方式：

①男的（女的）是什么语气 / 意思 / 态度？

②男的（女的）想做什么 / 感觉怎么样？

③说话人（男的、女的）认为应该怎么做？

这类题主要有以下几个难点：第一，录音中出现的观点有时不止一个，考生并不知道会问哪个；第二，有些观点不直接说出来，而是通过双重否定或比较等方式来表达；第三，从录音中无法直接听到跟选项一致的答案，需要结合上下文推断说话人的观点；第四，对话和简短讲话中说话人的态度往往需要听清楚几个关键信息才能判断。

因此，要想解答好这类题，可从以下几个方面入手：

1. 通过全文整合信息

考生在听录音时要能辨别出录音中出现了几种观点，并初步判断哪一个是重点。一般录音中出现两种或三种观点的情况比较多。如果只出现两种观点，一定要听清楚谁是什么观点。如果出现了两种以上的观点，可能是一个人前后两种不同的观点，也就是说包括一个（些）人的新观点、旧观点和另一个（些）人的观点。考生在听的过程中要学会整合信息，因为有些问题需要把全文的几个关键信息联系起来考虑才能得出真正的观点。例 5 中首先提到了大多数人对睡眠的看法，紧接着又给出了说话人的观点——有一定的片面性，最后根据实验结果又给出了新的观点。由于题干只问到了说话人的观点，所以考生需要在听完全文信息的基础上进行整合并推断出答案。

2. 抓住能体现说话人态度的关键信息

在听力理解中，态度题一般有同意、反对、犹豫和无所谓四类，有时还会表现出程度的不同。考生在听录音时要格外注意说话者的语气，抓住能体现说话者态度的关键信息。

表 1　表示态度的关键语句

表示同意	① 我当然要去了。 ② 非常好，我举双手赞成。 ③（你的字真好看！）那还用说？ ④（这孩子真懂事啊！）可不是嘛！
表示反对	① 我哪儿说过了？你听谁说的？ ② 好什么呀，这事一点儿也不好。 ③ 去商场没意思，我不想去。 ④ 你说什么都没用，我是不会同意的。
表示犹豫	① 去看她吧，真没有时间；不去吧，情理上说不过去。 ② 她一会儿想往前走，一会儿想往后撤退，可是始终没有任何动作。
表示无所谓	① 去旅游也行，待在家里也行。 ② 你想穿什么就穿什么吧，随你的便。

•考点三 能基本掌握听力材料的主要事实和比较具体的信息

【例6】

A 姐弟

B 母子

C 兄妹

D 父女

（样卷第2题）

［录音材料］

男：姐姐，待会儿别忘了多带一件衣服给妈妈。

女：好。一会儿出门的时候你再提醒我一下。

问：说话人最可能是什么关系？

正确答案是A。本题主要考查的是考生能否掌握对话中的主要事实并进行推理判断。男的管女的叫"姐姐"，由此判断对话人是姐弟关系。选项A"姐弟"符合题意。

【例7】

A 医院

B 码头

C 火车站

D 电影院

（样卷第1题）

［录音材料］

男：同志，我买两张到北京的车票。

女：这是退票的窗口，买票请您到那边排队。

问：对话最可能发生在哪里？

正确答案是C。本题主要考查的是考生能否掌握对话中的具体信息并进行推理判断。"车票""窗口""买票""排队"是对话中的关键词，我们根据这些关键词可以推断出对话发生的地点是在"车站"或"火车站"。选项C"火车站"符合题意。

【例 8】

A 晚上 10 点

B 晚上 11 点

C 晚上 12 点

D 凌晨 1 点

（样卷第 32 题）

[录音材料]

一般人们认为晚上 10 点到凌晨 3 点睡觉是最好的，因为晚上 12 点到凌晨 3 点，是人的深度睡眠期，只要这三个小时睡好了，就能保证一天都有精神，如果错过了，则会不利于身体健康。而从入睡到进入深度睡眠一般需要 30 到 60 分钟，所以，晚上 10 点到 10 点半睡觉最好。然而这样的观点有一定的片面性，因为这种观点是以“睡觉一定要在晚上”为前提的。

实验证明，生物钟默认的睡眠时间，指的是睡后的六至八小时，因此什么时候开始睡觉并不特别重要，重要的是睡眠的时间要足够，并且要养成好的休息习惯。也就是说，所谓的“作息时间”，只是一种习惯而已，是可以改变的。当然，一个新习惯的养成需要一定的时间，一般为三到五天，所以习惯的交替最好不要太频繁。

问：大多数人认为几点睡觉最好？

正确答案是 A。本题主要考查的是考生能否掌握讲话中的关键信息。讲话开始便提到了“一般人们认为晚上 10 点到凌晨 3 点睡觉是最好的”的观点，并紧接着给出了一些解释，最终得出结论——晚上 10 点到 10 点半睡觉最好。因此，选项 A 符合题意。

【例 9】

A 生病了

B 不在家

C 不会打篮球

D 下周去云南

（样卷第 13 题）

[录音材料]

女：小林和他父母一起去云南旅游了，下周才回来。

男：怪不得这两天打球他都没来，我还以为他生病了呢。

问：关于小林，我们可以知道什么？

正确答案是 B。本题主要考查的是考生能否掌握对话中的关键信息并进行推理判断。女的说小林和他父母一起去云南旅游了，下周才回来，由此可知小林现在不在家。选项 B 符合题意。

应试策略与技巧

此类考题主要考查考生能否掌握听力材料的主要事实和比较具体的信息，包括对话和简短讲话中涉及的时间、数量、职业、关系，以及一件事情的简要过程等。要想解答好这类题，可从以下几个方面入手：

1. 熟记相关领域的关键词

在听力考试中，对时间、地点、数量、工具、职业和人物关系等的考查比较常见，考生需熟记这些领域的关键词。比如，例5中的“姐姐”和例6中的“车票”都是关键词，把握这些关键信息对考生正确答题意义重大。我们对常考项目的常见关键词进行了总结，希望考生牢记。

表2　表示时间的常用词语

时点	一月、二月……，一号、二号……，初一、初二……，星期一、星期二……，周一、周二……，一点（钟）、三点一刻、五点四十（分）、差五分七点，十九世纪、2021年、二十世纪九十年代，去年、今年……，第一季度、第二季度……，月初、月中、月底、上旬、中旬、下旬、年初、年底，三天（以/之）前、三天（以/之）后、前（后）半天、前（后）半个星期、前（后）半个月，春天（季）、夏天（季）……，春节、元旦、中秋节……
时段	一个星期、两个星期……，一周、两周……，一秒、半个小时、一天、五个月、三年……
表示动作或行为发生的先后	先、然后、后来、以后、一……就……
表示动作或行为重复发生或反复进行	又、再、还、再三……
表示过去某个时间已经发生的动作或行为	刚、刚刚、已、已经、曾经……
表示动作或行为正在进行	正、正在、在……
表示动作或行为将要发生	将、将要、立刻、马上、就要、快要……
表示动作或行为一起发生	同时、一边……一边……

表 3　与某地点相关的活动

学校	办公室、教室、操场、食堂、值班、上课、下课、考试、听课、写作业、交作业……
医院	看病、检查、发烧、头疼、咳嗽、吃药、化验、住院……
饭馆	菜单、点菜、点、结账（埋单、买单）、好吃、味道、贵、便宜……
银行	存钱、取钱、利息、密码、储蓄卡、信用卡、兑换……
商场	试一试、换一件（条、双、个）、合适、不大不小、肥、瘦、长、短、颜色……
邮局	邮票、包裹、寄、特快专递、明信片……
宾馆	标准间、多人间、大床房、身份证……
火车站	火车票、硬卧、软卧、硬座、卧铺、候车、进站、出站、站台……
飞机场	航班、安检、候机、登机、起飞、到达、前往、送行、告别、行李……
图书馆	借、还、续借、杂志、报纸、过期……

表 4　表示数量的常用词语

位数	十、百、千、万、十万、百万、千万、亿……
概数	来、多、把、左右、上下、以上、以下、几……
序数	第一天、第二次、第三名、大哥、二哥……、大伯、二伯……、头班车……
倍数和分数	倍、半、……分之……、百分之……、点（一点五）……

表 5　表示工具的常用词语

交通	汽车、公共汽车、出租汽车、地铁、飞机、马车、自行车、摩托车、火车、三轮车、长途客车……
学习	铅笔、钢笔、圆珠笔、涂改液、修正带、橡皮、尺子、铅笔盒 / 袋、圆规、词典……
生活	电话、信、信封、瓶子、罐头、梳子、勺、筷子、碗、茶壶、杯子、水瓶、剪子、刀、雨伞、雨衣、电视、电脑、洗衣机、被子、毛巾、牙刷、抹布……

表 6　表示职业的常用词语

工人、农民、职员、老师、医生、护士、厨师、营业员、售票员、司机、服务员、修理工、演员、导演、运动员、教练、歌手、主持人……

表 7　表示人物关系的常用词语

亲属	父子（女）、母子（女）、兄弟、兄妹、姐妹、姐弟、夫妻、婆媳……
其他	同学、同事、朋友、邻居、老师与学生、老师与家长、医生与病人、营业员与顾客、银行职员与顾客、修理工与顾客、售票员与乘客、邮局职员与顾客、乘务员与旅客、服务员与顾客、图书管理员与读者、机场工作人员与旅客、出租车司机与乘客……

表 8　常见事物和活动分类

家务	洗衣服、洗衣机、洗衣粉、做饭、厨房、洗菜、切菜、炒菜、酱油、卫生、擦家具、擦玻璃、扫地、拖地、整理房间……
购物	米、油、盐、酱油、醋、茶、饮料、食品、蔬菜、肉类、蛋类、服装、售货员、价钱、质量、款式、面料、颜色、尺寸、号码、柜台、顾客、打折、超市、商店、洗发水、洗面奶、护肤品、牙刷、牙膏、毛巾、卫生纸、洗衣粉、香皂……
出行	公共汽车、×× 路车、售票员、下一站、出租车、打表、火车、火车站、候车室、站台、车次、车厢、卧铺、餐车、船、飞机、机场、候机室、机舱、班次、自行车……
工作	办公室、文件、工资、工作环境……
学习	老师、讲台、黑板、板书、书、笔记、考试、成绩、试卷、排名……
运动	×× 球、登山、跑步、郊游、太极拳、太极剑、气功……
娱乐	唱歌、跳舞、下棋、打扑克、看电影、看电视、看演出、听音乐会……
旅游	旅游团、导游、宾馆、饭店、旅游车、名城、名山、大海……
交际	朋友聚会、走亲访友……

2. 培养根据关键信息进行推断的能力

在听力理解中，对于听力材料的主要事实和比较具体的信息的考查，一般有两种情况：一种是正确答案在材料中直接出现，考生可直接得出答案，这种题目相对比较简单，还有一种情况是材料中没有直接给出答案，且材料中涉及的人与人之间、人与事之间或事与事之间的关系也比较复杂，这就需要考生能够通过关键信息来联想场景并进行推理。比如，例 9 中并没有直接提到“不在家”，但是考生如果听到了“旅游”和“下周才回来”这两个关键信息，就能轻松地推断出正确答案。

• 考点四　能根据需要适当运用各种听力策略

除了上述我们提到的与试题中的内容大意、关键信息等密切相关的考试技巧以外，在听力考试中还应该注意以下策略：

1. 先看选项，预测问题

听之前，考生要充分利用有效时间快速浏览备选答案，预测提出的问题。可以利用的时间有两部分：一是听力试卷发下来后，此时要快速看一遍试卷上的备选答案，根据备选答案预测问题，而不是等着老师放录音；二是答完一道题以后，就要快速看下一道题的备选答案，并预测问题。选项中多次出现的词语，可以当作已知信息，比如备选答案都跟时间有关，那么在听录音的时候就应该把注意力放在时间上，如果备选答案和人物之间的关系有关，那么就把注意力集中在与说话人之间的关系有关的词句上，等等。

2. 仔细倾听，及时记录

在听录音时，考生可以根据自己预测的问题简单记录听到的关键词，如时间、地点、人物、数量等。关键词最好与预测的问题相关，以便让记录更有效。记录时可采用自己能够看懂的缩写、符号、关键字或读音等形式，以节省时间。

3. 稳定情绪，不急不躁

听力理解对大部分考生来说都比较难，很多考生对此有恐惧感，心理压力较大。在这种情况下，保持良好的心态是非常重要的。切忌只听到一个词语或一句话就做出选择，要耐心听完全部内容再根据问题选择答案。此外，考生进入考场后，一定要保持一颗平常心，相信自己，不焦不躁，集中精力，认真答题。只有这样，才能全身心地投入考试当中去，发挥出自己的最佳水平。

二　阅读理解考点分析

以下对阅读理解题型和考点的分析均以《MHK大纲（二级）》（修订版）为依据。

阅读理解是MHK（二级）的第二个分测验，共40题，考试时间为40分钟，包括题材、体裁、语体、长度不同的语言材料。阅读理解分测验由两部分试题组成：

第一部分共15题，每题都是一个句子，其中前十题里每题一个空，后五题里每题两个空。四个选项分别是一个或两个词语，要求考生从中挑选出填入空中最恰当的词语，然后在答题卡上找到相应的题号，并在代表所选答案的字母上画一横道。

第二部分共25题，共有七篇阅读材料，每篇材料后会有三至四个问题。每个问题有四个选项，考生需从中选出最恰当的答案，并在答题卡上找到相应的题号，在代表所选答案的字母上画一横道。

阅读材料选自各种报纸、杂志、书籍，内容覆盖一般的社会文化、日常生活、科普常识、人物活动、地理环境等不同领域。主要考查考生的阅读速度和对阅读材料的理解能力，要求考生能根据阅读需要适当运用阅读策略。

阅读理解的考点

☆能掌握词语在句子中的含义和用法，做到正确辨别和理解句义；

☆能根据需要获取阅读材料的细节信息；

☆能基本领会阅读材料的主要内容和中心意思；

☆能领会阅读材料作者的观点、态度、情感、意图、倾向等。

•考点一　能掌握词语在句子中的含义和用法，做到正确辨别和理解句义

例题解析

【例1】

36．我只比你____早到了一点儿。

A 格外

B 偏偏

C 稍微

D 毕竟

（样卷第36题）

正确答案是 C。本题主要考查的是考生能否掌握词语在句子中的含义和用法。具体考查考生能否正确理解句义和掌握副词“稍微”的意义及用法。“稍微”表示程度轻，与“只”和“一点儿”的意义一致。“格外”表示程度高，“偏偏”表示与预期的事实相反，“毕竟”强调事实或原因，A、B、D 均与句义不符。

【例 2】

37. 没人会看不起你，除非你____自己。

A 爱惜

B 感激

C 欺负

D 轻视

（样卷第 37 题）

正确答案是 D。本题主要考查的是考生能否掌握词语在句子中的含义和用法。具体考查考生能否正确理解句义和掌握动词“轻视”的意义及用法。题干中的“看不起”与选项 D“轻视”的意义一致，符合题意；选项 A、B 与题意相反；选项 C 不符合句义。

【例 3】

46. ____有一线希望，我们____会付出百分之百的努力。

A 只有　才

B 尽管　也

C 无论　都

D 只要　就

（样卷第 46 题）

正确答案是 D。本题主要考查的是考生能否掌握词语在句子中的含义和用法。具体考查考生能否正确理解关联词语“只要……就……”的意义及用法。通过分析可以得知，题干表示的应该是“如果有前者，就会有后者”的假设情况，因此选项 D 符合逻辑。选项 A 表示唯一的条件，选项 B 的前半部分一般连接不好的情况，选项 C 表示“无论怎样，结果都不会变”，均与句义不符。

【例4】

49. 大家开会前做好____的准备，我们的交流会才能取得更好的____。

A 充分　效果

B 一定　目标

C 适当　结果

D 充足　目的

（样卷第49题）

正确答案是A。本题主要考查的是考生能否掌握词语在句子中的含义和用法。具体考查考生能否正确理解句义及掌握“充分”与“效果”的意义与用法。通过分析可以得知，题干想表达的是“准备充分了，效果才能好”。只有选项A符合题意。

应试策略与技巧

这种题型主要考查考生能否掌握词语在句子中的含义和用法。从考查的词类来看，MHK二级阅读理解主要考查动词、形容词、代词、副词、介词、关联词、少量名词以及惯用语等的含义和用法。复习时要注意对同义词（近义词）、多义词、关联词语和常见词语搭配等的理解和运用。另外，有些词语需要通过阅读材料的具体语言环境理解其含义，即理解词语在特定语言环境里的特定含义。考生在备考时可以从以下几个方面入手：

1. 准确理解和运用同义词和近义词

对同义词、近义词的辨别运用，要注意掌握词语的含义、词性、词语的使用范围、词语的搭配情况、语义的轻重和词语的褒贬义等。比如，“敬爱”与“爱戴”（超纲）是近义词，两者都是褒义词，可用作敬辞，对象常指领袖、老师或德高望重的人。在有些语境中可以换用，如人民爱戴（敬爱）领袖。但不同的是，从感情色彩的角度来说，“爱戴”比“敬爱”更庄重。此外，“敬爱”还含有亲切的意味，可用于平辈。如：

敬爱的读者

毛主席到达井冈山后受到当地人民的拥护和爱戴。

2. 掌握多义词的不同义项的用法

每个多义词不仅都有一个基本含义，而且围绕基本含义还会有一个或多个引申含义，这些引申含义大体都与基本含义有关。因此考生不仅要掌握多义词的基本含义，还要结合具体语境，把握多义词的不同义项。这里既要考虑词语的搭配问题，也要考虑语言环境对词语的要求和限制。比如：

他爱说话。　　　　　　　　　　（“爱”表示喜好）

他爱教师这个职业。　　　　　　（“爱”表示热爱）

铁爱生锈。　　　　　　　　　　（“爱”表示容易）

3. 熟记常见关联词语的含义及其在实际语境中的用法

MHK 二级阅读理解部分对关联词语的考查比较常见。例 3 主要是对假设关系关联词语的考查。我们对关联词的几大类型做了总结，希望考生牢记。

表 9　常见的关联词语

类　型	释　义	例　句
并列关系	前后分句所表示的两种或两种以上情况，都已经存在或确定不存在，且相互既不隶属，也不交叉。包括平行并列和对照并列两种句式。	平行并列： ① 他**又**想去大城市，**又**不想离家太远。 ② 弟弟**一边**唱歌，**一边**跳舞。 ③ 李老师**既**会拉小提琴，**又**会吹笛子。 ④ 爸爸不抽烟，**也**很少喝酒。 ⑤ 他**有时候**在北京，**有时候**会去上海。 对照并列： ① 他**不是**不想回家，**而是**有任务要执行。
递进关系	两个或两个以上的分句相连，表明后一种情况的程度更深一层。	① 这个花瓶**不仅**美观，**而且**实用。 ② 学习**不仅**需要正确的方法，**还**需要刻苦。
转折关系	对前面分句提出的某种已存事实或情况，后面分句转而述说并非理所当然的推论，即相反或相对的结论。且后面分句“并非理所当然的推论”才是说话人真正要表达的意思，表明前后逻辑关系的对立。	① **尽管**今天的气温很低，**可是**环卫阿姨们还是早早地就开始清扫马路。 ② 今天**虽然**下雨，**但是**我还是坚持去上课。 ③ 他**虽然**家庭条件不太好，**却**从不干人穷志短的事。

续表

类型	释义	例句
因果关系	前分句所表达的事物，是后分句所表达的另一事物出现的原因或结果。有说明因果与推论因果两种句式。	① **因为**有了同学们的帮助，**所以**小明的进步很快。 ② **既然**你知道错了，**就**应该在平日好好改正。 ③ 我们**之所以**不去郊游，**是因为**今天下雨了。
承接关系	指前后分句所表达的事情或动作的发生前后连贯。	① 我**一**做完功课，**就**到球场踢球。 ② 我们**首先**要制订一个目标，**然后**再开始执行。 ③ 他**刚**受到表扬**便**开始得意忘形。
条件关系	分句之间是条件和结果的关系，表示事情或动作的发生需要某条件或无条件。分句之间有偏、正句之分，前偏后正。这种复句的偏句提出一种真实或假设的条件，正句则说明在这种条件下所产生的结果。	1. 特定条件句：偏句提出条件，正句指出这种条件产生的结果。 ① 充分条件： 你**只要**办了会员卡，**就**能以优惠价购买本商场任何一款商品。 ② 必要条件： 你**只有**勇敢地承认错误，**才**能得到大家的谅解。 2. 无条件句： **无论**今天天气如何，我**都**会按时到校。
选择关系	前后分句所表示的两种或两种以上情况将不同时出现，且已经做出取舍、亟待做出取舍或无须做出取舍。包括确定选择和不定选择两类。	1. 确定选择：表示两种情况中，只有一种更合适，且已经做出了取舍。 ① 前取后舍： 我**宁可**挨老师批评**也不**撒谎。 ② 前舍后取： **与其**浪费时间，**不如**做些有意义的事。 2. 不定选择：表示前后两种情况都有可能出现，但不会同时存在。 ① 亟待取舍： **是**在家吃**还是**去饭店吃？ ② 无须取舍： 他每天**不是**在图书馆**就是**在去图书馆的路上。

续表

类　型	释　义	例　句
假设关系	表示前一分句所假定的某种情况出现了（或不出现），就会（或者不会、也不能）引发后一分句所表达的另一种情况的出现。	① 今天**要是**/**如果**你不来，我**就**去学校了。 ② **倘若**/**假如**你们违反了规定，他是会严厉地惩罚你们的。 ③ **即使**取得了优异的成绩，我们**也**不能骄傲自满。

4. 熟记 MHK 一级和二级大纲中一些词语的常用搭配

在 MHK 二级阅读理解中，对词语搭配的考查比较常见。这里我们列出了 MHK 一级和二级大纲中一些词语的常用搭配，希望考生牢记。

表 10　常见的词语搭配

词　语	词　性	常见搭配
安排	动	安排……工作　根据 / 经过……安排
比较	动、副	比较……不同　进行……比较
变化	动、名	出现 / 发生……变化
表现	动	表现……精神
表演	动	进行……表演　表演……节目
代表	动、名	代表……利益
发现	动	发现……问题 / 规律
发展	动	关心 / 获得……发展
访问	动	结束 / 进行……访问
改变	动	发生 / 拒绝……改变　改变……计划
工作	动、名	开展……工作
关系	动、名	建立 / 恢复……关系
回答	动	做出……回答
计划	动、名	同意……计划
检查	动、名	检查……工作 / 产品 / 不足　进行……检查
建设	动	加强……建设　建设……家乡

续表

词　语	词　性	常见搭配
教育	动、名	接受 / 开展 / 进行……教育
决定	动、名	做出……决定
联系	动	建立 / 加强……联系
练习	动、名	加强……练习
领导	动、名	加强 / 服从……领导
批评	动	接受……批评
认识	动、名	加深 / 提高……认识
生活	动、名	进入 / 改变 / 方便……生活
胜利	动	取得……胜利
说明	动、名	说明……道理 / 问题 / 情况
通知	动、名	发出 / 接到……通知
需要	动、名	满足……需要　需要……知识 / 环境
学习	动	加强……学习　学习……方法
研究	动	进行 / 加强……研究　研究……问题
要求	动、名	提出……要求　要求……解决
影响	动、名	影响……工作 / 情绪 / 休息　造成 / 扩大……影响
运动	动、名	开展 / 参加……运动
展览	动	展览……产品　举办……展览
困难	形、名	克服 / 战胜 / 面对……困难
危险	形、名	面临 / 遇到……危险
爱好	动、名	培养……爱好
安全	形	负责 / 保证……安全
安慰	动、形	安慰……母亲　得到……安慰
把握	动、名	把握……重点 / 人生
保护	动	保护……环境　进行 / 得到……保护
保证	动、名	保证……时间 / 质量　做出……保证
报告	动、名	报告……情况 / 消息 / 结果　传达 / 通过……报告
标准	名、形	达到 / 符合 / 超过 / 提高 / 确定……标准

续表

词　语	词　性	常见搭配
测验	动	进行 / 参加……测验
成功	动、形	取得……成功
处理	动	得到 / 进行……处理
调查	动	进行……调查　调查……市场
斗争	动	开展……斗争
对比	动、名	进行……对比　对比……不同
对话	动	拒绝 / 实现 / 通过……对话
发明	动、名	发明……电话　推广 / 承认……发明
繁荣	形、动	出现 / 实现……繁荣
反复	副、动、名	经过 / 出现……反复
反应	动、名	产生 / 引起……反应
反映	动	反映……生活 / 态度
分析	动	分析……情况 / 问题 / 原因　进行……分析
辅导	动	辅导……学生 / 作业　进行 / 开始……辅导
改革	动	改革……课程　重视……改革
改造	动	进行 / 完成……改造
概括	动、形	进行……概括
革命	动、形	进行 / 爆发……革命
鼓舞	动、形	受到……鼓舞
规定	动、名	按照……规定
回忆	动	引起……回忆
会谈	动	进行 / 展开……会谈
交流	动	扩大 / 进行……交流　交流……经验
经历	动、名	经历……失败
高度	形、名	达到 / 控制……高度
矛盾	名、动、形	产生 / 解决……矛盾
秘密	形、名	发现 / 说出……秘密
民主	名、形	发扬 / 提倡……民主

续表

词　语	词　性	常见搭配
明确	形、动	明确……目标 / 任务 / 要求
命令	动、名	服从 / 宣布……命令
批判	动	批判……思想　进行……批判
企图	动、名	发现……企图
启发	动	受到……启发
请求	动、名	提出……请求　请求……批准
缺乏	动	缺乏……经验 / 资金 / 准备
试验	动	试验……方法　参加 / 经过……试验
统一	动、形	实现……统一
投入	动、名	增加……投入
危害	动	造成……危害　危害……生命 / 安全
误会	动、名	产生 / 出现……误会
文明	名、形	建设……文明
现代化	动	实现……现代化
限制	动、名	限制……自由
享受	动	享受……生活
行动	动、名	采取 / 开始……行动
修改	动	进行 / 反对 / 同意……修改
宣传	动	扩大 / 加强……宣传
选举	动	进行 / 完成……选举
选择	动	面临 / 做出……选择　选择……专业 / 朋友
邀请	动	接受 / 拒绝……邀请
依靠	动、名	依靠……力量 / 智慧　找到……依靠
战斗	动、名	结束 / 开始……战斗
争论	动	展开……争论
指导	动	指导……工作　接受……指导
指挥	动、名	指挥……交通
主张	动、名	接受 / 坚持……主张

续表

词　语	词　性	常见搭配
祝贺	动	表示……祝贺
总结	动、名	进行……总结　总结……工作
作用	动、名	发挥 / 起到……作用
形象	形、名	注意 / 影响……形象
自由	形、名	追求……自由

• 考点二　能根据需要获取阅读材料的细节信息

例题解析

【例 5】

去年我买了个新手机，就把以前的旧手机给我奶奶用了。奶奶是从旧社会过来的人，没读过什么书。她拿到手机以后喜欢得不得了，嚷着叫我教她怎么用。在我耐心教过许多次以后她终于会用了，当然，只能拨打电话。这没学会倒好，一学会我就“惨了”。奶奶动不动就打电话给我，有时我在开会，或者在上课，甚至是半夜在睡觉。

去年回家，我到奶奶家，叫她不要有事没事老打电话给我。可能我说话的语气有点儿重，奶奶听后先是一惊，接着迅速低下头，满是不好意思的样子。我看到奶奶那样，便缓和下来对奶奶讲：“奶奶，那个手机上还有很多人的号码呢，有二姨奶奶的、三姨奶奶的，还有远房姑奶奶的，还有姑舅他们的号码……”正当我打算继续往下说的时候，奶奶打断了我，嘴里细声嘀咕道：“那些号码……没有了。”

我听后很奇怪，说：“不可能的，那些号码都是我亲自存上的，怎么会没有了呢？”奶奶不好意思地补充道：“是我让你叔叔把那上面多余的号码都给去掉了，只留了你一个人的号码。”我满脸不解。奶奶不慌不忙地补充道：“有时想你了，就想给你打个电话，可是奶奶年纪大了，眼睛不好使，手机上的号码又太多，我老是弄不清哪个是你的，总打错，所以干脆就让你叔叔把多余的号码都去掉了，这样打你的电话就容易多了。”

奶奶说到这里，满脸自豪，好像她取得了一项重大成果似的。而我却僵住了，缓缓低下身子抱住奶奶，泪不由自主地掉了下来。

73．为什么说奶奶学会打电话，“我”就“惨了”？

A 她打电话不分时间

B 她给很多人打过电话

C 她不肯给“我”打电话

D 她总让“我”教她用手机

（样卷第 73 题）

正确答案是 A。本题属于细节题，主要考查考生对细节的掌握以及联系上下文理解句义的能力。根据题干中的“惨了”，我们可以定位到第一段，末尾说到了奶奶在“我”开会、上课，甚至半夜睡觉时都会打电话，显然是奶奶不分时间给“我”打电话，让“我”觉得“惨了”。所以只有选项 A 符合题意。

【例 6】

1773 年冬天，俄国的一家报纸报道了一则十分有趣的新闻。这则新闻说，在一个舞会上，由于人多，又有成百上千支蜡烛的燃烧，舞厅里又热又闷，那些身体欠佳的夫人、小姐们几乎都要昏倒了。这时，有一个年轻男子跳上窗台，一拳打破了玻璃。于是，舞厅里出现了奇迹，一朵朵美丽的雪花随着窗外寒冷的气流在大厅里翩翩起舞，飘落在闷热得发昏的人们的头发上和手上。有人好奇地冲出舞厅，想看看外面是不是下雪了。令人惊奇的是，天空星光灿烂，新月银光如水。

那么，大厅里的雪花是从哪儿飞来的呢？这真是一个使人百思不得其解的问题。莫非有人在耍什么魔术？可是再高明的魔术师，也不可能在大厅里变出雪花来。

后来，科学家解开了这个谜。原来，由于舞厅里人很多，人们的呼吸使空气中饱含了水汽，蜡烛的燃烧，又散布了很多凝结核。当窗外的冷空气破窗而入的时候，迫使大厅里的饱和水汽立即结晶，变成了雪花。因此，只要具备下雪的条件，屋子里也会下雪。

57．舞厅里有人快要昏倒的原因是：

A 舞跳得太久

B 房间里太冷

C 空气不太好

D 突然生病了

（样卷第 57 题）

正确答案是 C。本题主要考查的是考生能否根据需要获取阅读材料的细节性信息。题干的意思是寻找“舞厅里有人快要昏倒的原因”，文中相对应的是“舞厅里又热又闷……几乎都要昏倒了”。“又热又闷”其实就相当于“空气不太好”，因此选项 C 符合题意。

【例 7】

一位朋友谈到她的婆婆，说她从来没有穿过合脚的鞋子，常穿着巨大的鞋子走来走去。如果问她为什么，她总会说：“大小鞋都是一样的价钱，为什么不买大的？”

这个故事听起来有点儿可笑，每当我讲起，总会有人忍不住笑出声来。开始我也跟着大家一起笑，到后来我却笑不出来了。因为在生活中，我们常常会看到这样的“婆婆”。没有什么思想的“作家”，偏偏写着厚厚的作品；没有什么内容的“画家”，偏偏画着超级巨画……

许多人不断地追求巨大，其实只是被内在贪欲推动着，就好像买了特大号的鞋子，忘了自己的脚一样。

不管买什么鞋子，合脚最重要；不论追求什么，总要适可而止。

54．婆婆没有穿过合脚的鞋子，是因为：

A 大的鞋子更加便宜

B 习惯穿偏大的鞋子

C 觉得买大的更合算

D 买不到合适的鞋子

（样卷第 54 题）

正确答案是 C。本题主要考查的是考生能否根据需要获取阅读材料的细节性信息。第一段叙述了婆婆“从来没有穿过合脚的鞋子”，婆婆给出的理由是“大小鞋都是一样的价钱，为什么不买大的？”，即婆婆认为买大的更合算。

应试策略和技巧

把握题干中的关键信息，带着问题找答案。

此类题主要考查考生能否根据需要获取阅读材料中的细节信息。一般是就文中某一词语、某一句子、某一段落或某一细节进行提问，涉及材料中的时间、地点、数字、原因、结果、相关人物和事物等细节。常见的提问方式主要有正误判断题、数据推算题、所指题（对文中的代词如“这些”“他们”“它”等进行提问，考查考生是否理解代词所指代的成分）和综合分析判断题四种。

考生在做这类题时，可以采取在把握题干大意的基础上去文中找答案的方法。通常情况下，题干会给我们提供一些关键信息，这些信息在原文中都会有一个定位，找到题目中的关键信息所出现的段落并去精读，在精读过程中要格外注意每段的开头句和结尾句，注意与人物和事件有关的时间、地点、数字、原因及结果等关键信息，可在一定程度上帮助考生快速选出答案。此外，考生还要牢记两点：故事性的文章注意抓细节，议论性的文章注意找观点。

•考点三 能基本领会阅读材料的主要内容和中心意思

例题解析

【例8】

有个跨国公司，从世界各地招了十个副总裁，上任前，公司把他们送到一个偏僻的小岛上，接受培训。他们被带到了一个封闭的屋子里，留给他们的是一个绝对自由的任务：随便聊聊。

他们都是优秀的人才，很快便彼此熟悉起来，交谈渐渐深入。不久，他们便因为在政治和经济上的见解不同而产生了严重的矛盾。由于他们地位相当，又都很有学问，因此谁也不服谁，吵得天翻地覆。

之后，培训员让他们做了一个投票实验：每个人都必须按照讨厌的程度，将在场的所有人排序，包括自己在内。不可思议的事情发生了，最让人讨厌、最不受人喜欢的，竟有两人：一个是刚才说话最多、争吵最凶的，一个是自始至终均保持微笑和沉默的。

说话最多、争吵最凶的人固然会让人觉得厌恶，但仅仅微笑、绝对沉默，并不能代表你是友好和谦虚的，只能让人觉得你是因为毫无见解才无话可说，这同样是得不到大家认可的。

63. 最适合做这篇文章题目的是：

A 竞争带来矛盾

B 真理越辩越明

C 微笑使人自信

D 沉默并非是金

（样卷第63题）

正确答案是D。本题主要考查的是考生能否领会阅读材料的主要内容和中心意思。文中最后得出了结论，也是作者想要通过这篇文章告诉我们的道理，即仅仅微笑、绝对沉默，同样不会得到大家的认可。选项D“沉默并非是金”与之最吻合，其他选项均与文章主题无关。

【例9】

在人多拥挤的场合，容易出现踩踏等意外事故，所以我们应该做好自我保护。

进入公共场所要先注意安全通道、安全出口的位置，这样在发生事故后能及时找到最近的安全出口。应尽量避免到拥挤的人群中，不得已时也要走在人流的边缘。遭遇拥挤的人流时，行走、站立要稳，不要使身体向前倾，也不要蹲下。即使鞋子被踩掉了，也不要忙着弯腰提鞋或系鞋带。

应顺着人流走，千万不可逆着人流前进，否则，很容易被人流推倒。当发现自己前面有人突然摔倒了，要马上停下脚步，同时大声呼救，提醒后面的人不要向前靠近。如有可能，要抓住一样牢固的东西，例如栏杆之类，等人群过去后，迅速地离开现场。

在拥挤的人群中，左手握拳，右手握住左手手腕，双肘撑开平放胸前，易形成一定空间保证呼吸。如果被推倒，要想办法靠近墙壁。如果无法及时站起身，就面向墙壁，身体缩成球状，双手十指交叉，放在脖子后面，以保护身体最容易受伤的部位。

67. 这篇文章主要讲的是：

A 在公共场合怎么分散人群

B 如何避免公共场所中的意外

C 在拥挤的人群中怎么保护自己

D 人群拥挤时如何维持交通秩序

（样卷第 67 题）

正确答案是 C。本题主要考查的是考生能否领会阅读材料的主要内容和中心意思。短文的第一句和最后一句都提到了自我保护，而且中间一直在说如何在拥挤的人群中进行自我保护，因此选项 C 符合题意。

应试策略与技巧

该考点主要考查考生能否领会阅读材料的主要内容和中心思想，即我们通常所说的“主旨大意题”。面对这种题时，考生需要注意阅读材料中提到的人物、事件、时间、地点、原因、结果等关键信息，学会从整体上掌握主要内容，进而了解作者的主要观点或写文章的主要目的。另外，有些作者在文章中会使用关联词语或特定句式来表明自己的观点，比如“但是”“然而”“但”“却”“而”“不过”等，考生要重点关注这些关联词语和特定句式，因为从这些信息中往往可以很快找到作者的观点，尤其是转折词后面常常是作者要表达的观点。

• 考点四 能领会阅读材料作者的观点、态度、情感、意图、倾向等

例题解析

【例 10】

研究表明，如果不运动的人们能动起来的话，每年有超过 530 万例死亡是可以避免的。而每年

死于吸烟的人数大约也是500万。缺乏运动与疾病和死亡的联系已经等同于吸烟。如果人们每周能有150分钟或更久的中等强度运动，如快步走的话，那么结果会大不相同。

现代生活给我们带来的是每天机械的工作和久坐。我们经常开车出行，玩儿游戏和看电视等坐着的活动也日益流行。有研究者发现，全球42%的成年人每天有4小时都是坐着的，2/3的青少年每天看2个小时电视，并且中间不休息。研究者认为，爱不爱运动虽然是一个习惯问题，但更重要的是要制造一个更好的运动环境。像奥运会这样的体育赛事，关系着国家荣誉，但与日常生活中的运动关系并不大。即使奥运会来临，也不太可能激发人们运动的兴趣。我们应该做的是，从学校开始就减少对培养体育尖子的关注，而更多地鼓励所有的青少年参与到体育运动中来。这样，大家在以后的生活中都能享受到运动带来的好处。

【70】研究者认为，应该：

A 强化运动意识

B 举办体育赛事

C 培养体育人才

D 多建运动场所

正确答案是A。本题主要考查的是考生能否领会阅读材料作者的观点和态度。文章主要是呼吁大家一起来加强运动，并制造一个更好的运动环境，选项A“强化运动意识”和主题一致，符合题意。选项B、C、D均不是研究者的意图。

应试策略与技巧

该考点主要考查考生能否领会阅读材料中作者的观点、态度、情感、意图、倾向等，可以分为两类：一类是问作者对某人或某事所持的态度，另一类是问作者写作时的情绪或文章所表达的情感倾向。考生在做这种题时，切忌仅凭自己已有的知识判断。因为有些文章会利用我们已有的知识做混淆项来出题，稍不留神就会选错。因此，考生一定要根据所读文章提供的信息来选择。

三　书面表达考点分析

以下对书面表达题型和考点的分析均以《MHK大纲（二级）》（修订版）为依据。

书面表达是MHK（二级）考试的最后一部分，共11题，40分钟。书面表达分测验由客观性试题（共10题）和主观性试题（共1题）两部分组成：

客观性试题：

第一种题型是找出错误的句子。共 5 题，5 分钟。每道题中有四个句子，其中有一个句子会有词语、句义、语序或句子结构上的错误，具体见考点一。

第二种题型是根据拼音写字。共 5 题，5 分钟。在一段话中，有五处是用拼音代替字的，要求考生根据上下文的意思认读拼音并写出正确的字，具体见考点二。

主观性试题：

这部分为作文题，共 1 题，20 分钟。这部分试题以“提示性写作”的方式为考生提供某种写作背景，要求考生根据所提供材料的具体内容情景或写作提纲完成作文，注重考查考生的文字书写能力和书面表达能力，具体见考点三。

书面表达的考点

客观题：

☆能辨识词语、句义、语序或句子结构上常见的语言表达错误；

☆能根据句义认读拼音，写出正确的文字。

主观题：

☆能按要求写简单的记叙文、读书笔记、读后感和常见的应用文等，要求所写内容比较具体、完整，语句比较通顺，有一定条理；

☆能正确书写文字，清楚工整；

☆能正确使用标点符号；

☆能达到 300 字左右的写作要求。

•考点一　能辨识词语、句义、语序或句子结构上常见的语言表达错误

例题解析

【例 1】

76．A 学校规定，出入校门必须带学生证。

B 他一时的大意，造成了严重的结果。

C 我刚才和同学聊了聊最近的学习计划。

D 关于具体的考试安排，老师会给大家做详细的说明。

（样卷第 76 题）

正确答案是B。本题主要考查考生对常用词语搭配的掌握情况。选项B属于搭配不当类型。一般“造成”后面多跟不好的事情，而“结果”属于中性词，可表示好的一面，也可表示不好的一面，显然“造成”与“结果”搭配不当。“后果”多指不好的结果，放在句中比较合适，此句应改为“他一时的大意，造成了严重的后果”。

【例2】

79．A 我很怀念在北京读大学的那段日子。

B 学习成绩的提高取决于学生自身是否努力。

C 人们常常喜欢怀念过去，却忽视了“现在”。

D 尽管比赛失败了，但我们一点儿也不觉得遗憾。

（样卷第79题）

正确答案是B。本题主要考查考生对常用词语搭配的掌握情况。“提高成绩”是一面性的，而“是否努力”是两面性的，前后必须保持一致才符合逻辑。正确表达应为“学习成绩的提高取决于学生自身的努力”或“学习成绩能否提高取决于学生自身是否努力”。

【例3】

77．A 这个建议很好，我们没有一个人赞成。

B 他的家乡盛产大米，是有名的鱼米之乡。

C 为了保护环境，商场已经不再为顾客免费提供塑料袋了。

D 经过认真思考和反复修改，他终于设计出了令人满意的作品。

（样卷第77题）

正确答案是A。本题主要考查的是考生对语法表达中逻辑是否合理的判断能力。选项A属于前后矛盾，句子前后两个部分表达的意思相互矛盾，既然建议很好，应该赞成才符合常理。原句应该是想用双重否定式表达肯定意思，却漏掉了“不”，可以改为“这个建议很好，我们没有一个人不赞成”或“这个建议很好，我们没有一个人反对”。

【例4】

80．A 他们是根据兴趣选择大学的专业。

B 保护环境是每一个公民的义务和责任。

C 登山队员们在黑暗中打着手电筒艰难前进。

D 随着经济的发展，人们的物质生活水平日益提高。

（样卷第80题）

正确答案是 A。本题主要考查的是考生对语法规则的掌握情况。选项 A 属于成分残缺类病句，缺少了强调句“是……的”中和“是”搭配的语气助词“的”，要补在句末。而“大学的专业”中的“的”是结构助词，可以省略。因此正确表达应为“他们是根据兴趣选择大学专业的”。

【例 5】

78．A 湘西的凤凰城是我国南方的一座美丽的古城。

B 在正式写作之前，最好先列出一个提纲。

C 他象棋下得非常好，是县里有名的“象棋王”。

D 我如果中午不休息，下午就感到会特别疲倦。

（样卷第 78 题）

正确答案是 D。本题主要考查的是考生对语法规则的掌握情况，具体考查的是“会”做能愿动词时的用法。选项 D 属于词序有误，“会”做能愿动词时表示“有可能实现”，应放在动词前，因此正确表达应为“我如果中午不休息，下午就会感到特别疲倦”。

应试策略和技巧

掌握常见的几种病句类型

MHK 二级书面表达第一部分主要考查考生对语法规则的掌握情况，具体来讲主要是对病句类型的考查。一般常见的病句类型共有六种：语序不当、搭配不当、成分残缺或赘余、结构混乱、表意不明和不合逻辑。因此，掌握这些常见的病句类型对考生至关重要。我们对常见的病句类型及其例句进行了总结，希望考生牢记。

（1）语序不当。指句子语序错乱，造成病句。语序不当一般容易出现定语位置不当、状语位置不当和虚词位置不当等问题。例 5 考查的是能愿动词“会”的用法，考生需要注意能愿动词应该位于动词之前。

（2）搭配不当。一般出现在长难句中，考试中常考的搭配不当主要有主谓搭配不当、动宾搭配不当、主宾搭配不当、一面与两面搭配不当和肯定与否定不搭配五种类型。例 1 和例 2 属于搭配不当类型。其中例 2 属于一面与两面搭配不当类型。“提高成绩”是一面性的，而“是否努力”是两面性的，前后必须保持一致。

（3）成分残缺或赘余。成分残缺主要包括缺主语、缺谓语、缺宾语和缺关联词等。例 4 属于成分残缺类病句，强调句“是……的”是固定句型，语气助词“的”不能缺少。

（4）结构混乱。这类病句主要有以下几种情况：一是句式杂糅，指两套或两套以上的句子结构杂糅在一起，使语义不明确；二是句中暗换主语，有时在复句中会暗换分句的主语，使原有的主语不能和谓语搭配，造成结构混乱；三是层次不清；四是标点不当造成混乱。比如，“一个学生学习成绩的好坏，关键在于内因起决定性作用”属于句式杂糅，“关键在于”和“起决定性作用”选择其中一个即可。

（5）表意不明。这类病句主要有两种情况：一是“费解”，二是“歧义”。费解就是一句话表达出来，但人们不明白它讲了什么。歧义则是一句话可以有两种解释。比如，“这次外出比赛，我一定说服老师和你一起去，这样你就不会太紧张了。”句中的“说服老师和你一起去”表意不明，可以理解为让老师跟着一起去，也可以理解为说话人跟着一起去。

（6）不合逻辑。指句子的意思在逻辑上讲不过去，常见的类型有自相矛盾、概念并列不当、强加因果、主客颠倒、否定不当、不合事理等。例3就属于“不合事理”的情况，既然前面说到了“建议很好”，后面应该是“赞成”或者“不反对”才符合事理。

•考点二 能根据句义认读拼音，写出正确的文字

例题解析

【例1】

小麦是从河西走廊传入中原的。它因为营养丰富，经过4000多年的gēngzhòng（81），成为我国北方种植面积最guǎngfàn（82）的农作物。新疆人将小麦磨成miànfěn（83），发酵后在特制的火坑中烤熟，就制成了馕。馕是新疆人最喜欢的主食之一。新疆人食用馕的历史很yōujiǔ（84），zhìjīn（85）已有2000多年的历史。

（样卷第81～85题）

应试策略与技巧

MHK二级书面表达第二部分主要考查考生能否根据句义认读拼音，并写出正确的字。要做好这道题，考生需要注意以下几点：

1. 注意同音词语

同音词对大部分考生来说是一个难点。例如“报到”和“报道”，如果是去一个地方或一个组织报名，要写“报到”，如果这段话是与新闻和记者有关，那写“报道”的可能性较大。考生要想正确写出相应的字，就需要对这段话有充分的了解。

2. 注意词语搭配

考生在记住同音词语的基础上，还要注意词语搭配。因为这一题虽然是书写题，但它也和词语搭配有关。如：建造房屋、满足心愿、树立榜样、推动发展、战胜敌人等。了解词语搭配能帮助考生更快更准地判断出用哪个字。

3. 注意上下文语境

考生可根据上下文语境来推断所缺词语的意义，从而写出正确的字。

• 考点三　能根据图片或提示写出语句通顺，句义清楚，内容比较具体、连贯的语段；能进行简单的记叙文、说明文、议论文和读后感等文体的写作

例题解析

作文提示：

爷爷去超市买菜，过马路时不小心跌倒摔伤了。一位路过的叔叔看到后连忙扶起了爷爷，并把他及时送到了医院。爷爷出院后多方打听，得知那位扶他的叔叔是一所小学的老师，爷爷想感谢他，让你帮着给学校写一封感谢信。

全文不少于 300 字。

应试策略和技巧

MHK 二级写作一般涉及书信、记叙文、议论文和说明文四种类型，主要考查考生的书面表达能力，考生需要熟悉并掌握上述四种类型的写作基本知识。

1. 给情景作文题——书信

给情景作文题一般给考生提供一则可以发挥想象的情景材料，要求考生根据材料写一封书信或一篇记叙文。写这类文章时，重要的是真正读懂所给的情景，一般都有一定的要求和注意事项。如果是书信，要注意写信格式和写作内容。书信一般由六部分组成：

称呼：写在第一行，顶格，后面加冒号。

问候语：另起一行，开头空两格。一般是询问一下对方的身体、工作等情况。

正文：书信的主要内容，另起一行，开头空两格。不论是去信还是回信，一般情况下都是先谈

对方的情况，再谈自己的情况。

祝语：正文写完后，一般要写祝语。如果写“此致敬礼”，要在正文之后另起一行空两格写“此致”，下一行顶格写“敬礼”。也可以根据收信人的身份写祝语，例如对长辈可以写“祝您身体健康！”，对上班人士可以写“祝工作顺利！”，也可以简单明快地只写“祝好！”。

署名：写信人的姓名要写在信的右下角。

日期：写信的日期，一般写在名字的下面。

【例1】

作文提示：

你正在备考高中升学考试，在一次偶然翻阅小学毕业照片时想起了你的小学老师王老师，你想给王老师写一封信，表达对他的感激和对未来的决心。

请你以书信的形式，写一篇不少于300字的作文。

根据作文提示语，我们知道了下列信息：

收信人：王老师

书信内容：表达对王老师的感激和对未来的决心

作文形式：书信

作文字数：不少于300字

按照要求，根据了解到的信息，我们就可以写书信了。

敬爱的王老师：

您好！您近来身体好吗？

时间过得真快，转眼间，我从乡村小学考到县城中学已快三年了，每当翻阅小学毕业照时，我都会想起您，想起我亲爱的母校。

老师，您像辛勤的园丁，孜孜不倦地培养年轻一代。在学习上，您严格要求我们；在生活上，您热情关爱我们。您的一言一行和一举一动都给我们留下了深刻的印象，您是我们永远敬爱的老师。

现在我们很快就要参加高中升学考试了，虽然考前十分紧张，但是同学们的学习热情都非常高，我也和大家一样在努力复习着。老师，您知道，我在数学计算题方面总会因为粗心而丢分，我一定努力改掉这个毛病，力争取得优异的成绩。

老师，您常说一个人要有理想。我的理想就是要考上大学，将来当一名像您一样的老师，为我国的教育事业贡献自己的一份力量。再次感谢老师对我的培养。

祝您身体健康、工作顺利！

学生：王强

5月10日

2. 给提纲作文题——记叙文

给提纲作文题就是按照所提供的提纲进行写作。它是作文中一种常见的形式。考生看到提纲后，首先要读懂提纲，并迅速做出判断，确定文章的体裁；其次要注意提纲的主线，确立好中心思想。给提纲作文题一般都是给三段，考生可把这三段看作是一篇文章的开头、中间和结尾。接下来要按照提纲构思内容情节，开头（第一段）和结尾（第三段）一般要略写，重点要放在中间（第二段）。如果是记叙文，无论是写人还是写事，写作时要注意时间、地点、人物、事件、原因和结果六要素，另外还要注意故事情节和人物关系的合理性。最重要的是一定要紧扣提纲。记叙文一般分为写人的记叙文和写事的记叙文。写人的记叙文以人物为主要记叙对象，通过对人物的叙述、描写，反映人物的思想性格；写事的记叙文以叙述事件为主，通过事例来表达思想内容。

【例 2】

作文提示：

请你按照下面提供的情景，展开合理的想象，以《小车夫》为题扩写成一篇不少于300字的记叙文。

情景：放暑假了，我提着很重的行李坐长途客车到了家乡的汽车站，这时，迎面驶来了一辆三轮车……

提纲：第一段：交代事情的背景（包括时间、地点等要素）。

第二段：通过具体事例和对人物外貌、动作、语言等的描写来体现人物特点。

第三段：总结，收尾，交代事情的结果。

要求：

（1）以记叙为主，可以有议论和抒情，做到用词正确、语句通顺、内容具体。

（2）通过对人物的外貌、动作、语言等的描写来体现人物特点。

（3）字迹端正，标点正确，卷面整洁，全文不少于300字。

根据作文提示语，我们知道了下列信息：

题目：小车夫

内容：通过对人物的外貌、动作、语言等的描写来体现人物特点

形式：记叙文

字数：不少于300字

按照要求，根据了解到的信息，我们就可以写一篇记叙文了。

小　车　夫

下午（交代了时间），我提着很重的行李走下长途客车。“师傅，您到哪里？我送您一趟好吗？”一个小男孩儿骑着一辆三轮车迎上前来。原来是个小车夫（交代了人物）。“我要到前进大街，多少钱？（交代了地点和事件）”我语气有些生硬。

因为以前车夫骗钱的事经常发生（交代了原因），面前的这个车夫年龄虽小，说不定更能骗人钱。小车夫笑了笑："5块。""这么近的路要5块？不行，3块。"我一咬牙，说出了个自己也觉得太低的价格。没想到他却答应了。"好，就3块，上车吧。"小车夫骑着三轮车慢慢离开了车站。

坐在车上，我边看他边问："多大了？""十五。""父母是干什么的？""爸爸是一名干部，妈妈是中学老师。"他不太愿意地说。"什么？"我很吃惊，"你家条件不错啊！"他大概感觉到了我的惊讶，回过头看着我笑了笑，说出了自己的秘密。他是县一中的一名初三学生。前些天因为看到一篇报道，觉得中国的父母养育孩子非常不容易，于是便瞒着父母借了辆三轮车，想尝一尝自己挣钱的滋味。听了他的话，我感到很惭愧。我都上大学了，但是还从来没有过自己挣钱、减轻父母负担的想法。

下车时，我充满敬意地用双手递给小车夫5块钱。但小车夫坚持只收3块。（交代了结果）

3. 根据提示写说明文

说明文是以说明为主要表达方式，解说事物，说明事理，使人获得某一事物的知识和道理的一类文章。写说明文要抓住被说明对象的特征，即形状、大小、质料、结构等，要合理地安排说明顺序，主要有时间顺序、空间顺序、逻辑顺序等。

【例3】

作文提示：

请以《字典》为题，写一篇说明文。

要求：

（1）内容具体，有条理，详略得当，语句通顺；

（2）语言要生动有趣，不仅晓之以理，还要动之以情；

（3）字数不少于300字。

根据作文提示语，我们知道了下列信息：

题目：字典

内容：晓之以理、动之以情地说明字典

形式：说明文

字数：不少于300字

按照要求，根据了解到的信息，我们就可以写一篇说明文了。

字　典

字典是我的良师，它有着无穷的智慧；字典是我的益友，它总是无私地帮助我。

小时候，妈妈告诉我：字典什么都会，它是好老师，有不会的字时，就向它请教。每当我上学忘了带字典时，妈妈总会及时提醒我。字典小巧玲珑，方便适用，深受我的喜爱。

字典每天默默地为我奉献着自己的知识。一次，作业本上有一个特别难的字——“鼎”。同学们都说这个字念 zī，我不信，回家一查字典，果然不念 zī，而念 dǐng。第二天上课时老师把这个字写在了黑板上，问道：“你们谁知道这个字念什么？”我高高地举起手来，老师叫了我的名字，我站起来大声回答：“dǐng。”老师表扬了我，我心里非常高兴。

啊，我的字典！凡是有你在的地方，就没有因不会写字而带来的苦恼。你已伴我走过了好几个春秋，你永远是我的良师益友！

4. 根据提示写议论文

议论文是以议论为主要表达方式、对客观事理进行分析评论的一种常用文体，又称论说文、说理文。它运用概念、判断和推理，表明作者的观点和主张。议论文的三要素是论点、论据、论证。论点是作者对所议论的问题提出的见解和主张。它是议论所要证明的对象。论据是用以证明论点的根据，是作者建立观点的理由。它包括事实论据和理论论据。论点需要论据来证明，论据为论点服务。论证就是用论据证明论点的过程。

【例 4】

作文提示：

人们常说，生活中并不缺少美，而是缺少发现美的眼睛。请以《谈美》为题，写一篇议论文。

要求：

（1）可以从自身的角度谈一谈对美的看法；

（2）结构合理，有理有据，符合逻辑；

（3）字数不少于 300 字。

根据作文提示语，我们知道了下列信息：

题目：谈美

内容：从自身角度谈一谈对美的看法

形式：议论文

字数：不少于 300 字

按照要求，根据了解到的信息，我们就可以写一篇议论文了。

谈　　美

人们都希望自己是美的。

美，表现在心灵、举止、言谈、仪表等方面，其中心灵美是基础。

“心灵即是人的思想感情，心灵美就是思想美。”人的行为是心灵的镜子，心灵的美丑决定着行为的美丑。一个有远大理想和高尚道德的人，必然会举止端庄，言谈谦和，仪表整洁朴素，必然会公而忘私，助人为乐。雷锋同志就是这样的典型。他在看病的路上，忍着自己的病痛，去帮工人运砖。他一贯省吃俭用，把自己攒下来的钱寄往灾区。他这样做，正是因为他具有崇高的理想、情操和品德，具有美好的心灵。有的人只追求外在美，把心灵看作虚无缥缈的东西。殊不知，一个人如果没有心灵美，他的举止、言谈、仪表的美，岂不是“无本之木”“无源之水”？

朋友们，我们要努力修炼自己，使我们的心灵更加纯洁、美好。

5. 根据给出的材料写一篇读后感

读后感是读完一本书或一篇文章后，从中引发出的感想、看法和评价等，它是议论文的一个特殊类型。写读后感，首先要仔细阅读原文，大致了解原文的基本内容，在此基础上，要拟好标题，标题要体现读后感的特点，最常见的标题有《××读后感》《读××有感》等。其次要确定中心。读后的感想是很多的，但不能都写在文章里，要选择一个比较感兴趣、认识得比较深刻的内容作为中心论点。写读后感时，开头一般要简略地提及原文的有关内容，可以引用原文中的相关语句、段落或观点等，中间一段要就论点展开议论，然后联系实际谈想法，结尾可进行总结。

【例5】

作文提示：

阅读下面的材料，写一篇读后感。

一个船夫在湍急的河中驾驶小船，上面坐着一个哲学家。哲学家问船夫：“你懂得历史吗？”船夫说：“不懂。”哲学家说：“那你失去了一半生命。”哲学家又问：“你研究过数学吗？”船夫说：“没有。”哲学家说：“那你失去了一半以上的生命。”刚说完这句话，风把船吹翻了，两人都掉入水中，船夫喊道：“你会游泳吗？”哲学家说：“不会。”船夫说：“那你失去了整个生命。”

要求：

（1）概括叙述材料内容，但不要照抄原文；

（2）要写出自己独特的感受，力求新颖，但不能脱离原文任意发挥；

（3）可以联系个人的生活经验来谈；

（4）题目自拟，全文字数不少于300字。

根据作文提示语，我们知道了下列信息：

题目：自拟

内容：谈一谈对这段材料的读后感

形式：读后感

字数：不少于300字

按照要求，根据了解到的信息，我们就可以写一篇读后感了。

读船夫与哲学家的对话有感

看完船夫和哲学家的对话，我想很多人的第一反应都会觉得这个哲学家太自大了。他用自己所了解的知识来认识生命，却忘记了生命本身真正的意义，而文中的“一半生命”“一半以上生命”和“整个生命”的对比就是对这位哲学家最好的讽刺——你了解了那么多知识，到头来却因不会游泳而丧生。而当一个人失去生命时，他了解再多的知识也是没用的。

对于船夫来说，他的生命只是在落水时能游到岸上，但也许对哲学家来说，历史、数学之类的知识才是他的生命，我们无法去判断谁对谁错，但哲学家把自己对生命的认识强加到船夫身上本身就是错误的。

就比如说，我们班有两个同学，一个成绩很差，但纪律很好，能吃苦耐劳，另一个成绩很好，但纪律很差并且心胸狭隘，你又如何来判断他们谁好谁坏呢？显然，每个人都有自己的长处和短处，每个人都是一个独立存在的个体，没有必要去刻意模仿别人。不断改正缺点，追求进步，才是最好的状态。

所以，请展现出一个真实的自己，并把他人当作一面镜子。

6. 需要注意的其他方面

（1）切题：能正确、全面地领会题意，写出符合题目要求的文章。

（2）思想健康：文章中所表达的情绪应该是积极向上的，而不应该把一些不健康的东西反映到作文中来。

（3）中心明确：一篇文章中只能有一个中心思想。

（4）内容具体：一篇好文章靠摆事实、讲道理，靠具体的画面给人以深刻印象，这样才能有说服力和感染力。

（5）语句通顺：通顺是作文的基本要求，在此基础上再进一步做到流畅、生动。

（6）减少错别字：正确地使用文字，这样才能更好地进行思想的交流。

（7）卷面整洁：考生在写作文时，一定要注意卷面干净整洁，字迹清楚，易于辨认，因为卷面会直接影响评卷者的情绪，进而影响考生的成绩。

第二部分

模拟试题

模拟试题（一）

一、听力理解（35题，约35分钟）

扫一扫，听录音

第一部分

说明：1～15题，这部分试题，都是两个人的简短对话，第三个人根据对话提出一个问题，听到问题后，请你在四个备选答案中选出唯一恰当的答案。

例如：第8题，你听到：

男：小兰，你刚才去邮局订杂志，怎么没把今天的晚报买回来？

女：晚报都卖完了。

第三个人问：小兰刚才干什么去了？

你在试卷上看到四个答案：

A 寄信　　B 订杂志　　C 卖报纸　　D 买邮票

根据对话，第8题最恰当的答案是B，你应在答题卡上找到号码8，在字母B上画一横道。横道一定要画得粗一些，重一些。

8 [A]　▬　[C]　[D]

1. A 今年夏天很热
   B 不确定买不买
   C 今年夏天很凉快
   D 已决定买电风扇

2. A 不太舒服
   B 夜里上班
   C 夜里开车
   D 赶写论文

3. A 商场
   B 公园
   C 邮局
   D 菜市场

4. A 是一名老师
   B 打错电话了
   C 不认识陈老师
   D 是陈老师的朋友

5. A 已有人迟到了
B 等人不用着急
C 等人确实着急
D 大家都很准时

6. A 上网
B 打车
C 看电视
D 打电话

7. A 想去的地方太多
B 有很多地方没去
C 不太想去大观园
D 现在学习太忙了

8. A 师生
B 同学
C 朋友
D 姐弟

9. A 老师
B 教练
C 记者
D 家长

10. A 女的认为学习更重要
B 男的认为学习更重要
C 女的认为锻炼身体更重要
D 男的认为锻炼身体不重要

11. A 学生
B 老师
C 领导
D 职员

12. A 女的比小李好
B 不知道谁更好
C 女的跟小李一样
D 女的不如小李好

13. A 已决定去
B 还没决定
C 还没准备好
D 正在做准备

14. A 还不好说
B 没有准备
C 还没有评
D 已经评上了

15. A 胖才有福气
B 不管胖不胖
C 胖对身体不好
D 胖人形象不好

第二部分

说明：16～35题，这部分试题中，你将听到几段对话或讲话。每段话之后，你将听到几个问题，听到问题后，请你在四个备选答案中选出唯一恰当的答案。

例如：第25～27题，你听到：

男：请问，有包子吗？

女：有。刚做好的，都是热的。

男：怎么卖？

女：五毛钱一个。您要几个？

男：给我来两个。

女：好的。收您十块钱，找您九块，请点一下。

男：谢谢。请问附近哪儿有卖报纸的？

女：前面路口向右拐有一家邮局，邮局里就有。

男：太好了，谢谢。

女：不客气。

第三个人根据这段对话提出三个问题：

25. 男的正在做什么？

你在试卷上看到四个答案：

A 问路　　B 取钱　　C 买东西　　D 吃包子

根据对话，第25题唯一恰当的答案是C，你应该在答题卡上找到号码25，在字母C上画一横道。横道一定要画得粗一些，重一些。

25 [A]　　[B]　　■　　[D]

……

你又听到：

27. 男的打算去做什么？

你在试卷上看到四个答案：

A 买邮票　　B 打电话　　C 取包裹　　D 买报纸

根据对话，第27题唯一恰当的答案是D，你应该在答题卡上找到号码27，在字母D上画一横道。横道一定要画得粗一些，重一些。

27 [A]　　[B]　　[C]　　■

16. A 演讲比赛
B 读书比赛
C 作文比赛
D 朗读比赛

17. A 带给自己快乐
B 提高写作水平
C 积累学习经验
D 得到老师表扬

18. A 兄妹
B 同学
C 师生
D 朋友

19. A 男的比女的努力
B 女的比男的努力
C 男的比女的成绩好
D 女的比男的成绩好

20. A 考试没考好
B 上课时睡觉了
C 课堂上玩儿游戏了
D 课堂上跟人聊天儿了

21. A 数学太难学了
B 数学课十分枯燥
C 数学老师讲得不好
D 数学老师讲的他都会

22. A 同学
B 朋友
C 师生
D 同事

23. A 锦州
B 贵州
C 电视台
D 烈士陵园

24. A 距离太远
B 没有时间
C 没钱买票
D 不太想去

25. A 收到了他的寻亲信
B 他写了一个小册子
C 他找到了抗美援朝烈士
D 他找到了很多烈士家属

26. A 影响不大
B 影响很大
C 没什么影响
D 有点儿影响

27. A 精神振奋
B 发生事故
C 工作效率提高
D 与同事相处愉快

28. A 说些鼓励的话
B 叫孩子快起床
C 给孩子做好饭
D 不跟孩子说话

29. A 急躁
B 兴旺
C 害怕
D 激动

30. A 能够进球
B 参与比赛
C 友谊第一
D 锻炼身体

31. A 一般运动员
B 优秀运动员
C 功臣和英雄
D 有前途的人

32. A 读书
B 逛街
C 买吃的
D 买衣服

33. A 不该买这么多
B 内心感到矛盾
C 只对儿子有好处
D 对谁都没有好处

34. A 读书太影响工作
B 读书太浪费钱了
C 读书能提高品位
D 读书太浪费时间了

35. A 父母多读书
B 让孩子多读书
C 给孩子报辅导班
D 养成良好的读书习惯

二、阅读理解

第一部分

（15 题，15 分钟）

说明：36 ～ 50 题，每一个句子中有一个或两个空，请你从所给的四个备选答案中挑选一个最适合填入空中的答案，并在答题卡上代表正确答案的字母上画一横道。

36. 没有刻苦的训练，____有今天的成绩？

A 那样

B 那么

C 那里

D 哪里

37. 你用这种方法处理事情，____让人误解。

A 必然

B 单纯

C 必要

D 大意

38. 他每天早晨都坚持锻炼，____都不停歇。

A 从来

B 从此

C 从而

D 从头

39. 与其在街上闲逛，____在家里看点儿书。

A 不过

B 还是

C 不如

D 哪怕

40. 疫情____取得了阶段性胜利，自今日起，武汉恢复部分公交线路运营。

A 限制

B 控制

C 停止

D 制止

41. 以前我不知道他们两个人的关系这么____。

A 确定

B 坚定

C 硬朗

D 牢固

42. 现在的家长教育孩子各有各的____。

A 方法

B 道路

C 领域

D 用途

43. 在这个问题上，他____坚持自己的主张，从不动摇。

A 总算

B 经常

C 从来

D 一直

44. 管教孩子太____，容易削弱他们的主动性和积极性。

A 严重

B 严格

C 庄严

D 严密

45. 这么重要的比赛我____去参加。

A 按时

B 一定

C 决定

D 可能

46. ____明天就要开学了，____我今天晚上要早点儿休息。

A 只要　就

B 无论　都

C 只有　才

D 因为　所以

47. ____情况出现了预想不到的变化，我就马上____计划。

A 既然　实现

B 不管　执行

C 假如　制订

D 如果　改变

48. 谈起大学____以后的打算，他说他想____读书深造。

A 做出　回答

B 需要　重新

C 毕业　继续

D 工作　要求

49. 我们要努力____自己的爱好，发挥自己的____。

A 准备　效果

B 培养　特长

C 主张　特点

D 交流　经验

50. 虽然任务重，心理____也很大，但王东却一点儿也____这些。

A 担负　怪不得

B 悲观　不一定

C 负担　不在乎

D 消极　少不了

第二部分

（25 题，25 分钟）

说明：51 ～ 75 题，每段文字后都有若干个问题，每个问题都有 A B C D 四个备选答案，请你阅读后根据每题的要求选出最恰当的答案，并在答题卡上代表正确答案的字母上画一横道。

51 ～ 53

郁钧剑的祖父在新中国成立前不仅做过福州中华职业学校校长，还在上海大学教过书，因此对诗词书画非常精通。受家庭的影响，郁钧剑从小就酷爱读书。抗战时期上海沦陷，祖父到桂林担任全国厂商会迁桂联合会主任，“听母亲说，当时家中有 3 间书房，里面全是装满了书的书柜。新中国成立后，祖父将所有的书都运往了上海，只剩下空空的屋子。那时，我就常常望着空屋子想：什么时候我也能把它们装满？”这种想法后来一直影响着郁钧剑。从十几岁参加工作起，他就开始“玩命地买书、读书、藏书”。如今，最令他自豪的是，家中已有近 40 个书柜，藏书近万册。“满满当当的书，积攒着我半生的最爱，它们都已经沉淀在我的生命中。”

【51】郁钧剑爱读书受谁的影响？

A 爸爸

B 妈妈

C 爷爷

D 奶奶

【52】新中国成立后，郁钧剑的祖父很有可能居住在：

A 福建

B 桂林

C 北京

D 上海

【53】最让郁钧剑感到自豪的是：

A 家庭背景比较好

B 家有近万册藏书

C 爷爷精通诗词书画

D 藏书装满了他的房间

54 ～ 56

有的人常常抱怨自己记性差，认不清路，记不住陌生人的面孔。一项最新研究发现，人们对长相和地点的识别能力与遗传基因有关。

研究人员对 500 多对双胞胎进行了研究。他们让这些双胞胎观看电脑屏幕上闪现的人物头像、地点、房屋、物体以及一些生造出来的单词，这些单词可以读却毫无意义。与此同时，研究人员对受试者进行大脑功能核磁共振扫描。扫描结果表明，在回忆面部和地点的时候，同性双胞胎大脑活动模式的相似程度比异性双胞胎（“龙凤胎”）更高，但是在物体和单词识别方面没有这样的区别。

研究结果表明，与各种物体和生造词汇相比，人们更善于记忆长相和地点。研究人员表示，人们对于长相和地点的识别能力，符合人类生存发展的需要，是在人类进化过程中逐渐选择进入遗传基因的。

【54】根据第一段，影响人记忆力的因素是：

A 性别因素

B 时间因素

C 画面质量

D 遗传基因

【55】关于双胞胎在记忆时的大脑活动模式，下列说法正确的是：

A 同性双胞胎记忆地点时相似度更高

B 异性双胞胎记忆单词时相似度更高

C 同性双胞胎记忆物体时相似度更高

D 异性双胞胎记忆长相时相似度更高

【56】根据本文，人们更善于记忆的是：

A 人物长相

B 生造词汇

C 长相和地点

D 物体和画面

57～59

在炎热的夏季，扇子是人们常用的扇风工具，因为它能给人带来凉爽。自古以来，扇子在我国一直被称为艺术品，并且具有独特的风格。

大约在3000年前的商周时期，我们就有扇子了。扇子的种类非常多，有纸扇、绢扇、羽毛扇、竹编扇等。扇子的形状不但有方有圆，而且还有梅花、海棠、葵花等形状。

在扇面上题诗作画也是我国扇子的一大特色。从古到今，许多著名的书法家和画家都喜欢在扇子上题诗作画，从而形成了今天的“题扇”和“画扇”，留下了不少精美的作品。

在日常生活中，折扇是最常见的，而且拿在手里方便又潇洒。众所周知，杭州是生产折扇最有名的地方。除了竹子，杭州的折扇扇骨以前还常采用象牙、檀香木等珍贵的材料制作而成。著名的檀香扇、象牙扇，不但是我国扇子中的佳品，在世界上也很有名。

【57】根据本文，我国扇子的特点是：

A 是书法家的作品原料

B 实用性和艺术性都很强

C 显示使用者的身份地位

D 扇面上都有画家作的画

【58】关于扇子，下列说法正确的是：

A 扇子上都有诗词或者图画

B 檀香扇、象牙扇享誉世界

C 扇子的形状都是方的或圆的

D 杭州扇子是我国最有名的扇子

【59】根据最后一段，杭州折扇扇骨：

A 制作方法复杂

B 非常结实耐用

C 既方便又潇洒

D 部分材料比较珍贵

60 ～ 63

5G 是一个崭新的起点，是通信行业向前迈出的革命性的一步，它的出现将满足全球对整个产业升级的期待，同时也会给各行各业创造前所未有的商机，从而加快经济的发展。

对游戏爱好者来说，5G 的好处是玩家在玩儿游戏的过程中不会再出现卡顿的情况，游戏过程更顺利。

除了速度，其实 5G 给生活带来的改变还有很多。近几年物联网一直是个热门话题，但受限于终端的功耗以及无线网络的覆盖，广域物联网仍处于萌芽的状态。而 5G 网络的出现，将会为物联网技术的发展提供有力支撑。

随着移动性不再仅限于智能手机，5G 正在成为我们一生中可能见到的最具影响力的技术变革之一。它是一个极具灵活性的网络，它将使万物互联，并与所有人相连。受益于通信、计算以及垂直行业相互融合带来的乘法效应，它将带来无人驾驶、虚拟现实、数字医疗、智能家居、智慧城市等新一代体验，引爆全新的应用场景和商业模式，开启万物互联时代。

【60】5G 带来的变化不包括下列哪一项？

A 促进物联网发展

B 加快经济的发展

C 推动全球产业升级

D 推出更多新的游戏

【61】5G 对游戏爱好者的好处是：

A 游戏产品更多了

B 游戏过程更顺利

C 游戏难度增加了

D 游戏更加刺激了

【62】根据第四段，我们可以知道：

A 移动性仅限于智能手机

B 5G 的技术变革影响力一般

C 5G 将带来一系列乘法效应

D 5G 是一个非常灵活的网络

【63】万物互联时代的特征是：

A 物与物相连

B 人与人相连

C 物与人相连

D 物物、物人皆相连

64 ～ 67

自我介绍是一种通过对别人叙述自己使对方初步了解自己的基本情况的表达方式。今后大家走出校门，无论是与不相识的人打交道，还是到一个新的工作环境，都少不了要做自我介绍，以便让别人了解你、熟悉你和喜欢你。自我介绍恰当与否，关系到能否给人一个良好的第一印象，进而会对自我形象塑造产生持久的影响。

自我介绍一般都介绍些什么呢？在不同场合，面对不同对象，自我介绍有不同的要求，一般可以分为应酬式、工作式、交流式和礼仪式。如果到一所新的学校读书，一般只要简略地介绍自己的姓名、年龄、身份、原就读学校等基本情况就可以了。例如：“很高兴认识大家，我叫李雯，‘雯’是‘雨’字下面一个‘文化’的‘文’字，我今年18岁，是××学校毕业的。”当然，面对新认识的老师、领导或师傅时，还要加上“今后请多关照（指教）”等客气话，表现出礼貌与诚恳的态度。

【64】“第一印象”中的“第一”指的是：

A 第一年

B 第一名

C 第一次

D 第一人

【65】自我介绍不包括以下哪种方式？

A 应酬式

B 交流式

C 礼仪式

D 学习式

【66】第二段主要想告诉我们：

A 自我介绍越多越好

B 自我介绍没有要求

C 自我介绍必须全面

D 自我介绍要看场合和对象

【67】这篇文章是写给谁看的？

A 老师

B 学生

C 朋友

D 领导

68～71

中考和高考那段时间，家里最急的就数妈妈们了，她们最担心的就是自己的孩子考不上理想的学校，阿勇的妈妈就是其中一例。一次偶然的机会，阿勇的妈妈遇到了一位知心姐姐，她向这位知心姐姐说出了自己的心里话，面对阿勇妈妈的担心，知心姐姐为她支了一招。

在这位知心姐姐看来，很多家长无时无刻不在盯着孩子学习，总怕孩子有所放松，影响成绩的做法非常不利于发挥孩子的主观能动性，孩子会认为自己学习是为了父母，因而容易产生依赖和逆反心理。其实，学习不是靠家长盯着就能完成的，而是靠孩子的积极性、主动性。所以，在日常生活中，家长应该给孩子创造独立的学习活动空间。如果实在不放心，可以让孩子开着门，在家长的视野范围内活动，千万不要紧迫盯人。另外，平时模拟考试的目的是查缺补漏，家长应该引导孩子找出考试中暴露出来的问题，并进行有针对性的复习。这才是孩子实现自我突破和提高成绩的关键。眉毛胡子一把抓，考试成绩总上不去也就在所难免了。

【68】阿勇的妈妈因为什么着急？

A 担心阿勇的学习成绩

B 担心阿勇的学习方法

C 担心阿勇的饮食习惯

D 担心阿勇考不上好学校

【69】根据本文，家长总是盯着孩子学习：

A 会让孩子爱上学习

B 会让孩子失去信心

C 会让孩子感到放松

D 会让孩子产生依赖

【70】知心姐姐认为孩子学习主要依靠：

A 家长的督促

B 老师的辅导

C 孩子的主动性

D 有针对性的学习

【71】知心姐姐认为模拟考试的目的是：

A 预测真正考试的题目

B 提高学生的学习成绩

C 对学生的能力进行比较

D 对所学知识进行查缺补漏

72 ～ 75

在19世纪的欧洲，有一个年轻的姑娘叫玛丽。她只要一读书，就全身心地钻到书里。

1891年，玛丽来到巴黎上大学，住在当医生的二姐家里。这是一个舒适而温暖的家庭。但是，刚住几天，玛丽突然对二姐说："请你允许我在学校附近租一个阁楼，自己单独吃住吧。""为什么？是我们待你不好吗？""不是的。"玛丽解释说，"这里一天到晚人来人往，没完没了的客人，太影响我的功课了。再说这里离学校太远，每天要乘公共马车上学，既费时间，又费钱……"二姐再三挽留，但玛丽执意要走。最后二姐只好同意她搬进僻静的阁楼，单身独居。

在玛丽看来，时间就是知识。巴黎的冬天是寒冷的。但是为了省钱，更为了节约生炉子的时间，玛丽很少买煤取暖。晚上实在太冷，冻得睡不着，她就把所有的衣服都盖在身上，有时还把屋里的一把椅子也压在被子上，借以取暖。

这个叫玛丽的姑娘，就是后来闻名全球的女科学家居里夫人。她是迄今为止唯一一位两次获得诺贝尔奖的女科学家——第一次是物理学奖，第二次是化学奖。

【72】关于玛丽，下列说法正确的是：

A 学习非常刻苦

B 多次获得诺贝尔奖

C 上大学时一直住在她姐姐家

D 上大学时功课一直是第一名

【73】下列哪一项是玛丽搬出姐姐家的主要原因？

A 姐姐对她不够关心

B 每天坐车费时费钱

C 担心影响姐姐的生活

D 家里客人太多影响学习

【74】根据第三段，我们可以知道：

A 玛丽没有钱买煤

B 玛丽的睡眠不太好

C 巴黎的冬天不太冷

D 玛丽懂得珍惜时间

【75】本文主要想告诉我们：

A 玛丽是一个喜欢看书的人

B 玛丽是一个非常聪明的人

C 姐姐对玛丽的帮助非常大

D 玛丽刻苦学习的精神值得称赞

三、书面表达

第一部分

（5题，5分钟）

说明：76～80题，在下面的ABCD四个句子中，只有一个是错误的，请找出这个句子，并在答题卡上代表正确答案的字母上画一横道。

76. A 我们应该鼓舞她好好学习。
B 你的自行车是新的还是旧的？
C 我常跟朋友一起去公园玩儿。
D 你先休息休息，我一下课就去。

77. A 我觉得在学校工作很有意思。
B 外面下雨了，快进屋里来吧。
C 老爷爷把刚才的那件事儿忘了。
D 听了这段报告，使我们懂得了许多道理。

78. A 请你们把作业交给我赶快。
B 我们家每个人都有一辆自行车。
C 这场雨真讨厌，一直下了多半天。
D 这是我们这里的特产，您可得尝尝。

79. A 他从小就非常喜欢数学。
B 你们还有什么别的问题要问吗？
C 我们班两次看过介绍长城的电影。
D 这两天天气不太好，要多穿些衣服。

80. A 今天她不舒服，不能来上课。
B 她的态度分明是不同意你去。
C 你是不是觉得这个公园很大呢？
D 王先生太忙了，你容易找不到他。

第二部分

（5 题，5 分钟）

说明：81 ～ 85 题，在下面这段文字中，有五处是用拼音代替字的，请根据上下文的意思认读拼音，然后在答题卡上找到相应的题号，并在横线上写出正确的字。

青春时代是我们 shùlì（81）理想、志向的时候，ǒuxiàng（82）是我们忠实的朋友，是我们进步的参照物。以他们的 jīnglì（83）鼓励我们，可以使我们的生活丰富多彩，生活中 jíshǐ（84）有再大的风雨，只要我们心中有梦想，那么我们的头顶仍将是一片 cǎixiá（85）。

卷Ⅱ　书面表达　第二部分

（作文，30 分钟）

作 文 要 求

1. 写作前认真阅读作文提示，按提示要求在规定的时间内写完。
2. 用简体字书写。每个空格写一个字，书写要清楚工整；每个标点符号占一个或两个空格，标点符号使用要规范。
3. 作文中不得出现跟考生有关的校名、地名和真实姓名。
4. 保持卷面整洁，不得涂划损坏答卷。

作文提示：

王东是市三中初一年级的一名学生。同学李明的父母在外地工作，爷爷奶奶七十多岁了，身体也不太好，生活上有些困难。王东知道这些情况后，就和班上的几位同学一起成立了“学雷锋小组”，经常帮助李明的爷爷奶奶打扫房间、买东西。老人很感动，想给市三中写一封感谢信。请你帮两位老人写这封信。

全文不少于 300 字。

模拟试题（二）

一、听力理解（35 题，约 35 分钟）

扫一扫，听录音

第一部分

说明：1 ～ 15 题，这部分试题，都是两个人的简短对话，第三个人根据对话提出一个问题，听到问题后，请你在四个备选答案中选出唯一恰当的答案。

例如：第 8 题，你听到：

男：小兰，你刚才去邮局订杂志，怎么没把今天的晚报买回来？

女：晚报都卖完了。

第三个人问：小兰刚才干什么去了？

你在试卷上看到四个答案：

A 寄信　　B 订杂志　　C 卖报纸　　D 买邮票

根据对话，第 8 题最恰当的答案是 B，你应在答题卡上找到号码 8，在字母 B 上画一横道。横道一定要画得粗一些，重一些。

8 [A]　■　[C]　[D]

1. A 家长
   B 朋友
   C 学生
   D 老师

2. A 奶奶
   B 爷爷
   C 爸爸
   D 妈妈

3. A 不满
   B 满意
   C 高兴
   D 气愤

4. A 师生
   B 同学
   C 同事
   D 姐弟

5. A 耿玲确实学习好
B 耿玲学习很刻苦
C 耿玲的话不可信
D 耿玲学习不努力

6. A 老师教得好
B 不喜欢语文
C 兴趣很重要
D 主要学习数学

7. A 垃圾处理方式
B 如何打扫卫生
C 如何保护环境
D 如何使用塑料袋

8. A 家庭作业太多了
B 家庭作业很简单
C 家庭作业写完了
D 家庭作业没必要

9. A 家里
B 大街上
C 出租车上
D 公交车上

10. A 老师
B 医生
C 领导
D 教练

11. A 两个人
B 三个人
C 四个人
D 一个人

12. A 今年夏天很凉快
B 今年夏天气温高
C 今年夏天有点儿凉
D 今年夏天天气不好

13. A 书店
B 超市
C 图书馆
D 办公室

14. A 开车
B 奔跑
C 开火车
D 叫出租车

15. A 男的会做这道题
B 男的会讲这道题
C 女的不会做这道题
D 他们都会做这道题

第二部分

说明：16～35题，这部分试题中，你将听到几段对话或讲话。每段话之后，你将听到几个问题，听到问题后，请你在四个备选答案中选出唯一恰当的答案。

例如：第25～27题，你听到：

男：请问，有包子吗？

女：有。刚做好的，都是热的。

男：怎么卖？

女：五毛钱一个。您要几个？

男：给我来两个。

女：好的。收您十块钱，找您九块，请点一下。

男：谢谢。请问附近哪儿有卖报纸的？

女：前面路口向右拐有一家邮局，邮局里就有。

男：太好了，谢谢。

女：不客气。

第三个人根据这段对话提出三个问题：

25. 男的正在做什么？

你在试卷上看到四个答案：

A 问路　　B 取钱　　C 买东西　　D 吃包子

根据对话，第25题唯一恰当的答案是C，你应该在答题卡上找到号码25，在字母C上画一横道。横道一定要画得粗一些，重一些。

25 [A]　　[B]　　■　　[D]

……

你又听到：

27. 男的打算去做什么？

你在试卷上看到四个答案：

A 买邮票　　B 打电话　　C 取包裹　　D 买报纸

根据对话，第27题唯一恰当的答案是D，你应该在答题卡上找到号码27，在字母D上画一横道。横道一定要画得粗一些，重一些。

27 [A]　　[B]　　[C]　　■

16. A 北京大学
B 清华大学
C 理工大学
D 交通大学

17. A 一年
B 两年
C 三年
D 四年

18. A 书法
B 绘画
C 音乐
D 体育

19. A 才艺多
B 能吃苦
C 画得好
D 人品好

20. A 四点多
B 五点多
C 六点多
D 七点多

21. A 四点半
B 五点半
C 六点半
D 七点半

22. A 一个小时左右
B 两个小时左右
C 三个小时左右
D 四个小时左右

23. A 挣钱
B 捐款
C 花钱
D 存钱

24. A 交学费
B 办学校
C 买花生
D 扩建学校

25. A 花生种子
B 600 万元
C 煮熟的花生
D 什么也没给

26. A 足底有敏感区
B 足底反射学说
C 足底能受刺激
D 足底传递信息

27. A 腰腿疼
B 关节病
C 肌肉疼
D 偏头疼

28. A 脚疼
B 腰疼
C 四肢疼
D 忧郁症

29. A 拨打电话报警
B 在小区门口等
C 指挥消防车行驶
D 打开手机手电筒跑

30. A 两个
B 三个
C 四个
D 五个

31. A 批评
B 怀疑
C 赞扬
D 无所谓

32. A 大学毕业后
B 读大学期间
C 找工作期间
D 辞掉工作后

33. A 向别人借的
B 向银行贷款
C 办一次演讲
D 自己挣来的

34. A 只要想就行
B 只要做就行
C 有信心就行
D 敢想敢做才行

35. A 著名演讲家
B 大学的校长
C 哲学家、教育家
D 非常富有的商人

二、阅读理解

第一部分
（15 题，15 分钟）

说明：36 ～ 50 题，每个句子中有一个或两个空，请你从所给的四个备选答案中挑选一个最适合填入空中的答案，并在答题卡上代表正确答案的字母上画一横道。

36. 人民群众切实____到了改革开放带来的好处。

A 连接

B 接近

C 接着

D 享受

37. 学校将____为广大师生营造安全、放心的学习生活环境。

A 按期

B 竭力

C 大半

D 大致

38. 老同学聚会，____想起了许多往事。

A 不利

B 不安

C 不免

D 不曾

39. 我们要认真思考工作中存在的____之处，并加以改正。

A 不安

B 不利

C 不足

D 便利

40. 我们在北京玩儿得____高兴啊，都不想回去了。

A 这个

B 这里

C 怎么

D 哪儿

41. 经过这么多年的磨炼，他____走向成熟。

A 常常

B 逐渐

C 毕竟

D 永远

42. 饭菜____凉了，孩子们还是没有回来。

A 时常

B 按期

C 已经

D 恰巧

43. 你真会买衣服，这件衣服的大小____合适。

A 正在

B 刚好

C 中间

D 往往

44. 这孩子很淘气，从小就让家长____。

A 高兴

B 讨厌

C 操心

D 放心

45. 我____想不出什么好的解决办法了。

A 坚决

B 非常

C 真实

D 实在

46. 我们____好好分析市场的实际情况，____能制订相应的管理计划。

A 无论　都

B 即使　也

C 虽然　但

D 只有　才

47. 今后____我走到哪里，家都是我最____的港湾。

A 无论　温暖

B 不管　遥远

C 尽管　幸福

D 只要　难忘

48. 这孩子挺____的，任你____说，他也不听。

A 可爱　一再

B 调皮　怎么

C 高兴　屡次

D 好玩儿　干脆

49. 我们应该____进行宣传工作，让更多的顾客了解新____。

A 充分　结果

B 充足　效果

C 一定　物品

D 加快　产品

50. 不管大事小事都要____地去做，不能做出一副____的样子。

A 认真　无所谓

B 轻松　不在乎

C 乐观　差不多

D 高兴　怪不得

第二部分

（25 题，25 分钟）

说明：51 ～ 75 题，每段文字后都有若干个问题，每个问题都有 A B C D 四个备选答案，请你阅读后根据每题的要求选出最恰当的答案，并在答题卡上代表正确答案的字母上画一横道。

51 ～ 53

尊敬老人、爱护儿童是中华民族的优良传统。几千年来，人们一直把尊老爱幼作为一种社会责任和行为规范。战国时期孟子就曾说过：要像尊敬自己的老人一样尊敬别人的老人，要像爱护自己的孩子一样爱护别人的孩子。违背了这种道德的人，不仅会受到人们的批评，严重的还会受到法律的惩处。

早在两千多年前，政府就曾多次颁布法令，提倡并奖励孝敬老人的行为。当时政府发给每位 70 岁以上的老人一种拐杖，用这种拐杖的老人，在社会上可以得到特殊的优待和照顾。清朝康熙、乾隆年间都举行过大型的尊老敬老活动，皇帝亲自在宫里宴请 65 岁以上的老人，每次人数都多达千人。

中国人对后代的关怀和爱护是爱中有教，慈中有严，包含着强烈的道德责任感。古人留下的《诫子书》《家训》等大量有关教育子女的著作，是中华民族一笔宝贵的道德教育财富。

尊老爱幼的传统在当代得到了继承和发扬。现在，我国的老人和儿童有自己的节日——敬老节（一般指重阳节）和儿童节。政府还专门制定了保护妇女儿童的法律，法律中也明文规定公民必须履行赡养父母、照顾子女的义务。

尊老爱幼的传统美德保证了家庭的和睦和社会的稳定，也为中华民族的繁衍发展提供了坚实的社会基础。

【51】作者对“尊老爱幼”的态度是什么？

A 可有可无

B 不太重要

C 表示反对

D 表示赞同

【52】两千多年前政府给 70 岁以上的老人发一种拐杖的目的是什么？

A 让老人行走更方便

B 让老人用拐杖探路

C 对老人优待和照顾

D 让人们都注意老人

【53】下列哪一项可以反映出我国古代社会对子女的关爱与教育？

A 有敬老节和儿童节

B 制定了保护妇女儿童的法律

C 有《诫子书》《家训》等著作

D 法律中明文规定了公民的义务

54 ～ 56

孙康小时候是一个聪敏好学的好孩子，但是家中一贫如洗，根本没有上学读书的机会，甚至连在家里挤点儿时间学习都不可能，因为他从早晨一直到太阳落山都要帮家里干活儿。

孙康觉得自己年纪轻，精力旺盛，只要有了学习的决心，时间总会挤出来的。于是，他开始利用夜间读书。可是晚上读书必须得点油灯，往往读一个晚上的书就要用去一灯油，而以家里那样困难的经济条件，买不起这么多的灯油。孙康完全理解家里的困难，每当灯油烧干以后，他便静静地躺在床上，默背书中的知识。

一个冬天的夜晚，孙康盖着薄被正蜷缩在床上，面对着北风呼啸的窗口背书。背着背着，他突然发现窗口越来越明亮，开门一看，原来是下了大雪，是白雪把窗口映亮了。孙康心里想：既然白雪能映亮窗口，那一定也可以用积雪照着读书。想到这里，他便捧起书跑到门外，一个人蹲在雪地里，借着积雪映出的微弱亮光读起书来。孙康蹲在雪地里读书，注意力完全进到书里面去了，对于刺骨的寒风全然不知，一直到了深更半夜，还在聚精会神地读着。从那以后，只要有积雪，他就去映着雪读书。孙康还盼望着每年冬天雪可以早点儿到来，成语“孙康映雪”就是从这里来的。

【54】孙康夜间读书的原因是：

A 白天环境不安静

B 白天学习效率低

C 白天没时间读书

D 白天父母不让学

【55】孙康读书时碰到的麻烦是：

A 家里没有灯油

B 家里经济困难

C 父母不让学习

D 要记的内容多

【56】最后一段讲的是：

A 孙康喜欢下雪

B 孙康喜欢读书

C 孙康家里很穷

D 孙康映雪读书

57 ～ 59

人的一生中经常会遇到来自外部的打击，但这些打击究竟会对你产生怎样的影响，最终的决定权在你手中。

祖父用纸给我做过一条长龙。长龙的肚子里仅仅能放下几只蝗虫，把蝗虫放进去，结果不久后它们都死在里面了，无一幸免。祖父说：“蝗虫性子太急躁，除了挣扎，它们没想过用嘴巴去咬破长龙，也不知道一直向前可以从另一端爬出来。因此，尽管它有铁钳般的嘴巴和锯齿一般的大腿，也没能逃出来。”

当祖父把几只同样大小的青虫从龙头放进去后，奇迹很快出现了，仅仅几分钟，小青虫就一一从龙尾爬了出来。

命运其实一直藏在我们的思想里。许多人走不出人生各个阶段或大或小的阴影，并不是因为他们天生的个人条件比别人差，而是因为他们和蝗虫一样，没有试图将纸龙咬破的想法，也没有耐心找准一个方向一步步地向前走，直到眼前出现新的洞天。

【57】蝗虫失败的主要原因是：

A 拼命挣扎

B 嘴壳太硬

C 性子急躁

D 腿有锯齿

【58】青虫成功的原因是：

A 看到出口了

B 天生会爬行

C 找准方向行动

D 有特殊的技能

【59】决定成败的关键是：

A 行动

B 思想

C 条件

D 特长

60 ～ 63

电影《战狼》中，冷锋（吴京饰）那快如闪电的脚后跟上膛，一枪击毙敌方狙击手的潇洒身姿成为影片的一大亮点。脚后跟上膛的射击技能是广州军区特战旅刘连长首创的动作，是我国特种部队必须掌握的技能。

吴京在拍摄期间决定把这个动作用到影片中，于是向剧组提出这个想法。剧组成员经过仔细调查，发现这个动作即使特种兵也需要至少一万次练习才能完成，普通人根本做不到。最后剧组否定了吴京的想法。

但吴京不想放弃，他一边正常拍摄，一边私下里向刘连长请教。刘连长一开始不理睬吴京。脚后跟上膛是实战技能，不是花拳绣腿，他压根儿不相信吴京能完成这个动作。被拒绝的吴京还是没有放弃，他一次又一次地拜访刘连长，反复解释他拍摄《战狼》是为了体现中国特种兵的硬汉形象，不能没有中国特种兵的独创技能。一段时间下来，刘连长被吴京的诚意打动，并悉心地指点吴京完成整个动作的要领。

吴京平日里和大家一起辛苦地拍摄，一有时间，他就偷偷地躲在一边刻苦练习。

几个月后，吴京突然跟剧组提出拍摄他脚后跟上膛一枪击毙敌方狙击手的镜头。当他一气呵成行云流水般完成这个动作后，这一“快、准、狠”的硬汉形象瞬间赢得了在场所有人的热烈掌声。或许如果没有吴京的“一万次精神”，《战狼》的精彩总会让观众感觉少了些什么。

【60】发明脚后跟上膛射击技术的是：

A 冷锋

B 吴京

C 剧组

D 刘连长

【61】影片中脚后跟上膛的动作是：

A 剧组加的

B 吴京加的

C 刘连长加的

D 演员们加的

【62】拍摄《战狼》的目的是：

A 体现中国特种兵的硬汉形象

B 展示中国特种兵的独特技能

C 提高中国特种兵的实战技能

D 赞扬中国特种兵的吃苦精神

【63】这篇文章主要告诉我们：

A 成功需要付出努力

B 特种兵本领要过硬

C 演员拍摄电影很辛苦

D《战狼》拍摄得很成功

64 ～ 67

给小鸟喝的水通常没有太多的讲究，只要干净就好。有人主张应该让小鸟饮用河水或者井水，这也不一定就有多大的好处。不过对大多数直接从城市的自来水龙头中取得水源的人来说，在让小鸟喝之前，可以先将自来水放一两天，这样水里的杂质和化学药剂可以沉淀一下。

另外，在“晾水”的过程中，还需要注意防止水的二次污染。一般来讲，小鸟不可能用太大的饮水器具，所以放在饮水器里的水经常会被饲料或者小鸟的排泄物污染。因此小鸟的饮水器应该每天清晨清洗一遍，然后再放上清水。

另外要注意的是，有些小鸟有污染饮水的习惯，对于这些不在意自己健康的小鸟，我们只好多替它们当心一点儿了。

【64】关于给小鸟喝的水，下列说法正确的是：

A 不干净也没事

B 喝河水或井水

C 不要二次污染

D 用小一点儿的水杯

【65】根据本文，我们可以知道：

A 很多小鸟生活在自来水旁边

B 小鸟需要更多的关心和照顾

C 现在的小鸟喝不到干净的水了

D 现在的环境污染越来越严重了

【66】第三段中的“它们”是指：

A 动物们

B 小鸟们

C 干净的水

D 污染的水

【67】根据本文，“有些小鸟有污染饮水的习惯”可能是指：

A 小鸟会往饮水器里排便

B 小鸟在饮水器里吃饲料

C 小鸟不在饮水器中喝水

D 小鸟不使用清洁的饮水器

68 ～ 71

我们每天早上六点半起床，从七点一直训练到十一点。烈日当空，热气逼人，挺胸收腹，我们在站军姿。汗珠在身上流淌，痒痒的，但不能擦；喉咙干了，像火在心中燃烧，很难受，但不能喝水；脚麻了，血在脚下集中，脑缺氧，但不能休息。一二一，向右看，踢正步，脚肿了。很多人都叫苦，但是人生何时没有苦？苦并不可怕，关键是坚持，坚持才能去克服。

军训有乐。休息时，雄壮的军歌让疲倦的身体充满了力量，幽默的小品让枯燥的军训变得有滋有味。有人说，辛苦后的收获是加倍的快乐，现在我有了更深的体会。还有就是叠被子。一床被子在经历了叠、压、折、修后，一个有棱有角的“豆腐块”出现在我眼前。我不仅对这样叠被子的方式感到惊叹，同时我也感叹它可以锻炼一个人，使人变得坚毅和富有耐心，而这正是我们所缺少的。看着教官们一张张坚毅而刚强的脸，我心想，经过一番磨炼，我们的脸上或许也会出现同样的轮廓。

经过这次短暂、艰苦而又难忘的军训，我们少了份娇气，多了份坚强；少了份依赖，多了份自立；少了份怨天尤人，多了份勇往直前。最重要的是我们懂得了自律、自爱和自强。

“向前、向前、向前”，军训还没有结束，这只是我们漫长人生的第一步，我们脚下的路还很长……

【68】每天开始军训的时间是：

A 六点

B 七点

C 六点半

D 七点半

【69】第一段主要想告诉我们：

A 天气非常热

B 苦并不可怕

C “我”学会了踢正步

D “我”的喉咙很难受

【70】下列哪一项是同学们军训时感到的“乐”？

A 枯燥的军歌

B 幽默的小品

C 有棱有角的被子

D 教官们坚毅的脸

【71】根据本文，“我们”军训的收获是：

A 学会了站军姿

B 学会了走正步

C 适应了军营生活

D 懂得了自律自爱自强

72 ～ 75

快递小哥汪勇近日在微博发文告别 2020 年。“如果要用一个词语概括我的 2020，我想应该是‘感谢’。”汪勇说。

疫情爆发前，35 岁的汪勇是武汉市硚口区“顺丰速运”的一名店主，每天负责管理无人货柜，给货柜上货。下班后，他出去开网约车赚点儿零花钱。他最大的愿望就是多赚点儿钱，与妻子和女儿快乐地生活。

今年大年三十的晚上，汪勇加入了一个由志愿者建立的微信群，专门为金银潭区域的一线医护人员提供帮助。当晚 11 点，汪勇瞒着家人走出家门，戴着仅有的一个 N95 口罩，开车赶往医院，开始免费接单。

随着医护人员对车辆的需求越来越多，汪勇开始组织志愿者，除了接送医护人员上下班，他们还协调共享单车公司、便利店和饭店，为医护人员提供车辆、食物等物资。

疫情期间，汪勇和他组织的志愿者团队的事迹被多家媒体报道，这个普通人一下子红了，成为快递小哥中的榜样。因疫情中表现突出，公司将汪勇连升三级，这个普通的快递小哥一跃成为顺丰速运武汉硚口区分部经理，管理着200多名员工。

不仅如此，汪勇还先后获得国家邮政局"最美快递员"特别奖、第24届"中国青年五四奖章"、联合国秘书长青年特使颁布的"全球青年抗疫榜样"、"全国抗击新冠肺炎疫情先进个人"等荣誉。

回想起这段经历，汪勇认为自己只是个"组局者"，真正要感谢的是为患者拼命的医生和并肩作战的志愿者们。

【72】根据本文，汪勇的职业是：

A 邮递员

B 管理员

C 快递员

D 出租车司机

【73】汪勇组织志愿者的原因是：

A 医护人员的工作越来越多

B 为医护人员提供更多服务

C 医护人员需要出租车服务

D 需要车辆的医护人员增多

【74】汪勇获得的国际奖项是：

A 国际最美快递员

B 国际青年五四奖章

C 全球青年抗疫榜样

D 抗击疫情先进个人

【75】汪勇认为，2020年最应该感谢的是：

A 医务工作者

B 快递员团队

C 医生和志愿者

D 医生和快递员

三、书面表达

第一部分
（5题，5分钟）

说明：76～80题，在下面的A B C D四个句子中，只有一个是错误的，请找出这个句子，并在答题卡上代表正确答案的字母上画一横道。

76. A 我们是同龄人，有共同语言。

B 孩子看书少应引起人们的关注。

C 今天的菜不错，就是一点儿淡了。

D 当初咱们要是听林老师的话就好了。

77. A 到了现代，人们才开始喜爱围棋。

B 在生物圈中，各种生命形式相互依存。

C 父亲把种花当成自己晚年的生活乐趣了。

D 我努力学习的目的是为了将来能做自己喜欢的事。

78. A 他说读书才是他生活中最大的乐趣。

B 快速食品在国内市场上越来越受欢迎。

C 海里的动物，已经知道的大约有三万种。

D 有近三百多名学生参加了昨天的义务劳动。

79. A 他爱说大话，所以没人跟他做朋友。

B 新技术的采用，节约了大量的人力。

C 我保证，从现在起不再随便请假了。

D 只要有勤奋、肯吃苦，什么样的难题都难不倒你。

80. A 人的智力随着手的能力的提升而提升。

B 这是我有生以来看到的最精彩的足球比赛。

C 人类的自然寿命是根据生物学规律推算出来。

D 许多事实证明，早晨五六点是一天的黄金时间。

第二部分
（5 题，5 分钟）

说明：81 ～ 85 题，在下面这段文字中，有五处是用拼音代替字的，要求考生根据上下文的意思认读拼音，然后在答题卡上找到相应的题号，并在横线上写出正确的字。

未来科技进步新 gāocháo (81) 的 héxīn (82) 将是信息技术和生物技术。以电子计算机为 biāozhì (83) 的现代信息技术自 dànshēng (84) 以来发展突飞猛进，目前计算机的运行速度已越来越快，同时智能化水平越来越高。数字化大容量光纤通信、信息高速公路的建成，将 yǐndǎo (85) 人类在 21 世纪真正进入信息社会。

卷Ⅱ　书面表达　第二部分

（作文，30分钟）

作文要求

1. 写作前认真阅读作文提示，按提示要求在规定的时间内写完。
2. 用简体字书写。每个空格写一个字，书写要清楚工整；每个标点符号占一个或两个空格，标点符号使用要规范。
3. 作文中不得出现跟考生有关的校名、地名和真实姓名。
4. 保持卷面整洁，不得涂划损坏答卷。

作文提示：

阅读下面的材料，按要求作文。

有只小狗问自己的妈妈："妈妈，幸福是什么？它在哪儿呢？"妈妈说："孩子，幸福就是你的尾巴。"

于是小狗每天都去追自己的尾巴，这样过了很久。

有一天，小狗说："妈妈，为什么我这么努力，仍然抓不住幸福呢？"妈妈说："孩子，有时候幸福并不需要你刻意去追寻。你只要一直往前走，幸福自然就会跟在你的身后。"

请以《幸福就在努力的过程中》为题，联系实际，写一篇读后感。

全文不少于300字。

模拟试题（三）

一、听力理解（35 题，约 35 分钟）

扫一扫，听录音

第一部分

说明：1 ～ 15 题，这部分试题，都是两个人的简短对话，第三个人根据对话提出一个问题，听到问题后，请你在四个备选答案中选出唯一恰当的答案。

例如：第 8 题，你听到：

男：小兰，你刚才去邮局订杂志，怎么没把今天的晚报买回来？

女：晚报都卖完了。

第三个人问：小兰刚才干什么去了？

你在试卷上看到四个答案：

A 寄信　　B 订杂志　　C 卖报纸　　D 买邮票

根据对话，第 8 题最恰当的答案是 B，你应在答题卡上找到号码 8，在字母 B 上画一横道。横道一定要画得粗一些，重一些。

8 [A]　　[redacted]　　[C]　　[D]

1. A 不知道上海
   B 没去过上海
   C 很想去上海
   D 去过上海很多次

2. A 家里
   B 食堂
   C 饭馆
   D 宾馆

3. A 要转学
   B 要搬家
   C 已经转学了
   D 没搬家也不转学

4. A 11 点整
   B 12 点整
   C 11 点 40 分
   D 11 点 20 分

5. A 锁没坏
B 没时间
C 锁有问题
D 可以帮忙

6. A 男的要参加明天的活动
B 男的不参加明天的活动
C 女的要参加明天的活动
D 女的不参加明天的活动

7. A 女的想放假
B 男的想放假
C 男的想回家
D 女的不想家

8. A 火车上
B 飞机上
C 公交车上
D 出租车上

9. A 说话好听
B 工作很忙
C 有特殊事情
D 说话不算数

10. A 药店
B 学校
C 医院
D 公司

11. A 去学校了
B 去开会了
C 打扫卫生了
D 去书店买书了

12. A 害怕唱歌
B 不会唱歌
C 唱得不好
D 表扬同学们

13. A 学习很刻苦
B 表现不太好
C 学习成绩好
D 玩儿的时间多

14. A 愿意来就行
B 谁都能参加
C 带一篇论文
D 必须是男性

15. A 客人不应该来
B 中午没休息好
C 中午来客人了
D 客人应该早点儿走

第二部分

说明：16 ～ 35 题，这部分试题中，你将听到几段对话或讲话。每段话之后，你将听到几个问题，听到问题后，请你在四个备选答案中选出唯一恰当的答案。

例如：第 25 ～ 27 题，你听到：

男：请问，有包子吗？

女：有。刚做好的，都是热的。

男：怎么卖？

女：五毛钱一个。您要几个？

男：给我来两个。

女：好的。收您十块钱，找您九块，请点一下。

男：谢谢。请问附近哪儿有卖报纸的？

女：前面路口向右拐有一家邮局，邮局里就有。

男：太好了，谢谢。

女：不客气。

第三个人根据这段对话提出三个问题：

25. 男的正在做什么？

你在试卷上看到四个答案：

A 问路　　B 取钱　　C 买东西　　D 吃包子

根据对话，第 25 题唯一恰当的答案是 C，你应该在答题卡上找到号码 25，在字母 C 上画一横道。横道一定要画得粗一些，重一些。

25 [A]　　[B]　　[redacted]　　[D]

……

你又听到：

27. 男的打算去做什么？

你在试卷上看到四个答案：

A 买邮票　　B 打电话　　C 取包裹　　D 买报纸

根据对话，第 27 题唯一恰当的答案是 D，你应该在答题卡上找到号码 27，在字母 D 上画一横道。横道一定要画得粗一些，重一些。

27 [A]　　[B]　　[C]　　[redacted]

16. A 自己过生日
B 导师过生日
C 去锻炼身体
D 在单位加班

17. A 春游
B 比赛走路
C 锻炼身体
D 给导师过生日

18. A 挖野菜
B 锻炼身体
C 去外面放松
D 在家里看书

19. A 健康又美味
B 没有鱼好吃
C 没有肉好吃
D 不如买的菜

20. A 日本人
B 中国人
C 英国人
D 美国人

21. A 读书
B 当老师
C 做小生意
D 做大买卖

22. A 送给男的了
B 借给男的了
C 卖给男的了
D 自己留着看

23. A 遗传
B 睡眠
C 功课太多
D 学习紧张

24. A 小学时期
B 初中时期
C 青春早期
D 青春后期

25. A 多看电视
B 躺着看书
C 保证充足的睡眠
D 少吃含锌的食物

26. A 回家看望爸爸
B 跟丈夫吵架了
C 回娘家干活儿
D 没有具体原因

27. A 说服
B 批评
C 举例
D 上课

28. A 每人都有缺点
B 多向别人请教
C 平时不要吵架
D 学会换个角度

29. A 礼堂
B 操场
C 学校
D 家里

30. A 李书记
B 李校长
C 李队长
D 李同学

31. A 很特别
B 很有趣
C 很孤单
D 很艰难

32. A 家里
B 教室里
C 操场上
D 实验室里

33. A 不小心碰的
B 故意打碎的
C 没找到原因
D 做实验用的

34. A 做实验
B 批评学生
C 教育学生
D 不太清楚

35. A 人不能犯错误
B 犯错误无所谓
C 从错误中吸取教训
D 犯错误的损失太大

二、阅读理解

第一部分

（15 题，15 分钟）

说明：36 ～ 50 题，每一个句子中有一个或两个空，请你从所给的四个备选答案中挑选一个最适合填入空中的答案，并在答题卡上代表正确答案的字母上画一横道。

36. 都五十好几的人了，怎么还做这么____的事！

A 慌忙

B 荒唐

C 活泼

D 激动

37. 疫情期间，他主动____到志愿者行列。

A 加紧

B 加快

C 加速

D 加入

38. 你想找工作，我们这儿____缺人，你到我们公司工作吧。

A 正好

B 刚刚

C 偶尔

D 仅仅

39. 他们俩____地说着什么，不知在说什么秘密。

A 悄悄

B 安静

C 大声

D 清晰

40. 既然你说一个星期可以把桌子做好，____就这么定了吧。

A 所以

B 结果

C 那么

D 还是

41. 他总是隐瞒他的年龄，我也不知道他____多少岁。

A 竟然

B 到底

C 既然

D 反而

42. 因为工作很忙，所以我____很少有时间出去旅游。

A 平均

B 时常

C 平时

D 常常

43. 2020 年感动中国十大____的先进事迹被多家媒体争相报道。

A 人物

B 人员

C 人家

D 人间

44. 他写完作业，铅笔一扔，____就去看电视了。

A 或者

B 如果

C 还是

D 马上

45. 教室是学习的地方，不____追逐打闹。

A 提倡

B 允许

C 拒绝

D 禁止

46. ____有再大的难处，____不能丢下孩子不管。

A 只要 就

B 既然 就

C 即使 也

D 虽然 但是

47. ____你亲自去，这件事儿才有可能得到____的解决。

A 只要 最快

B 只有 最好

C 如果 很好

D 无论 理想

48. 一个人的能力是____的，因此就要____大家的力量。

A 很小 需要

B 有限 依靠

C 很强 得到

D 弱小 依赖

49. 非常____老师对我的关心，明年我____来看望老师。

A 感谢 还要

B 感恩 再要

C 感动 又要

D 谢谢 再次

50. 虽然做好了____的心理准备，工作中还是到处在____啊！

A 特别 怪不得

B 完全 发脾气

C 充足 伤脑筋

D 充分 碰钉子

第二部分

说明：51 ～ 75 题，每段文字后都有若干个问题，每个问题都有 A B C D 四个备选答案，请你阅读后根据每题的要求选出最恰当的答案，并在答题卡上代表正确答案的字母上画一横道。

51 ～ 53

徐霞客是明代著名的地理学家、旅行家。他从小就喜欢读书，尤其爱看地理方面的书。长大后，他就开始去游览名山大川，并把旅行中的所见所闻都写了下来。在他去世以后，后人把这些文字加工整理为《徐霞客游记》。在这本游记中，徐霞客曾记录了两次登黄山天都峰的事，让我们看一看他是怎样完成这个壮举的吧。

他第一次去的时候，山上正覆盖着白雪，一开始还可以走，后来走着走着，雪就结成了冰，一不小心就会滑倒。见此情形，徐霞客就用拐杖敲打冰面，每敲出一个小坑，他便踏上一只脚，就这样一点儿一点儿地前进。这次因为实在太艰难了，所以他没能登上天都峰。

第二次，徐霞客是在秋天去的。这一次他很快就到了天都峰脚下。看到天都峰被环绕在群峰和云雾之中，他发自内心地说："这里真是黄山最美的地方！如果不亲自来，又怎么能知道呢？"就在这时，他遇到了一个要上山的人，于是便决定跟他一起上山。他们顺着山沟往上爬，有的地方太陡了，就先托一个人上去，再把另一个拉上去。谁都知道上山容易下山难，可是徐霞客并没有打退堂鼓，只是一门心思地往上爬。

他们几乎使出了全身的力气，终于到了山顶。徐霞客长长地舒了一口气，此时，每座山峰都已在天都峰的脚下了。云雾一会儿在身前，一会儿又到了身后，就像一个顽皮的孩子。对面的莲花峰忽隐忽现，使得景色更加奇特、秀美。眼前的美景让他顿时忘记了疲劳。

下山时，他们坐在地上，用脚探路，两只手支在石地上，一点儿一点儿往下挪。虽然很困难，但是他们很开心。等到了山脚下，天已经黑了。后来，每当回忆起这段经历时，徐霞客总是像喝了陈年的美酒一样，心里美滋滋的。

【51】根据本文，《徐霞客游记》：

A 是由后人加工整理的

B 是徐霞客自己整理的

C 是关于登黄山的游记

D 是一本旅游方面的书

【52】徐霞客第一次爬天都峰时：

A 滑倒了很多次

B 整个过程很顺利

C 山上正在下大雪

D 最终没有登上天都峰

【53】徐霞客对自己爬天都峰的经历是什么态度？

A 失望

B 可惜

C 难过

D 开心

54 ～ 56

随着生活水平的提高，健身已成为人们的热门话题，健身的意识逐渐深入人心。随着全民健身运动的广泛开展，一项以增强人民体质、丰富人民文化生活为目的的大众游泳活动开始在全国各地蓬勃发展起来，如康复游泳、娱乐游泳、健身游泳、减肥游泳、健身冬泳等，这些已逐渐成为现代游泳运动的重要组成部分。这种以“健身、实用、娱乐”为目的的游泳项目，已越来越受到人们的重视，被誉为“21 世纪最受人们喜爱的体育健身活动”之一。

游泳对人体健康的确有益。经常进行游泳锻炼，不仅可以扩大肺的容量，提高呼吸系统机能，而且还可以改善心血管系统的功能。此外，游泳还可以大大降低心脏病和动脉硬化等疾病的发生率。总之，游泳不仅能使人们身体健康，而且还能改善体形，使皮肤有弹性，避免皮肤松弛和过早老化。

【54】本文主要告诉我们：

A 很多人都喜欢游泳

B 游泳形式越来越多

C 游泳对人体健康有益

D 游泳有助于改善体形和皮肤

【55】根据本文，目前人们喜欢谈论的话题是：

A 游泳

B 减肥

C 健身

D 美容

【56】关于游泳的作用，下列说法正确的是：

A 可以使肺变大

B 可以治心脏病

C 可以减肥健美

D 阻止皮肤老化

57 ～ 59

人生会有很多第一次，在我的印象里，最有趣的是我第一次做饭。

有一次，爸爸妈妈都不在家，快中午了还没回来。为了给他们准备一个惊喜，我打算亲自做一次饭。我先用微波炉热了一下冰箱里的馒头。因为除了炒鸡蛋不会炒别的菜，所以我就打算给他们炒个鸡蛋吃。

说做就做。我按照妈妈之前教我的方法，先把鸡蛋打在碗里，放上一些盐，然后用筷子拌一下，鸡蛋拌均匀以后，再把锅放在煤气炉上，点火，放油，油热以后把碗里的鸡蛋倒进锅里，用炒菜的铲子翻动几下，不一会儿，一盘香喷喷、黄澄澄的炒鸡蛋就做好了。

我刚把盘子端到桌子上，就听到了爸爸妈妈开门的声音。“什么好吃的？这么香。”他们异口同声地说。“当然是你们爱吃的炒鸡蛋啦。这次可是我亲自下厨做的，快尝尝我的手艺如何吧！”妈妈笑着对我说：“好孩子，你真棒！我像你这么大的时候炒鸡蛋都炒煳了。”说着拿起筷子尝了一口，“好吃，好吃。”爸爸也过来尝了一口，“香，真香。”看着他们那满脸笑容的样子，我心里美极了。

从那以后，我一有时间就主动下厨房，一来可以练厨艺，二来可以帮爸爸妈妈减轻一下负担。如今，我做的饭已经越来越好吃了。

【57】“我”第一次做饭是因为：

A 想给爸妈帮忙

B 想给爸妈惊喜

C 不想吃爸妈做的饭

D 爸妈不给“我”做饭

【58】“我”第一次做的是炒鸡蛋，主要是因为：

A 不会做别的菜

B 不喜欢吃别的菜

C 家里没有别的菜

D 爸妈喜欢吃炒鸡蛋

【59】爸爸妈妈对“我”炒的菜是什么态度？

A 批评

B 怀疑

C 赞扬

D 好奇

60 ～ 63

每次长假过后，不少人都会生出“每逢佳节胖三斤”的感慨。近年来，随着越来越多的体育赛事在国内落地，各类体育设施也越来越完善，人们的运动热情被激发了起来，趁着假期，人们正好可以休闲运动一把。

在北京大兴区庞各庄镇梨花村，近几年新建的 5 千米健身步道受到了市民的热烈欢迎，成为人们热捧的休闲游路线之一。步道边就是万亩梨园，黄鸭梨、京白梨、红肖梨等 40 多个品种的硕果挂满枝头，呈现出一派丰收景象。

国庆节前夕，北京市体育局和市体育总会策划推出了适合不同健身人群、不同体育消费需求的若干条优质路线，包括自行车骑行路线 16 条、徒步路线 22 条、登山旅游路线 7 条、跑步路线 11 条，总计 56 条。

在北京市大兴区北臧村镇的永定河绿色港湾，万亩森林之中，建有京南首个 10 千米闭环式骑行道路，这里能骑行，能徒步，也是旅游的好去处。大兴区体育局副局长于铁介绍，今年国庆假期，这个“宝藏”景点吸引了不少人前来享受健身、露营之乐。在运动中感受自然之美，让人更容易流连忘返。

【60】最受市民欢迎的休闲游线路是什么？

A 徒步路线

B 健身步道

C 登山旅游路线

D 自行车骑行路线

【61】北京市体育局和市体育总会共推出了多少条优质路线？

A 22

B 56

C 16

D 11

【62】“宝藏”景点指的是什么？

A 10千米闭环式骑行道路

B 20千米闭环式徒步道路

C 10千米闭环式跑步道路

D 可享受健身、露营之乐的景点

【63】“宝藏”景点具体位置在哪里？

A 永定河

B 森林旁

C 庞各庄镇

D 北臧村镇

64～67

离中考还有一年多的时间，同学们可以利用这个寒假积极参加一些社会实践，体验体验生活，这也是同学们接触社会、锻炼自己的好时机。同学们可以做的事情有很多：一方面，大家可以在假期中根据实际情况搞一项针对环境污染情况或社会卫生状况的调查，调查完后需要把调查结果整理成报告的形式，这样有助于提高认知水平和写作能力；另一方面，大家还可以组建一个假日小队，到社区做一些服务性的活动，比如帮助社区居民打扫卫生，到敬老院、孤儿院帮帮忙，等等。如果条件允许的话，还可以到郊区学习一些课外知识。

假期中，很多社区或相关单位一般会举办各式各样的比赛，如乒乓球、演讲、朗诵、绘画、书法等，也会有各种形式的富有竞争性的活动，不仅可以培养你们的自尊心和上进心，还可以培养大家的竞争意识，有兴趣的同学应该积极参加。同时，大家也可以通过这种直接的方式来体验失败的痛苦与成功的欢乐，从而更好地磨炼自己的意志，发挥自己最大的潜力。

【64】本文是写给什么人的？

A 初一学生

B 初二学生

C 初三学生

D 高中学生

【65】寒假期间同学们的社会实践活动分为：

A 到农村去做实地调查

B 社会调查和社会服务

C 社会调查和公益活动

D 实地调查和写调查报告

【66】寒假期间社区组织的活动包括：

A 文娱、新闻

B 文娱、历史

C 体育、哲学

D 体育、艺术

【67】同学们参加社区竞赛活动，可以：

A 提高自己的综合素质

B 提高自己的竞争技能

C 让自己一直体验成功

D 给自己创造成功的机会

68～71

从前有一位老人，他在海边耕种了一块土地。虽然他一直不停地四处张贴招聘广告，可还是很少有人愿意到他这里来工作，因为海边的风暴经常会摧毁沿岸的建筑和庄稼。直到有一天，一个又矮又瘦的中年男子来应聘。

“你会是一个好帮手吗？”老人问。“这么说吧，即使是飓风来了，我都可以睡着。”中年男子得意地回答。

虽然这听上去有点儿狂妄，老人心里也有点儿怀疑，但是老人还是聘用了这位中年男子，因为老人太需要人手了。

中年男子把农场打理得井井有条，每天从早忙到晚，老人十分满意。不久后的一天晚上，狂风大作。老人赶忙下床，抓起一盏提灯，急急忙忙地跑到中年男子睡觉的地方，并使劲摇晃睡梦中的他，大叫道：“快起来！暴风雨就要来了！在它卷走一切之前把东西都拴好！”

中年男子在床上不紧不慢地翻了个身说：“不，我告诉过你，当暴风雨来的时候，我也能睡着。”老人被他的回答气坏了，真想当场就把他辞掉。

老人强压着火气，赶忙跑到外面，准备一个人抵抗即将来临的暴风雨，不过令他吃惊的是，他发现所有的干草堆都早已被盖上了焦油防水布，牛在棚里，鸡在笼中，所有房间门窗紧闭，每件东西都被拴得结结实实，没有什么能被风吹走。老人这时才明白中年男子的话。

中年男子之所以能够睡得着，是因为他已经为平安度过风暴做好了准备。如果你在精神、心理、身体等方面做好了准备，那么就没有什么东西可以令你害怕了。当风暴吹过你的生活时，你能睡得着吗？

【68】根据本文，为什么老人很难招聘到帮手？

A 老人的要求太高

B 老人给的工资很低

C 老人总是怀疑别人

D 沿海经常遭受风暴袭击

【69】老人决定聘用这个中年男子的主要原因是：

A 老人太需要人手了

B 中年男子非常自信

C 中年男子的条件合适

D 老人很信任中年男子

【70】在暴风雨来临的时候，中年男子为什么不起来？

A 他害怕暴风雨

B 他太累了，不想起来

C 他已经做好了一切准备

D 他没有听见老人的叫喊

【71】本文主要想告诉我们：

A 中年男子做事不怕辛苦

B 中年男子是有头脑的人

C 不要根据外表去判断一个人

D 要准备好面对生活中的“暴风雨”

72 ～ 75

有几年，母亲身患重病，父亲带着她全国求医。那段时间我自然会要求自己更上进，但现实是：心理压力过大，急躁焦虑，越逼自己努力，效率反倒越低。

母亲一直对我有很高的要求和期待，有一天，她突然打电话跟我说："儿子，这场大病让妈妈看开了。妈妈只希望你将来平安健康，有一份稳定的工作和一个幸福温暖的小家。这世界上的成功人士注定是少数，咱干吗非得要求自己有大出息呢？"

不知道为什么，听完母亲的话，我突然感觉从容、温暖，仿佛一块石头落了地。我清楚地记得那天晚上我第一次以正常速度吃了顿饭，自习时也是无比平静、专注。就这样一道题一道题地做下去，很多内容也头一回不靠死记硬背，而是真正地理解掌握了。

现在我才明白是怎么回事：当一个人的存在价值被认可、被接纳，当他意识到自己并不是因为优秀才被爱时，他不但不会因此偷懒，反而会产生一种正向的力量。

那种感觉就像是对自己说："好吧，你很平凡，不过这不要紧，你仍然值得被爱，因为你本身的存在，就是有意义的。"心里有了这个底，人就会没有包袱，也就可以轻松地去做点儿什么了。

【72】根据本文，心理压力使"我"：

A 面对现实

B 学习更努力

C 上进心更强

D 学习效率低

【73】母亲给"我"打电话表达的意思是：

A 健康平安最重要

B 现在要努力学习

C 将来找份好工作

D 将来一定要成功

【74】母亲的话使"我"的内心：

A 无比感动

B 温暖平静

C 充满自信

D 压力更大

【75】本文告诉我们：

A 被认可能产生正能量

B 做一个平凡的人就好

C 人只有努力才能成功

D 成长环境对人很重要

三、书面表达

第一部分
（5题，5分钟）

说明：76～80题，在下面的A B C D四个句子中，只有一个是错误的，请找出这个句子，并在答题卡上代表正确答案的字母上画一横道。

76. A 送书解决了孩子们看书的问题。
    B 我开玩笑她，没想到她生气了。
    C 我们班不止他一个人知道这件事。
    D 张娜下课后找不到自己的自行车了。

77. A 学生都称赞他是个好老师。
    B 这本书一定能让你明白很多事情。
    C 你很熟悉那儿，就请你给我们带路吧。
    D 他们代表团都不是男士，还有一位女士。

78. A 今年的春节我是在山西老家过的。
    B 这里刚刚做过卫生，请注意保持清洁。
    C 这鸟跟人一样，时间长了，就有感情了。
    D 老王每天的工作也很紧张，他比我不轻松。

79. A 让我告诉你吧，从这里走比较近。
    B 对于我们的学习方法，老师很满意。
    C 她找不出拒绝的理由，只好接受了。
    D 不仅产量增加了，而是质量也提高了。

80. A 今天有几位老师来听我们班的课。
    B 我们也应该为山区的孩子做点儿什么。
    C 昨天晚上北京歌舞团的节目非常精彩。
    D 我还是原来的我，你再需要重新认识我吗？

第二部分
（5题，5分钟）

说明：81～85题，在下面这段文字中，有五处是用拼音代替字的，要求考生根据上下文的意思认读拼音，然后在答题卡上找到相应的题号，并在横线上写出正确的字。

北师大岑运强教授写的《新鲜的网络语言》被编入了语文课本。在 biānjí（81）看来，网络语言确实有自己的缺点，不 yánmì（82），缺少高雅性，但这种新鲜事物谁也 zǔzhǐ（83）不了，它随时在产生和更新之中。选入这篇文章，是要 biǎomíng（84）一种态度——时代在 fēikuài（85）地发展着，新的语文现象层出不穷，我们必须要面对。

卷Ⅱ 书面表达　第二部分

（作文，30 分钟）

作 文 要 求

1. 写作前认真阅读作文提示，按提示要求在规定的时间内写完。
2. 用简体字书写。每个空格写一个字，书写要清楚工整；每个标点符号占一个或两个空格，标点符号使用要规范。
3. 作文中不得出现跟考生有关的校名、地名和真实姓名。
4. 保持卷面整洁，不得涂划损坏答卷。

作文提示：

十一国庆节那天，你和同学们一起去公园游玩，你玩儿得很开心。请你按照下面的提纲，以《难忘的十一》为题写一篇作文。

全文不少于 300 字。

提纲：

第一段：简要交代时间、地点、人物等；

第二段：详细写游玩的过程，并写明什么事让你很难忘；

第三段：写自己的感想。

模拟试题（四）

一、听力理解（35题，约35分钟）

扫一扫，听录音

第一部分

说明：1～15题，这部分试题，都是两个人的简短对话，第三个人根据对话提出一个问题，听到问题后，请你在四个备选答案中选出唯一恰当的答案。

例如：第8题，你听到：

男：小兰，你刚才去邮局订杂志，怎么没把今天的晚报买回来？

女：晚报都卖完了。

第三个人问：小兰刚才干什么去了？

你在试卷上看到四个答案：

A 寄信　　B 订杂志　　C 卖报纸　　D 买邮票

根据对话，第8题最恰当的答案是B，你应在答题卡上找到号码8，在字母B上画一横道。横道一定要画得粗一些，重一些。

8 [A]　[redacted]　[C]　[D]

1. A 天阴了一天了
   B 天阴了两天了
   C 天阴了几天了
   D 天阴了三天了

2. A 没有生气
   B 真生气了
   C 不理解你
   D 没有听懂

3. A 来杭州工作
   B 来杭州旅游
   C 爸爸来杭州工作
   D 爸爸来杭州学习

4. A 加班太辛苦了
   B 紧张就睡不好
   C 加班完成工作
   D 放松就睡不好

5. A 两位
B 三位
C 五位
D 六位

6. A 生活环境
B 健康成长
C 学习条件
D 学习成绩

7. A 收衣服
B 洗衣服
C 打篮球
D 写作业

8. A 裤子
B 衣服
C 鞋子
D 围巾

9. A 平时爸爸不做菜
B 爸爸和妈妈做的菜都好吃
C 爸爸做的菜比妈妈做的好吃
D 妈妈做的菜比爸爸做的好吃

10. A 女的生病了
B 男的生病了
C 女的遇到困难了
D 男的遇到困难了

11. A 让孩子帮忙
B 让孩子讲卫生
C 让孩子锻炼身体
D 让孩子得到锻炼

12. A 女的要去接机
B 男的要去接机
C 女的喜欢看书
D 男的喜欢看书

13. A 每天吃三顿
B 吃得有营养
C 吃饱了就行
D 怎么吃都行

14. A 要凭经验办事
B 自己的想法正确
C 懂科学的人讲规律
D 没有科学规律可循

15. A 得不到的东西
B 容易得到的东西
C 不属于自己的东西
D 多余的、次要的东西

第二部分

说明：16 ～ 35 题，这部分试题中，你将听到几段对话或讲话。每段话之后，你将听到几个问题，听到问题后，请你在四个备选答案中选出唯一恰当的答案。

例如：第 25 ～ 27 题，你听到：

男：请问，有包子吗？

女：有。刚做好的，都是热的。

男：怎么卖？

女：五毛钱一个。您要几个？

男：给我来两个。

女：好的。收您十块钱，找您九块，请点一下。

男：谢谢。请问附近哪儿有卖报纸的？

女：前面路口向右拐有一家邮局，邮局里就有。

男：太好了，谢谢。

女：不客气。

第三个人根据这段对话提出三个问题：

25. 男的正在做什么？

你在试卷上看到四个答案：

A 问路　　B 取钱　　C 买东西　　D 吃包子

根据对话，第 25 题唯一恰当的答案是 C，你应该在答题卡上找到号码 25，在字母 C 上画一横道。横道一定要画得粗一些，重一些。

25 [A]　　[B]　　■　　[D]

……

你又听到：

27. 男的打算去做什么？

你在试卷上看到四个答案：

A 买邮票　　B 打电话　　C 取包裹　　D 买报纸

根据对话，第 27 题唯一恰当的答案是 D，你应该在答题卡上找到号码 27，在字母 D 上画一横道。横道一定要画得粗一些，重一些。

27 [A]　　[B]　　[C]　　■

16. A 35分钟
B 45分钟
C 50分钟
D 60分钟

17. A 挺怪的学校
B 一般的学校
C 大连市的某所学校
D 大连市的所有学校

18. A《大篷车》
B《七色光》
C《动画城》
D《小伙伴》

19. A 合唱
B 武术
C 舞蹈
D 朗诵

20. A 查资料
B 看电视剧
C 看娱乐节目
D 看新闻、体育节目

21. A 学生
B 老师
C 运动员
D 工作人员

22. A 学习
B 放松
C 查信息
D 看节目

23. A 让孩子自己主动做家务
B 让孩子自己主动擦桌子
C 让孩子自己主动多学习
D 培养孩子的责任心和独立能力

24. A 让孩子依赖父母
B 让孩子把学习搞好
C 父母帮孩子做家务
D 教会孩子生活自理

25. A 比较依赖别人
B 需要别人督促
C 不能应付挑战
D 学习上有计划

26. A 温和
B 随和
C 更冒险
D 更急躁

27. A 胆大
B 大方
C 更害羞
D 更胆小

28. A 一个
B 两个
C 三个
D 四个

29. A 初三学生
B 初二学生
C 初一学生
D 初中学生

30. A 两点
B 三点
C 四点
D 五点

31. A 学会记听课笔记
B 合理安排学习时间
C 学会独立解决问题
D 适应学习上的新变化

32. A 三万美元
B 十万美元
C 七万美元
D 没有说明

33. A 一对情侣
B 一位著名画家
C 一位家庭主妇
D 一个普通家庭

34. A 一个人
B 两个人
C 三个人
D 四个人

35. A 想象力丰富
B 艺术性很高
C 理解人生意义
D 绘画笔法特殊

二、阅读理解

第一部分
（15 题，15 分钟）

说明：36 ～ 50 题，每一个句子中有一个或两个空，请你从所给的四个备选答案中挑选一个最适合填入空中的答案，并在答题卡上代表正确答案的字母上画一横道。

36. 你到隔壁去，借____三四本书就够了。
A 那样
B 怎么
C 那么
D 那个

37. 你这是____态度啊？自己做错了事情还不承认。
A 怎样
B 怎么
C 什么
D 如何

38. 你____认真一点儿，就可以避免很多失误。
A 稍微
B 时时
C 一时
D 非常

39. 他知道爸爸妈妈平时很辛苦，为了减轻他们的负担，他____地把家务做完了。
A 静静
B 慢慢
C 恐怕
D 偷偷

40. 通过实地调研，我们____了大量一手资料。
A 思考
B 考试
C 考虑
D 搜集

41. 他能找到这么好的工作，真____。
A 随便
B 不错
C 满意
D 容易

42. 他____不喜欢看书，只喜欢唱歌。
A 从来
B 从此
C 虽然
D 突然

43. 在重要的考试中，她____能考出好的成绩。
A 仅仅
B 渐渐
C 往往
D 刚刚

44. 学生的首要任务是搞好学习，其他不重要的事情____担心太多。
A 确实
B 恐怕
C 毫不
D 不必

45. 我们____见过一次，并不太认识。
A 仅仅
B 往往
C 常常
D 好好

46. ____期末考完了，我____想请个老师好好给我辅导一下。

A 即使　也

B 如果　就

C 无论　都

D 既然　就

47. ____爸爸在对我的教育上投入了很大的精力，但我总是让爸爸____失望。

A 无论　一定

B 因为　彻底

C 即使　充满

D 虽然　感到

48. 经过全班同学____讨论，大家最终选出了三名____学生。

A 充足　认真

B 适当　努力

C 充分　优秀

D 积极　优惠

49. 在这个问题上他一直____自己的主张，从来不____自己的努力。

A 选择　进行

B 采取　做出

C 执行　处理

D 坚持　放弃

50. 我们年轻人要时刻____自己的形象，不能表现出一副什么都____的样子。

A 关爱　没关系

B 注意　无所谓

C 追求　不在乎

D 要求　怪不得

第二部分
（25 题，25 分钟）

说明：51 ～ 75 题，每段文字后都有若干个问题，每个问题都有 A B C D 四个备选答案，请你阅读后根据每题的要求选出最恰当的答案，并在答题卡上代表正确答案的字母上画一横道。

51 ～ 53

一个 30 岁的年轻人给一位百岁老人写信，信中诉说了自己的苦衷。他说自己从小就喜欢写作，可阴差阳错地当了医生，而他对自己所从事的职业一点儿也不感兴趣。老人立刻回信说："做你喜欢做的事。"接到信后，年轻人决定弃医从文，后来竟成了大名鼎鼎的作家。

生活中，有多少人在做自己喜欢的工作？又有多少人干的是自己不喜欢的工作呢？一家调查机构就"职业与兴趣"对1000名职场人士进行了调查，结果令人吃惊：38%的人对自己所从事的职业不感兴趣，而其中能下决心从自己不感兴趣的职业中脱离的人不足3%。

一个人对某一事物感兴趣时，就会对它产生特别的注意力，表现为记忆力强、思考积极、意志坚强等。可以说，你喜欢做的事，往往正是你的天赋之所在，你的事业之所在。有一项针对2000多位著名科学家的调查，结果发现他们中间很少有人为了工作而工作，而大多出于对某一领域的强烈兴趣，从而不计较名和利，忘我地工作。他们的成功，都与他们的兴趣紧紧联系在一起。

【51】文中的年轻人30岁以后：

A 不喜欢当作家

B 成了一位作家

C 成了一名医生

D 做了不喜欢的事

【52】第三段中提到的对科学家的调查说明：

A 兴趣和职业有密切的关系

B 兴趣和成功有密切的关系

C 少数人做着自己感兴趣的事

D 很多人对自己的职业不感兴趣

【53】根据本文，下列说法正确的是：

A 年轻人没有接受老人的建议

B 人们做喜欢的事情常常很积极

C 生活中只有不足3%的人换工作

D 人成功后对自己的工作更感兴趣

54 ～ 56

有这样一个暖人的故事。杨光和肖刚同在一所乡村学校读书，他们不仅是同桌，也是一对好朋友。杨光学习很好，肖刚差一些，可就是这么两个不同类型的人却成了好朋友。杨光的家人不想让他们俩接触太多，理由是担心杨光的成绩会下滑。于是杨光的父母让老师把杨光调到了离肖刚较远的位置。可即使是这样，他们之间的友谊也没有受到任何影响。他们依旧一起学习，一起打篮球，两个人每天形影不离。

然而，生活中难免有意外。一次两人一起打篮球，杨光的手臂不小心受了严重的伤，短期内不能拿笔，也无法去上学，这对杨光来说是一个不小的打击。就在他心情低落时，肖刚挺身而出，对杨光说："怕什么，还有我呢！你不能写我帮你写，放心吧。"说完，两个人开心地笑了。

从那以后，肖刚每天放学后第一件事就是把当天各个科目的学习笔记都带给杨光，三个月下来，杨光不仅没有落下学校的课程，更令人惊喜的是，他们俩的成绩还都进入了班级前几名，这让老师非常惊叹。杨光的家人感动得不知道该说什么好，肖刚却说："要不是这样，我可能还是那个什么都不会的差等生呢，我应该谢谢你们才对。"杨光什么都没说，他只是静静地看着眼前的这个男孩儿，他相信，肖刚将会成为他此生最重要的朋友。

【54】杨光的家长请老师：

A 给杨光调座位

B 辅导杨光功课

C 把肖刚调远点儿

D 不让他俩接触太多

【55】杨光受伤期间，肖刚帮他：

A 上学

B 考试

C 抄作业

D 记笔记

【56】本文告诉我们：

A 肖刚学习成绩不好

B 杨光意外受了重伤

C 困难是可以战胜的

D 好朋友要互相帮助

57～59

记得上初中的时候，有一天，老师让我和马飞到教室前面去，我俩分别站在讲台两侧，讲台的中间稳稳地放着一个圆球体。老师说："请你们告诉全班同学，你们眼前的这个球是什么颜色的。"我清楚地看见我眼前的这个球是漆黑漆黑的，然而我正要开口时，站在我对面的马飞非常肯定地告诉大家：球是白色的。

"怎么可能？"我几乎叫了起来，"球明明是黑色的呀！""不对，球就是白色的！"马飞一口咬定。这时老师发话了："现在你们都站到我的位置来，再看看球是什么颜色。"

当我俩站到一起时，我们都不约而同地愣住了。我们眼前的球体上布满了黑色、白色与深紫色的小圆点。我俩无比惊讶地说："有黑、白、紫三种颜色呢！"这时，老师又说："那你们再互换一下刚才的位置，说一说球是什么颜色的。"

"是白色的。"我很不好意思地说。"你呢，马飞？"马飞也红着脸回答道："我在这边看是黑色的。""这就对了。"老师语重心长地告诉我们："孩子们，这本来就不是一个简单的球，从不同的位置去看，就会有不同的样子。"

老师那天的话让我明白了一个极为重要的道理——任何时候，我们都不能忽视从别人的角度来观察事物，位置不同，所观察到的东西就会不同。

【57】老师把“我”和马飞叫到讲台前：

A 完成作业

B 批评教育

C 展示球的颜色

D 观察球的颜色

【58】根据本文，球本身的颜色是：

A 黑色的

B 白色的

C 黑白色的

D 黑白紫色的

【59】本文主要告诉我们：

A 问题的答案都是唯一的

B 应站在自己的角度看问题

C 所有问题都没有正确答案

D 学会站在别人的角度看问题

60 ～ 63

上个世纪初，有一位少年，他做梦都想成为帕格尼尼那样的小提琴演奏家。他一有空闲就练琴。可是就连父母都觉得这可怜的孩子拉得实在太差劲了，完全没有音乐天分。

有一天，少年去请教一位老琴师。老琴师说：“孩子，你先拉一支曲子给我听听。”少年拉了帕格尼尼 24 首练习曲中的第三首，简直漏洞百出。一曲终了，老琴师问少年：“你为什么特别喜欢拉小提琴？”少年说：“我想成功，我想成为帕格尼尼那样伟大的小提琴演奏家。”老琴师又问道：“你拉琴快乐吗？”少年回答：“我非常快乐。”老琴师把少年带到自家的花园里，对他说：“孩子，你非常快乐，这说明你已经成功了，又何必非要成为帕格尼尼那样伟大的小提琴演奏家不可呢？你看，世界上有两种花，一种花能结果，一种花不能结果，不能结果的花更美丽，比如郁金香，它们在阳光下开放，没有任何明确的目的，就这么自然地展现自己的美丽，这就够了。”

少年完全明白过来，快乐胜过黄金，是世界上成本最低、风险也最低的成功。少年心头的那团狂热之火从此冷静下来，他仍然常拉小提琴，但不再受困于他的帕格尼尼梦。

这位少年就是后来闻名世界的物理学家阿尔伯特·爱因斯坦。

【60】从文中可以知道郁金香：

A 既开花又结果

B 只开花不结果

C 只结果不开花

D 不开花也不结果

【61】少年给老琴师演奏了几首练习曲？

A 一首

B 两首

C 三首

D 许多首

【62】老琴师认为少年：

A 很有音乐天分

B 能成为演奏家

C 弹得很不好听

D 应该追寻快乐

【63】听了老琴师的话，少年后来：

A 放弃了练习小提琴

B 坚持每天拉小提琴

C 不再喜欢帕格尼尼

D 成为一名物理学家

64 ～ 67

第一次看到明信片，我就被它那绚丽多彩的画面和所包含的广博知识深深地吸引了，几年来，为收集明信片，我花费了不少业余时间与精力，但回想起来，我认为这一切都值得。

几年前的某一天，我去一位朋友家做客，看到他那书柜和纸箱里装得满满的明信片，我当时感到非常惊讶。我随手拿起了几张，发现其中一套民国年间发行的明信片很有特色。马路上跑着黄包车，行人穿着旗袍或马褂，前门、正阳门、故宫等老北京的名胜古迹十分壮观……

从那以后，我像着了魔似的也开始收藏起明信片来。开始时，我见一套买一套，或用邮票等藏品与人交换。随着藏品的增多和对明信片知识的渴望，我又订阅了好几种明信片刊物，并和各地有相同爱好的朋友进行交流。我将手上的明信片按风景、建筑、体育、文物等分为八大类。有时为搞清楚一张明信片上图案的历史背景，我要翻阅许多书籍，有时还要向好几位朋友请教，但我始终乐此不疲。

通过收藏明信片，我不仅积累了很多知识，同时也丰富了自己的业余生活。明信片虽小，但它对我来说却有一种挡不住的魅力。

【64】“我”喜欢收集明信片是因为：

A 能欣赏到中外名胜古迹

B 朋友向“我”热情推荐

C 它是一种特殊的通信方式

D 它有多彩的画面和广博的知识

【65】“我”在朋友家对什么感到惊讶？

A 很多的书柜和纸箱

B 数量众多的明信片

C 马路上跑着黄包车

D 行人穿着旗袍和马褂

【66】“我”研究明信片上图案的历史背景的方式是：

A 有时间就看

B 见一套买一套

C 实行分类管理

D 查书或请教别人

【67】“我”认为收藏明信片：

A 可以赚很多钱

B 可以赠送友人

C 可以丰富生活

D 浪费时间和精力

68 ～ 71

印度和斯里兰卡生长着一种会跳舞的草，它的每一片大叶旁边的两片小叶从早到晚不停地跳着圆圈舞，十分好看。其实，我们平常能看到的一些植物同样也会运动。例如向日葵，它的花盘总是跟着太阳转。还有一种生长在池塘里的植物，它跟我们人类一样，一到晚上就把花瓣闭合起来“睡觉”，所以人们称它为睡莲。另外，我们还经常会看到一种叶子像羽毛一样的草本植物。只要你触摸它，它的叶子就会合拢起来，这就是我们常说的含羞草。

这类植物为什么会运动呢？这是因为它们也和人一样有感觉。当它们受到外界刺激时，这类植物就会产生不同的反应和运动。一种运动是由于震动或撞击所引起的，比如含羞草的运动。一种运动是由于昼夜交替变化引起的，向日葵、睡莲、跳舞草的运动都是由于它们在白天受到光线刺激而引起的。

进一步说，这些植物会运动是它们适应生活环境的结果。一些植物到了晚上，把花和叶子闭合起来，既可以避免寒冷的袭击，又可以减小散热的面积，从而让自身保持一定温度。尤其是在受到风吹雨打时，叶子闭合，就能大大缩小受打击的面积，不容易被风雨摧毁。

【68】跳舞草的哪个部分会跳舞？

A 大叶跳舞小叶不跳舞

B 只有一片大叶会跳舞

C 大叶不跳舞小叶跳舞

D 大叶和小叶都会跳舞

【69】第一段主要讲了：

A 植物都会运动

B 植物运动的原因

C 植物运动的规律

D 几种会运动的植物

【70】根据第二段，植物运动的内在原因是：

A 植物自身有感觉

B 植物自身好运动

C 植物受到震动和撞击

D 植物受到昼夜变化的影响

【71】关于含羞草的运动，下列说法正确的是：

A 叶子随着太阳转

B 只有在白天才运动

C 它的运动是震动引起的

D 叶子合起来可以不受打击

72～75

一个人的生命究竟有多大意义，这有什么标准可以衡量吗？人们似乎很难提出一个绝对的标准。其实最简单的方法是我们可以通过一个人对待生命的态度是否严肃认真来分析，这样的话也就不难对他的生命意义做出适当的估计了。

古往今来，一切有成就的人在对待自己的生命时都是比较严肃的。只要活一天，他们就要尽量多工作、多学习，珍惜每一分、每一秒。汉代的班固在《汉书·食货志》中写道："妇人同巷，相从夜绩，女工一月得四十五日。"一个月本来只有三十天，古代人把每个夜晚的时间算作半天，这样一个月就多了十五天。从这个意义上说，夜晚的时间实际上不就等于生命的三分之一吗？

对于这三分之一的生命，历史上许多大政治家也十分重视。春秋时的晋平公有一次对师旷说："我都七十岁了，很想学习，但担心没多少时间了。"师旷回答说："您怎么不点灯夜读呢？"北周时的大政治家吕思礼白天要处理军队和国家大事，所以就利用晚上的时间读书。他一个晚上光是点灯的烛灰就有几升，可见他在夜晚读书时是多么勤奋。像这样的例子还有很多。

为什么古人对夜晚的时间都不肯轻易放过呢？我认为这正是基于他们对待自己生命严肃认真的态度，他们的故事值得我们学习和思考。

【72】根据第一段，人的生命：

A 非常有意义

B 没有衡量标准

C 没有办法分析

D 要严肃认真对待

【73】有成就的人：

A 对生命的态度和班固一样

B 从不随便浪费自己的时间

C 都把晚上的时间算成半天

D 把每一个月分成四十五天

【74】第三段提到了几位历史人物？

A 一位

B 两位

C 三位

D 四位

【75】作者写这篇文章的目的是：

A 鼓励人们珍惜时间

B 估计人生命的意义

C 讨论时间的计算方法

D 介绍珍惜时间的办法

三、书面表达

第一部分

（5题，5分钟）

说明：76～80题，在下面的A B C D四个句子中，只有一个是错误的，请找出这个句子，并在答题卡上代表正确答案的字母上画一横道。

76. A 我们下午一起骑车去书店。

B 她明天坐飞机去西安参观。

C 这件衣服不大不小正适合。

D 问题总能解决的，你不必着急。

77. A 他们每天都跟中国老师学中文。

B 她一个喜欢帮助别人的好学生。

C 没想到你竟答应了他提出的条件。

D 妈妈，我在这儿很好，不用为我担心。

78. A 打工以后，他对生活有一种新的感受。

B 这个问题对我们很重要，值得认真研究。

C 在当地的报纸上，我看过介绍中国的文章。

D 上半年他三次检查过身体，这次就不用去了。

79. A 考完试了，我感到特别轻松。
   B 我收到了你们寄给我的礼物。
   C 法制观念的教育，应从儿时做起。
   D 记得当年我认识他的时候，还只是个七八岁的小孩子。

80. A 你不了解情况，不要轻易发表意见。
   B 县政府在全县推广了我们村科学种田。
   C 他们正在为参加世界杯足球赛做准备。
   D 我想问一下，这里哪些日子不接待客人？

第二部分
（5题，5分钟）

说明： 81 ～ 85 题，在下面这段文字中，有五处是用拼音代替字的，要求考生根据上下文的意思认读拼音，然后在答题卡上找到相应的题号，并在横线上写出正确的字。

文化部最近发出关于 jǔbàn（81）迎新春文艺汇演的通知，要求各地文化部门和专业艺术表演团体安排好春节期间的文艺活动，把展现人民群众 jīngshén（82）风貌的精彩文艺节目送到基层，huóyuè（83）广大人民群众的节日文化生活，使广大人民群众得到休息和艺术 xiǎngshòu（84），过一个 huānlè（85）、文明的春节。

卷Ⅱ 书面表达　第二部分
（作文，30分钟）

作 文 要 求

1. 写作前认真阅读作文提示，按提示要求在规定的时间内写完。
2. 用简体字书写。每个空格写一个字，书写要清楚工整；每个标点符号占一个或两个空格，标点符号使用要规范。
3. 作文中不得出现跟考生有关的校名、地名和真实姓名。
4. 保持卷面整洁，不得涂划损坏答卷。

作文提示：

你的同桌李明最近上课不好好听讲，总是偷偷玩儿手机，因而在上周的月考中成绩受到了很大影响。

请你给李明写一封信，劝他少玩儿手机，专心听讲，安心学习。

全文不少于 300 字。

模拟试题（五）

一、听力理解（35 题，约 35 分钟）

扫一扫，听录音

第一部分

说明：1 ～ 15 题，这部分试题，都是两个人的简短对话，第三个人根据对话提出一个问题，听到问题后，请你在四个备选答案中选出唯一恰当的答案。

例如：第 8 题，你听到：

男：小兰，你刚才去邮局订杂志，怎么没把今天的晚报买回来？

女：晚报都卖完了。

第三个人问：小兰刚才干什么去了？

你在试卷上看到四个答案：

A 寄信　　B 订杂志　　C 卖报纸　　D 买邮票

根据对话，第 8 题最恰当的答案是 B，你应在答题卡上找到号码 8，在字母 B 上画一横道。横道一定要画得粗一些，重一些。

8 [A]　■　[C]　[D]

1. A 女的不怕考试
   B 男的不怕考试
   C 男女都害怕考试
   D 男女都不害怕考试

2. A 上课认真听讲
   B 课前认真预习
   C 课后认真复习
   D 学习认真刻苦

3. A 时间太紧了
   B 随便去逛逛
   C 还是决定去
   D 去不去都行

4. A 做饭
   B 听音乐会
   C 演奏乐器
   D 创作音乐

5. A 得带上雨衣
B 同意女的的话
C 没必要带雨衣
D 天像是要下雨

6. A 脸都红了
B 脖子粗了
C 很讲道理
D 不讲道理

7. A 高兴
B 着急
C 吃惊
D 生气

8. A 睡觉
B 洗菜
C 干活儿
D 看电视

9. A 正在帮助朋友
B 忙着干别的事
C 不太想帮朋友
D 没有什么办法

10. A 男的是外行
B 男的想进门
C 女的是外行
D 女的想进门

11. A 女的是老师
B 男的是初中生
C 女的是大学生
D 男的是高中生

12. A 刚刚回到家里
B 才学会一点儿
C 一点儿都不会
D 已经是行家了

13. A 钓了好几条
B 一条都没钓到
C 没有告诉我们
D 只钓了一条鱼

14. A 要去野游
B 不去野游
C 正在考虑
D 还不知道

15. A 给男的增加麻烦
B 找男的解决问题
C 来给男的帮帮忙
D 来男的家聊聊天儿

第二部分

说明：16 ～ 35 题，这部分试题中，你将听到几段对话或讲话。每段话之后，你将听到几个问题，听到问题后，请你在四个备选答案中选出唯一恰当的答案。

例如：第 25 ～ 27 题，你听到：

男：请问，有包子吗？

女：有。刚做好的，都是热的。

男：怎么卖？

女：五毛钱一个。您要几个？

男：给我来两个。

女：好的。收您十块钱，找您九块，请点一下。

男：谢谢。请问附近哪儿有卖报纸的？

女：前面路口向右拐有一家邮局，邮局里就有。

男：太好了，谢谢。

女：不客气。

第三个人根据这段对话提出三个问题：

25. 男的正在做什么？

你在试卷上看到四个答案：

A 问路　　B 取钱　　C 买东西　　D 吃包子

根据对话，第 25 题唯一恰当的答案是 C，你应该在答题卡上找到号码 25，在字母 C 上画一横道。横道一定要画得粗一些，重一些。

25 [A]　　[B]　　[redacted]　　[D]

……

你又听到：

27. 男的打算去做什么？

你在试卷上看到四个答案：

A 买邮票　　B 打电话　　C 取包裹　　D 买报纸

根据对话，第 27 题唯一恰当的答案是 D，你应该在答题卡上找到号码 27，在字母 D 上画一横道。横道一定要画得粗一些，重一些。

27 [A]　　[B]　　[C]　　[redacted]

16. A 学习
B 上学
C 旅游
D 看亲戚

17. A 地铁
B 火车
C 私家车
D 长途汽车

18. A 面汤
B 米饭
C 炒菜
D 面条儿

19. A 非常富裕
B 还是很穷
C 不如以前
D 好一些了

20. A 办校外辅导站
B 给孩子买吃的
C 给孩子零花钱
D 给孩子建娱乐场所

21. A 朋友
B 同事
C 妻子
D 儿女

22. A 活到 80 岁
B 活到 90 岁
C 为下一代花钱
D 为下一代做点儿事

23. A 学校离家近
B 不愿意走路
C 上学的路不好走
D 学校不通公交车

24. A 学习认真
B 经常迟到
C 遵守纪律
D 成绩不好

25. A 老师
B 高中生
C 大学生
D 初中生

26. A 生活节奏加快
B 更加丰富多彩
C 工作更加忙碌
D 生活更加无趣

27. A 在家办公
B 离家很远
C 离办公室远
D 在办公室办公

28. A 线上影院
B 网上购物
C 扫地机器人
D 智能快递车

29. A 八点整
B 七点整
C 六点五十
D 七点十分

30. A 商场
B 家里
C 校车上
D 办公室

31. A 跑步
B 坐校车
C 坐公交车
D 坐出租车

32. A 喝茶
B 吃饭
C 写稿
D 开会

33. A 认真
B 严肃
C 随便
D 仔细

34. A 一个
B 两个
C 三个
D 四个

35. A 第一稿
B 第二稿
C 第三稿
D 第四稿

二、阅读理解

第一部分

（15 题，15 分钟）

说明：36 ～ 50 题，每一个句子中有一个或两个空，请你从所给的四个备选答案中挑选一个最适合填入空中的答案，并在答题卡上代表正确答案的字母上画一横道。

36. 我想知道这个词还有没有____意思。
A 多少
B 别的
C 任何
D 几个

37. 这种新生产的啤酒，味道真____，大家都喜欢。
A 不足
B 不错
C 不小
D 不比

38. 在____了很多次失败之后，他终于明白了一个道理：做事情要动脑筋。
A 进行
B 发现
C 经历
D 感觉

39. 不知道别人怎么样，这一天我____是累坏了。
A 正好
B 结果
C 看来
D 反正

40. ____实现考上大学的愿望，他每天坚持学习 10 个小时。
A 为了
B 终于
C 因为
D 应该

41. 下班回到家，看见孩子做好的一桌饭菜，我____不知说什么好。
A 一向
B 一时
C 一连
D 一心

42. 旅游和阅读，可以让人学会从另一种____看世界。
A 价值
B 背景
C 步伐
D 角度

43. 为了建筑工人的人身安全，经理____工人工作时一定要戴安全帽。
A 苏醒
B 清醒
C 提醒
D 提倡

44. 不管遇到什么____和困难，时刻保持微笑才是乐观的表现。
A 挫折
B 抵抗
C 妨碍
D 反抗

45. 人开心的时候会觉得周围的一切____都变得那么美丽。
A 根本
B 即使
C 仿佛
D 格外

46. ____你在外地遇到了什么危险，马上____去找警察啊！

A 只要 就

B 既然 就

C 如果 就

D 无论 都

47. 事情____很多，但有轻有重，因此首先你要____好工作的重点，然后再去做。

A 既然 了解

B 虽然 把握

C 即使 知道

D 如果 打听

48. 司令对敌我双方的基本情况进行了____的比较以后，制订了____的作战计划。

A 随便 仔细

B 特别 充足

C 全部 充分

D 全面 详细

49. 因为下大雨，道路____不好走，我们只能改变原来的____。

A 非常 路口

B 一定 前进

C 特别 计划

D 常常 路线

50. 你年龄也不小了，买东西总____，真让人____。

A 伤心 爱面子

B 糟糕 伤透心

C 担心 发脾气

D 上当 伤脑筋

第二部分
（25 题，25 分钟）

说明：51 ～ 75 题，每段文字后都有若干个问题，每个问题都有 A B C D 四个备选答案，请你阅读后根据每题的要求选出最恰当的答案，并在答题卡上代表正确答案的字母上画一横道。

51 ～ 53

1943 年，老舍住在重庆。他家里有一幅齐白石的画儿，画儿中有一只大灯笼，一只小鸡正四处觅食，十分活泼可爱。一天，著名编辑和出版家赵家璧夫妇来访，盛赞这幅画儿惹人喜爱，希望也能得到白石老人的一幅画儿。老舍连声应允，说等抗战胜利了，一定求白石老人赠画儿给他们。

二十年后的一个假日，赵家璧去老舍家玩儿，老舍突然兴致勃勃地取出一幅画儿来，说："白石老人这幅画儿，虽是从画商那里买来的，但挂在你家再合适不过了，你们一定会喜欢的。"赵家璧喜出望外，捧着画儿激动地说："二十年了，你竟然还记得自己的承诺，真难得啊！"

【51】第一段告诉我们：

A 齐白石的画儿很有名

B 赵家璧经常去拜访老舍

C 老舍是非常守信用的人

D 赵家璧喜欢齐白石的画儿

【52】根据本文，下列说法正确的是：

A 老舍家里有几幅齐白石的画儿

B 赵家璧夫妇想买齐白石的画儿

C 齐白石亲自赠画儿给赵家璧夫妇

D 老舍答应求齐白石赠画儿给赵家璧

【53】赵家璧拿到齐白石的画儿为什么非常激动？

A 老舍遵守诺言

B 画儿非常珍贵

C 齐白石非常有名

D 抗日战争胜利了

54 ～ 56

上幼儿园的时候，我经常看报纸上那些由四幅漫画组成的短故事，不过常常看不懂漫画到底有趣在哪里，所以我经常让妈妈为我讲解。到了小学，我常常看报纸上的电视广告栏，偶尔也看看文艺栏，有时也会看一看时事。久而久之，我对时事问题产生了兴趣，后来在学校还被称为"小专家"。但那时仅仅停留在所知道的事情上，不像现在这样会边看边思考。

进入初中后，有一项"读报笔记"作业。每周要总结自己所关心的一个报道的内容，然后写出自己的感想。一开始，这对我有点儿难。因为要想写出感想，必须认真了解事件的起因、经过和结果，而且一整周的报纸都要一一过目。这是一件很费力气的事。另外，写感想时，如果不用心思考，作业就会显得非常单薄，缺乏深度。

因此，本来就不擅长写作的我，在好不容易盼到的星期天，不得不花去大半天的时间用在读报笔记上。不过功夫不负有心人，经过两年的努力，到初三时，我已能自如地查找自己需要的报道，写出有思想、有内容的读报笔记了。

【54】"我"开始接触报纸时大概是：

A 五岁

B 九岁

C 十三岁

D 十五岁

【55】上小学时，"我"最喜欢报纸的哪个栏目？

A 体育栏目

B 电视广告

C 时事栏目

D 文艺栏目

【56】开始做“读报笔记”作业时，“我”觉得：

A 有点儿难

B 作业单薄

C 缺乏深度

D 不用思考

57 ~ 59

有人称筷子是中国人的“第五大发明”，而且这个发明无疑要比“四大发明”还早，时间大概在远古时期。遥想我们的祖先尝试熟食的时候，从火中取食一定很烫，于是便用两根棍子从火堆中夹取食物。久而久之，这两根棍子就成了我们用的筷子了。

到了现代，人类的各种用具都有了翻天覆地的变化，只有筷子仍然是两根细棍子。

在发明筷子之前，人们吃东西只好下“五爪”，至今有些地方还流行的“抓饭”就是最好的例子。用手指将那些黏糊糊的咖喱饭之类的食品往嘴里送，那还是需要一定技巧的。而我们日常用筷子的人，偶尔用手进食则左右开弓，不太讲究。筷子实际上是手的延伸。筷子应是人类发明和使用最早的工具了。是啊，细细的两根筷子，捏在手中，运动自如，能戳、能夹、能拌、能扒，神乎其神。只不过我们用筷子的人熟视无睹罢了。更有人说，用筷子能让大脑的某个区域特别发达。这似乎有点儿玄乎，不过，使用筷子确实用到了力学的原理：大拇指和食指负责固定，中指和无名指则起到分合筷子的作用，如果掌握不好，就很难夹到餐桌上的美味。

我们是从小就学会了使用筷子，天天用、月月用、年年用，习以为常。而西方人学习使用筷子，就会觉得比抬两根大木头还困难，什么都夹不起来。

【57】第一段主要告诉我们：

A 筷子的历史

B 筷子的由来

C 筷子的形状

D 筷子的用途

【58】根据最后一段，我们知道：

A 西方人用手进食

B 只能用右手使用筷子

C 只有中国人使用筷子

D 西方人不习惯使用筷子

【59】根据本文，下列说法正确的是：

A 用筷子可以让人变得更聪明

B 筷子是中国的“第五大发明”

C 古代的筷子和现代的基本一样

D 所有的中国人都使用筷子吃饭

60 ～ 63

国庆节一大早，重庆图书馆门外已排起数十米的长龙，经过红外测温后，百余名读者依次进馆。

“今天一家三口来图书馆，是我们早就商量好的。”市民谭亮说，儿子吴昊上小学五年级，暑假期间就常去科技馆、图书馆，“9 月份儿子开学后一直没有机会再来，这次赶上放假，一大早就过来了。”

一进馆，吴昊就拉着妈妈直奔图书馆二楼，寻找他最爱的科学漫画书。谭亮则来到三楼的中文图书借阅区，找到两本欧洲史方面的书读了起来。“我是做外贸生意的，国际形势对工作影响比较大，了解一下世界发展的趋势，也可以给自己带来帮助。”他说。

重庆图书馆工作人员介绍，为满足市民文化阅读需求，“十一”期间，图书馆保持正常开放，每天进馆读者 3000 人左右，日均借阅图书近 1000 册，科幻小说《三体》以及文学名著《围城》《平凡的世界》等都是借阅榜上较受欢迎的书。

【60】谁去了图书馆？

A 三个人

B 吴昊和妈妈

C 谭亮一家人

D 谭亮和吴昊

【61】吴昊最喜欢什么书？

A 漫画书

B 欧洲史

C 历史书

D 科学漫画书

【62】谭亮是做什么的？

A 作家

B 商人

C 历史学家

D 历史老师

【63】根据最后一段，下列哪一项都是文学名著？

A《围城》《三体》

B《围城》《平凡的世界》

C《平凡的世界》《三体》

D《三体》《围城》《平凡的世界》

64 ～ 67

孙思邈是我国历史上著名的“药王”，他不仅医术高明，而且虚心好学。

有一次，唐太宗患病，太医们都没有办法。于是，太宗传旨召孙思邈进宫。孙思邈为唐太宗诊过脉后开了药方。一服药吃完，唐太宗的病不见起色，后来又吃了一服，仍不见效。当时唐太宗没有责怪他，让他先回家去。孙思邈很不痛快，走着走着，他来到了一座山下，看到一户山民，就想讨口水喝。这户山民只有姐妹俩，以卖药材为生。她们对这位客人很热情，姐姐用黄色花为他冲了一碗金花茶，妹妹用白色花为他冲了一碗银花茶。孙思邈每样茶喝了一口，觉得味甘清淡，止渴清热，于是对她们说：“这两种花都可以入药。”姐妹二人听后笑了起来。姐姐解释说：“这两种花是同一种药花，花刚开时白色，盛开时变黄，它叫金银花。不要说是你，就是孙思邈也不认识呢。听说这次他在皇上面前丢尽了面子。我们进城卖药，那些当官的把我们的药全都拿走，只给一点儿钱。无奈之下，我们只能以次充好。所以，连孙思邈也治不好皇上的病。"

孙思邈听完，恍然大悟，马上说出了自己的身份，并拜两位姑娘为师，跟她们学习采药、制药，了解各种药性。后来，他采了新鲜药回到皇宫，一服药就把唐太宗的病治好了。唐太宗接受了他的忠告，要官吏公平买卖，并封孙思邈为"药王"。

后来，"药王"以金银花为"君"，甘草、生地、桔梗为"臣"，配制成"甘桔汤"这方药。至今，只要中医开"甘桔汤"这方药，人们都会自然而然想起虚心好学的"药王"孙思邈。

【64】根据本文，孙思邈很不痛快是因为：

A 他感到非常疲倦

B 他不喜欢给人治病

C 受到了唐太宗的责备

D 没有治好唐太宗的病

【65】根据第二段，我们可以知道：

A 唐太宗感到很生气

B 孙思邈药方用的药不好

C 两姐妹知道孙思邈要来

D 当官的抢走了两姐妹的药

【66】关于"甘桔汤"，下列说法正确的是：

A 是孙思邈发明的

B 是两姐妹发明的

C 桔梗是最重要的成分

D 现在已没有这方药了

【67】本文主要想告诉我们：

A 两姐妹非常聪明

B 孙思邈运气很好

C 唐太宗对百姓很好

D 孙思邈医术高明，虚心好学

68 ～ 71

最近，记者就中考复习的问题采访了部分老师。大多数老师都提到了考生应该认真复习笔记这一点，但是很多同学由于平时没有用心记笔记，在复习时也拿不出复习资料来。记者建议即将参加考试的同学不妨从今天开始坚持每天记笔记。那么，怎样才能记好笔记呢？

首先，课上要抓重点。在笔记上标记出老师强调的地方。老师常常会说"这是很重要的"或者"这是个常见错误"。还要注意听一些列举性质的话，如"下面是这一过程中的四个步骤"，以及"但是"和"还有"，因为这样的词可能告诉你后面要讲重要的内容。注意其他的转折词、短语或句子，它们可能表示一个主要思想已经讲完了，接下去要讲另一个了。

第二，字迹清楚，内容全面。一份整洁的笔记不仅可以节省今后的复习时间，还会给自己留下好心情。对于可能漏掉的词语或观点，在笔记中要留出空位，课后马上请教老师或同学把它们填满，这是一个再复习的过程。常见字和术语要用缩写形式，这样就会有更多听和写的时间。老师讲课结束的时候，依然要像讲课开始时那样注意听讲，因为老师通常会在最后总结本课的重要内容。

第三，分门别类。记笔记要注意将例题和讲课、作业分开，这样的笔记结构清楚，容易分清主次。另外，课后复习时，如有需要，还可以将笔记的结构改进一下。

【68】这篇文章可能出现在什么地方？

A 通知

B 报纸

C 来信

D 论文

【69】"课上要抓重点"说的是：

A 记笔记的原因

B 记笔记的好处

C 记笔记的方法

D 记笔记的数量

【70】课后请老师或同学帮助填满的是：

A 写错的地方

B 讲课的重点

C 留出的空位

D 剩下的笔记

【71】第四段主要讲的是：

A 笔记的种类

B 笔记的内容

C 笔记的结构

D 笔记的数量

72 ～ 75

学校组织的公益劳动让我从中收获了很多，也学到了许多深刻的为人处世的道理。

学校把社会作为实践的场所，让我们走进社会，在公益劳动的实践中锻炼自己。以小组为单位的社区志愿服务，启发我们在公益劳动中寻找能使我们受到教育，有所感悟的亮点，引导我们去了解社会、感受社会。在敬老院中，我们小组的同学毫不嫌脏，耐心、仔细地帮老人们洗脚、剪指甲，这让我们体会到了老一辈的孤独。我们在那里尽可能地多和老人聊天儿、谈心，竭尽所能使老人感到温暖。我们还帮助敬老院的职工打扫敬老院。虽然我们满头大汗，但我们很高兴，因为我们心里都有一股自豪感，而这种自豪感不是在学校里能够体会到的。

处于这个时代的我们，大多数都是独生子女，在人际关系和自我评估方面会有所欠缺。而这次的集体公益劳动使我体会到了集体的力量、集体的温暖和自己的不足，也让我亲身体会到了劳动的光荣感。重要的是，这次劳动让我开始努力改正自身的错误，正确认识自己。

公益劳动也同样强化了我们的劳动观念，不仅帮助我们树立了正确的人生观、价值观，而且还培养了我们的竞争意识和开拓进取的精神。

总之，学校组织的这次公益劳动让我懂得了公益劳动不仅能造福社会，而且还能陶冶情操，美化心灵。

【72】作者是以什么身份参加公益劳动的？

A 学生

B 独生子女

C 社区志愿者

D 社区物业人员

【73】作者在敬老院体会到的是：

A 辛苦

B 悲伤

C 自豪

D 孤独

【74】根据本文，作者是：

A 初中生

B 高中生

C 大学生

D 独生子女

【75】这次公益劳动是为了让学生：

A 了解和感受社会

B 参加社会的劳动

C 获得劳动的技能

D 体会劳动的辛苦

三、书面表达

第一部分

（5题，5分钟）

说明：76～80题，在下面的A B C D四个句子中，只有一个是错误的，请找出这个句子，并在答题卡上代表正确答案的字母上画一横道。

76. A 我相信你一定会那样做的。

B 学生们都是利用放假的时间打工的。

C 经过努力，他变了一个爱学习的好学生。

D 明天王大夫在大礼堂给我们讲卫生知识。

77. A 现在手机的功能越来越多了。

B 医学界目前对这种病还没有办法。

C 我没去打听，知道究竟是怎样的结果。

D 他等了你很长时间了，你还是过去看看吧。

78. A 我去安慰一下他，你们先走吧。

B 我相信，你们永远是大家的好朋友。

C 只要我们团结，才能完成好这个任务。

D 图书馆的工具书不外借，只能在那儿看。

79. A 大家要认真听讲，边听边记。
B 别着急，我们会对这件事做出安排的。
C 最近一个阶段，西安的气温差不多上海。
D 等我赶到学校，他已离开那里半个小时了。

80. A 大家都抱怨市场的水果太贵了。
B 计算机在现代社会中的应用很广泛。
C 目前我还不知道你可以不可提前回家。
D 这件艺术作品被认为是本世纪的一个奇迹。

第二部分
（5题，5分钟）

说明：81～85题，在下面这段文字中，有五处是用拼音代替字的，要求考生根据上下文的意思认读拼音，然后在答题卡上找到相应的题号，并在横线上写出正确的字。

我叫电脑，是个电子机器，由显示器、键盘、主机 zǔchéng（81）。我的本领很大，而且具有其他机器所不具备的三件法宝：高速、精确的运算能力，高超的记忆能力和准确的 luójí（82）判断能力。我的 yòngtú（83）也非常 guǎngfàn（84），可以管理工厂、kòngzhì（85）机器，可以写文章，还可以当医生……

卷Ⅱ 书面表达 第二部分
（作文，30分钟）

作 文 要 求

1. 写作前认真阅读作文提示，按提示要求在规定的时间内写完。
2. 用简体字书写。每个空格写一个字，书写要清楚工整；每个标点符号占一个或两个空格，标点符号使用要规范。
3. 作文中不得出现跟考生有关的校名、地名和真实姓名。
4. 保持卷面整洁，不得涂划损坏答卷。

作文提示：

阅读下面的材料，按要求完成作文。

墨子对弟子非常严格，尤其是对一个叫耕柱子的弟子最严厉。

有一次耕柱子说："论才智和学习精神，哪一个比我强？老师为何对我这么严呢？"

墨子说："假如我要去太行山，坐一辆由黄牛和快马拉的车，我是鞭策黄牛呢还是鞭策快马？"耕柱子马上回答说："当然是鞭策快马啊！"

"为什么？"

"因为快马经得起鞭策。"

墨子大笑道："如果明白了这个道理，以后你就不会觉得委屈了。"

请以"严师出高徒"为题，联系实际，写一篇读后感，全文不少于300字。

模拟试题（六）

一、听力理解（35 题，约 35 分钟）

扫一扫，听录音

第一部分

说明：1 ～ 15 题，这部分试题，都是两个人的简短对话，第三个人根据对话提出一个问题，听到问题后，请你在四个备选答案中选出唯一恰当的答案。

例如：第 8 题，你听到：

男：小兰，你刚才去邮局订杂志，怎么没把今天的晚报买回来？

女：晚报都卖完了。

第三个人问：小兰刚才干什么去了？

你在试卷上看到四个答案：

A 寄信　　B 订杂志　　C 卖报纸　　D 买邮票

根据对话，第 8 题最恰当的答案是 B，你应在答题卡上找到号码 8，在字母 B 上画一横道。横道一定要画得粗一些，重一些。

8 [A]　■　[C]　[D]

1. A 医院
   B 公司
   C 家里
   D 学校

2. A 父女
   B 兄妹
   C 师生
   D 同学

3. A 接人
   B 坐车
   C 参加会议
   D 自己去宾馆

4. A 怕冷
   B 裤子脏了
   C 不想出去
   D 讨厌新鲜空气

5. A 赞扬
B 讽刺
C 批评
D 欣赏

6. A 叮嘱
B 催促
C 安慰
D 不满

7. A 害怕
B 爱喝水
C 不喜欢咖啡
D 担心影响休息

8. A 批评女的
B 表达不满
C 教育女的
D 打听消息

9. A 爱打鱼
B 不会打球
C 兴趣广泛
D 不能坚持

10. A 愤怒
B 发愁
C 很吃惊
D 不相信

11. A 嫌海鲜贵
B 没有钱买
C 自己做的饭健康
D 喜欢吃家里的饭

12. A 等人
B 喝水
C 写报告
D 写总结

13. A 锻炼
B 吃饭
C 跑步
D 接人

14. A 等人
B 运动
C 开车
D 过马路

15. A 洗衣服
B 谈天气
C 买衣服
D 晾衣服

第二部分

说明：16～35题，这部分试题中，你将听到几段对话或讲话。每段话之后，你将听到几个问题，听到问题后，请你在四个备选答案中选出唯一恰当的答案。

例如：第25～27题，你听到：

男：请问，有包子吗？

女：有。刚做好的，都是热的。

男：怎么卖？

女：五毛钱一个。您要几个？

男：给我来两个。

女：好的。收您十块钱，找您九块，请点一下。

男：谢谢。请问附近哪儿有卖报纸的？

女：前面路口向右拐有一家邮局，邮局里就有。

男：太好了，谢谢。

女：不客气。

第三个人根据这段对话提出三个问题：

25. 男的正在做什么？

你在试卷上看到四个答案：

A 问路　　B 取钱　　C 买东西　　D 吃包子

根据对话，第25题唯一恰当的答案是C，你应该在答题卡上找到号码25，在字母C上画一横道。横道一定要画得粗一些，重一些。

25 [A]　　[B]　　■　　[D]

……

你又听到：

27. 男的打算去做什么？

你在试卷上看到四个答案：

A 买邮票　　B 打电话　　C 取包裹　　D 买报纸

根据对话，第27题唯一恰当的答案是D，你应该在答题卡上找到号码27，在字母D上画一横道。横道一定要画得粗一些，重一些。

27 [A]　　[B]　　[C]　　■

16. A 妈妈
B 剩饭
C 做饭
D 加班

17. A 剩饭
B 面条儿
C 方便面
D 西红柿炒鸡蛋

18. A 下雪了
B 雪很美
C 这是第一场雪
D 她第一次见到雪

19. A 雪太小
B 温度高
C 雪融化了
D 避免弄湿头发

20. A 房间太闷
B 有人忘关了
C 房间要通风
D 男的打开的

21. A 想，但没时间休息
B 想，眯了半个小时
C 不想，怕耽误学习
D 不想，下午要考试

22. A 关门
B 散步
C 看花
D 拍照

23. A 救落水的孩子
B 女青年落水了
C 指着水面呼救
D 摩托车失控了

24. A 两名孩子
B 一个小女孩儿
C 一个 3 岁男孩儿
D 一个 8 岁男孩儿

25. A 玩耍时失足落水
B 被摩托车撞进水里
C 从摩托车上掉到水里
D 电动三轮车失控掉进河里

26. A 学习枯燥
B 外面好玩儿
C 学习环境差
D 学习很辛苦

27. A 向学校老师反映
B 剪断正在织的布
C 不让孟轲上学了
D 把孟轲送到学校去

28. A 孟轲从小不爱学习
B 孟轲小时候爱逃学
C 妈妈对孟轲的教育
D 孟轲是著名思想家

29. A 70 多岁
B 60 多岁
C 近 70 岁
D 近 60 岁

30. A 他种植了六万亩树木
B 他的孩子在林场长大
C 他是 2012 年全国优秀护林员
D 他 20 世纪 70 年代末参加工作

31. A 劳动模范的故事
B 贾道尔吉的信念
C 优秀护林员的事迹
D 林场“凡人”贾道尔吉

32. A 六个
B 五个
C 四个
D 三个

33. A 一直坚持写日记
B 是北京市金牌教师
C 她有 40 个学生在作文比赛中获奖
D 她的“日记教学法”获得了学校的奖励

34. A 非常喜欢写作
B 三个月写了两万字
C 第一堂日记课只写了 260 个字
D 获得了“春蕾杯”作文比赛大奖

35. A 评改日记
B 让孩子写日记
C 教孩子写作文
D 让孩子参加作文比赛

二、阅读理解

第一部分
（15 题，15 分钟）

说明：36 ～ 50 题，每一个句子中有一个或两个空，请你从所给的四个备选答案中挑选一个最适合填入空中的答案，并在答题卡上代表正确答案的字母上画一横道。

36. 你的作业还差____没做完？

A 别的

B 怎么

C 其余

D 多少

37. 价格便宜的东西____不好用。

A 仅仅

B 渐渐

C 往往

D 单单

38. 老师____一次提醒同学们，早睡早起才能精力集中。

A 不必

B 不断

C 不免

D 不止

39. 同学们怀着无比____的心情走入革命圣地西柏坡，接受革命历史教育。

A 刺激

B 悼念

C 纯净

D 崇敬

40. 下课后，同学们____走出了教室。

A 随后

B 随手

C 陆续

D 即将

41. 小姑娘的歌声像百灵鸟一样委婉、____。

A 动听

B 芬芳

C 干净

D 高尚

42. ____他，其他人都明白了。

A 对于

B 除了

C 关于

D 在于

43. ____这条路走下去，你一定会实现自己的目标。

A 随着

B 经过

C 沿着

D 跟着

44. ____在外地工作，他对家里的照顾很不够。

A 由于

B 所以

C 作为

D 自从

45. ____人们环保意识的增强，乱丢垃圾的人越来越少了。

A 跟着

B 看着

C 随着

D 顺着

46. 昨天的晚会上，同学们____缺乏比赛经验，____开始表演的时候都很紧张。

A 虽然　但是

B 因为　所以

C 不但　而且

D 即使　也是

47. ____科技人员付出了艰苦的努力，但是这项试验还是没能获得____。

A 即使　成绩

B 因为　效果

C 虽然　成功

D 既然　进步

48. ____电子信箱，我和他____起了稳固的联系。

A 凭着　发展

B 按照　保持

C 经过　建设

D 通过　建立

49. 你已经做出了____，要在这儿____住下去？

A 打算　终于

B 决定　一直

C 想法　继续

D 准备　开始

50. 你不要太____了，我看这事没有什么____的。

A 急躁　怪不得

B 着急　了不得

C 担心　不见得

D 操心　没关系

第二部分
（25 题，25 分钟）

说明：51 ～ 75 题，每段文字后都有若干个问题，每个问题都有 A B C D 四个备选答案，请你阅读后根据每题的要求选出最恰当的答案，并在答题卡上代表正确答案的字母上画一横道。

51 ～ 53

什么是观察力？这要从人们对客观事物的反映开始谈起，每个人都有对客观事物的反映能力，只是有些人的反映是模糊的，有些人的反映是清晰的。一个人观察事物，主要就是观察这个事物本身的特征，即清晰地反映客观事物。我们把观察事物特征的能力叫作观察力。

人的知识主要来自观察。一个婴儿刚出生的时候，所看见的，不过是一大片模糊的世界。随着生命的成长，他的观察力也逐渐增强。观察能力的强弱，直接影响着孩子智力水平的高低。

苏联一位教育学家对学校中的“差生”进行了研究，发现“差生”的普遍特点就是观察能力较差。这些孩子虽然也瞪大眼睛去看事物，但所见到的东西却不一定很多，甚至还会出现好多错误。于是，他们掌握知识的能力逐渐降低，学习知识的愿望也慢慢下降，以至于对学习失去了兴趣和信心，最终导致学习成绩越来越差，变成了“差生”。

【51】观察力：

A 所有人都有

B 只有部分人有

C 只有成年人有

D 只有婴儿才有

【52】随着年龄的增长，一个人的观察力：

A 越来越强

B 越来越弱

C 时强时弱

D 没有变化

【53】根据本文，下列说法正确的是：

A“差生”的观察能力比较弱

B 观察能力与孩子的成绩无关

C 观察能力与孩子的智力无关

D“差生”看到的事物是错误的

54 ～ 56

晋代的祖逖是个胸怀坦荡、具有远大抱负的人。可他小时候却是个不爱读书的淘气孩子。进入青年时代，在与人交谈的过程中，他渐渐意识到自己知识的贫乏，深感不读书无以报效国家，于是就发奋读起书来。他广泛阅读，认真学习，从书中汲取了丰富的知识，学问大有长进。他曾几次进出京都洛阳，接触过他的人都说，祖逖是个能辅佐帝王治理国家的人才。祖逖 24 岁的时候，曾有人推荐他去做官，他没有答应，仍然努力地读书。

后来，祖逖和幼时的好友刘琨一起担任司州主簿。他与刘琨感情深厚，还有着共同的远大理想——建功立业，复兴晋国，成为国家的栋梁之才。

一次，半夜里祖逖在睡梦中听到公鸡的鸣叫声，他把刘琨叫醒，对他说：“别人都认为半夜听见鸡叫不吉利，我偏不这样想，咱们干脆以后听见鸡叫就起床练剑如何？”刘琨欣然同意。于是他们每天鸡叫后就起床练剑，剑光飞舞，剑声铿锵。春去冬来，寒来暑往，从不间断。功夫不负有心人，经过长期的刻苦学习和训练，他们终于成为能文能武的全才，既能写得一手好文章，又能带兵打胜仗。最终，祖逖被封为镇西将军，实现了他报效国家的愿望；刘琨做了都督，兼管并、冀、幽三州的军事，也充分发挥了他的文才武略。

【54】祖逖从什么时候开始发奋读书？

A 幼年

B 中年

C 老年

D 青年

【55】有人推荐祖逖去做官，他为什么没有答应？

A 他不喜欢做官

B 他还没有想好

C 他要和刘琨练剑

D 他想读更多的书

【56】最适合做这篇文章标题的是：

A 读书报国

B 闻鸡起舞

C 祖逖与刘琨

D 坚持才能成功

57～59

中秋遇国庆是一个值得庆祝的日子，也是万家团圆的时刻。可有这么一群人，因为工作的特殊性，他们既不能和家人团聚，也不能欣赏风景，因为他们要守卫你我的安宁，服务我们的日常生活。

成林求培是玉树市交通警察一中队副中队长，他所管辖的路段是玉树市结古大道十字路口，这是一个较为繁忙的路段。今年的“双节”，他像往常一样坚守在自己的工作岗位上。他告诉记者，已经不记得是第几次在节假日值班了，也好久没有在节假日陪伴家人了，但自己很庆幸家人都很支持他。“虽然很对不起家人，但越是节假日，我们越要坚守岗位，为群众保驾护航。”他说道。

除了成林求培以外，在玉树的大街小巷，还有许多交通警察和他做着同样的事情。他们的承诺是“节日我在岗”。他们有一份责任，叫守护平安；他们有一个目标，叫保持畅通。他们没有正常的节假日，但把爱和希望给了更多的家庭，他们的坚守是万家灯火最美的团圆，他们用辛勤和汗水诠释着担当和责任！

【57】本文主要讲的是：

A 中秋节值得我们庆祝

B 国庆节值得我们庆祝

C 要共同传递爱和希望

D 玉树交通警察的事迹

【58】对于成林求培来说，节假日值班：

A 有家人的陪伴

B 家人不能理解

C 不是正常的事

D 是经常性的事

【59】交通警察的主要责任是：

A 指挥行人

B 指挥车辆

C 保护交通

D 保护百姓平安

60～63

国庆假期不出门，在家共享亲子阅读时光。

11 岁的陈佳佳是黑龙江省牡丹江市长安小学五年级学生，新冠肺炎疫情期间，她和妈妈张雷几乎每天都在一起读书两个小时，这已经成为她们的一种习惯。这个“十一”假期也不例外。

陈佳佳告诉记者，她最近爱上了读电子书，今年以来，她已经读了 30 本，妈妈看完了 26 本，其中，《窗边的小豆豆》《城南旧事》等都是母女俩共同读完的。

“平时孩子学习紧张，很难有大块的阅读时间。这个小长假，我们没有计划外出旅游，就是想尽情享受安静读书的时光。”张雷说，自己和孩子平时喜欢捧一本书，或大声朗读，或静默品读，读完后再就感兴趣的话题相互交流，这样既能帮助孩子加深理解、拓展思考，又是一种高质量的亲子陪伴。

“激发阅读兴趣是引导孩子读书的重中之重，亲子阅读是培养阅读习惯的一种很好的方式。”长安小学刘俊虹老师说，疫情期间，学生居家学习时间很长，学校鼓励孩子和家长共同阅读。因为阅读不仅可以丰富孩子的词汇量，还能提高孩子的语言表达和沟通能力。如今，越来越多的家长开始选择和孩子共享书香，共同进步。

【60】陈佳佳养成了什么习惯？

A 为了妈妈而读书

B 跟父母一起读书

C 国庆节每天读书

D 每天读书两小时

【61】今年以来，陈佳佳读了多少书？

A 30 本

B 11 本

C 20 本

D 26 本

【62】引导孩子读书最重要的是什么？

A 亲子阅读

B 丰富词汇量

C 激发阅读兴趣

D 培养阅读习惯

【63】根据本文，下列说法正确的是：

A 张雷一家国庆假期从不出门

B 陈佳佳以前就喜欢读电子书

C《城南旧事》是张雷自己读完的

D 高质量的亲子陪伴对孩子很重要

64 ～ 67

徐特立从小酷爱读书，9 岁时曾到乡村小学读书，但贫寒的家庭使他 15 岁后就不得不停学。虽然进不了校门，但他仍怀着强烈的愿望，想尽一切办法读书。到 18 岁时，他便开始在乡村小学教书，一边教，一边读。白天忙，他就利用晚上的时间刻苦攻读。他的代数、几何、三角就是这样学习的。那时教书一年只有三串钱，可要是买一部《十三经注疏》需要花十五串钱。但他丝毫没有犹豫，果断制订了一个 10 年“破产读书”的计划，把家里可以变卖的东西都卖了。28 岁时，徐特立的家庭生活变得非常困难。有一次进城，他看到一部心爱的书，一咬牙就把它买了下来，结果只好饿着肚子回家。

1919 年，已经 43 岁的徐特立到法国勤工俭学。有人对他说：“你这么大岁数了，学法文难免会有不少困难。”徐特立说：“事情可以慢慢来。我今年 43 岁，一天学会一个字，七年可以学会 2555 个字，那时我才 50 岁，假如一天学会两个字，到 46 岁以后就可以学通一国文字。我虽然笨，但一天学一两个字还是能学会的。”果然，徐特立凭着顽强的毅力，只用了几年的时间就能读懂法文的科学书籍了。

【64】“破产读书”计划是指：

A 因为读书让生活破产

B 因为生活破产而读书

C 为了卖掉东西而读书

D 为了读书而卖掉东西

【65】有人劝徐特立，认为岁数大的人学外语：

A 肯定没有困难

B 肯定有很大困难

C 很可能没有多少困难

D 很可能有一点儿困难

【66】徐特立学习法文的方法是：

A 勤工俭学

B 每天学两个字

C 每天掌握一个字

D 文中没有具体说明

【67】根据本文，下列说法正确的是：

A 徐特立曾经在乡村小学当过老师

B 徐特立 1926 年就能看懂法文书了

C 徐特立 1886 年开始在乡村小学读书

D 徐特立自己学习了代数、几何和英语

68 ～ 71

我家每年都种几棵丝瓜，它长得很茂盛，一次次开花，一次次结果，直到深秋还是果实累累。

丝瓜无论在什么环境下都能生长，在石缝里，墙角下，或在贫瘠的土地上，随便撒下几粒种子，浇上点儿水，就会长出嫩绿的芽。丝瓜耐高温，耐潮湿，耐旱耐涝，只要给它搭个架子，它就会攀缘而上，茁壮地生长起来。

丝瓜朴实谦虚。它在晚上七点多钟开花儿，花儿的颜色不鲜艳，不夺目，也不芬芳，是极平常的花。丝瓜的果实是绿色的，始终和叶子的颜色一样，它不像辣椒、西红柿那样，一旦成熟，就向人们露出红红的笑脸。

丝瓜浑身是宝。它不仅可以吃，还可以入药。嫩丝瓜用来炒菜，做汤，味道特别鲜美，老了的丝瓜还可以止咳祛痰。此外，丝瓜的叶子可以消炎止痛，瓤可以清热解毒，如果身上长了痱子，用丝瓜叶子一擦就会清凉舒服很多。

丝瓜，多么可爱的植物啊！求人的极少，给人的极多。

【68】第二段主要讲的是：

A 种丝瓜不需要照顾

B 丝瓜的生命力很强

C 丝瓜耐高温和干旱

D 丝瓜有水就能生长

【69】第三段主要讲的是：

A 丝瓜的花不好看

B 丝瓜白天不开花

C 丝瓜的一般特点

D 丝瓜和辣椒不一样

【70】根据第四段，下面哪一项可以入药？

A 嫩丝瓜

B 老丝瓜

C 丝瓜的花

D 丝瓜的种子

【71】根据本文，作者对丝瓜的态度是：

A 惊讶

B 喜爱

C 批评

D 好奇

72 ～ 75

相传在两千多年前，燕国寿陵地区有一位少年，因为不知道姓名，我们就叫他寿陵少年吧。

这位寿陵少年不愁吃不愁穿，论长相也算得上中等人才，可他就是缺乏自信心，经常无缘无故地感到事事不如人，甚至觉得低人一等。衣服是人家的好，饭菜是人家的香，站相坐相也是人家高雅。他见什么学什么，可学一样丢一样，虽然花样繁多，但他却始终不能做好一件事，也不知道自己该是什么模样。

家里人劝他改一改这个毛病，亲戚、邻居说他是狗熊掰棒子，他也根本听不进去。他觉得他们管得太多。久而久之，他竟开始怀疑自己走路的姿势，越看越觉得自己走路的姿势太笨、太丑了。

有一天，他在路上碰到几个人，听他们说邯郸人走路姿势特别美。这正说到了他的心里，于是他急忙走上前去，想打听个明白。不料那几个人看见他后一阵大笑并扬长而去。

邯郸人走路的姿势究竟有多美呢？他怎么也想象不出来。这成了他的心病。终于有一天，他瞒着家人，跑到遥远的邯郸学走路去了。

一到邯郸，他觉得到处都很新鲜，简直令人眼花缭乱。看到小孩儿走路，他觉得又活泼又美，学；看见老人走路，他觉得稳重，学；看到妇女走路，摇摆多姿，学。就这样，不到半个月，他连走路也不会了，路费也花光了，只好爬着回去了。

【72】寿陵少年的主要特点是：

A 家境挺好

B 长相不错

C 没有自信

D 善于学习

【73】周围的人认为寿陵少年：

A 不爱劳动

B 不爱学习

C 一事无成

D 十分辛苦

【74】寿陵少年学什么人走路？

A 老人

B 女人

C 邯郸人

D 小孩儿

【75】这篇文章告诉我们：

A 学习应该非常专心

B 应学习别人的长处

C 要懂得参考别人的经验

D 做事不要盲目模仿别人

三、书面表达

第一部分

（5题，5分钟）

说明：76～80题，在下面的ABCD四个句子中，只有一个是错误的，请找出这个句子，并在答题卡上代表正确答案的字母上画一横道。

76. A 他向朋友介绍了自己家庭的情况。

B 下课回家前，请把教室的窗户关上。

C 昨天他很冷淡我，一句话也没说就走了。

D 我们从那次讨论会以后就再也没见过面。

77. A 我们什么时候去参观人民大会堂？

B 老师把孩子带到开满鲜花的山坡上。

C 过完中秋节，天气就一天天地冷起来了。

D 故事发生了青海省一个特别缺水的沙漠地区。

78. A 这孩子昨天从下午一直哭到夜里。

B 由于天天锻炼，他多病的身体现在好多了。

C 小王喜欢白天工作，而我则习惯晚上工作。

D 老师批评你是为了你好，并不是要你过不去。

79. A 他要想通过这次考试还是有一定难度的。

B 同学们热烈地讨论了老师提出的几个问题。

C 刚刚到上海不到一个月的我没什么好朋友。

D 这件事有关许多人的安全，可不是开玩笑的事情。

80. A 孩子们痛痛快快地玩儿了一天。

B 请在上课前把语文作业交给老师。

C 中国对建交以来两国关系的发展十分满意。

D 据专家说，饭后散散步对身体是非常有好处。

第二部分

（5 题，5 分钟）

说明：81 ～ 85 题，在下面这段文字中，有五处是用拼音代替字的，要求考生根据上下文的意思认读拼音，然后在答题卡上找到相应的题号，并在横线上写出正确的字。

大熊猫是 zhēnguì(81) 的动物之一，被誉为中国国宝、世界自然基金会的 xíngxiàng(82) 大使。其 shēngcún(83) 和保护现状为世人所关注。大熊猫的形体像熊，四肢、jiānbǎng(84)、耳朵和眼圈儿是黑色的，其他地方都是白的。它 shànyú(85) 爬树，会翻跟头，那笨头笨脑的样子别提多可爱了。它最爱吃的食物是竹子。

卷 II　书面表达　第二部分

（作文，30 分钟）

作 文 要 求

1. 写作前认真阅读作文提示，按提示要求在规定的时间内写完。
2. 用简体字书写。每个空格写一个字，书写要清楚工整；每个标点符号占一个或两个空格，标点符号使用要规范。
3. 作文中不得出现跟考生有关的校名、地名和真实姓名。
4. 保持卷面整洁，不得涂划损坏答卷。

作文提示：

明天是妈妈的生日，又正好是暑假的第一天。升入初中的小林用自己的零花钱给妈妈买了一束鲜花，并准备给妈妈写一封信，以表达对妈妈辛苦养育自己的感激之情。

请你以小林的名义给妈妈写一封感谢信。全文不少于300字。

模拟试题（七）

一、听力理解（35 题，约 35 分钟）

扫一扫，听录音

第一部分

说明：1 ～ 15 题，这部分试题，都是两个人的简短对话，第三个人根据对话提出一个问题，听到问题后，请你在四个备选答案中选出唯一恰当的答案。

例如：第 8 题，你听到：

男：小兰，你刚才去邮局订杂志，怎么没把今天的晚报买回来？

女：晚报都卖完了。

第三个人问：小兰刚才干什么去了？

你在试卷上看到四个答案：

A 寄信　　B 订杂志　　C 卖报纸　　D 买邮票

根据对话，第 8 题最恰当的答案是 B，你应在答题卡上找到号码 8，在字母 B 上画一横道。横道一定要画得粗一些，重一些。

8 [A]　■　[C]　[D]

1. A 家里
   B 商城
   C 医院
   D 体育馆

2. A 服务员与顾客
   B 售货员与顾客
   C 厨师与服务员
   D 服务员与老板

3. A 拿钥匙
   B 看风衣
   C 找钥匙
   D 翻口袋

4. A 忙完了
   B 不想旅游
   C 害怕人多
   D 身体不好

5. A 买书
B 逛超市
C 修手机
D 找解放路

6. A 吃惊
B 询问
C 焦急
D 伤心

7. A 房间太小
B 活动暂停了
C 看舞蹈比赛
D 找不到 126 房间

8. A 嘱咐
B 推辞
C 建议
D 散步

9. A 认识老人
B 陪伴老人
C 善良热心
D 去医院看病

10. A 同意
B 客气
C 满意
D 怀疑

11. A 正在上课
B 准备实验
C 等待做实验
D 实验结束了

12. A 去庄园游玩
B 在家里休息
C 看足球比赛
D 在家看电视

13. A 注意事项
B 应该做什么
C 怎样避免受伤
D 游泳前的热身

14. A 疑问
B 夸张
C 夸奖
D 不满

15. A 等人
B 散步
C 锻炼
D 看刘大伯

第二部分

说明：16 ～ 35 题，这部分试题中，你将听到几段对话或讲话。每段话之后，你将听到几个问题，听到问题后，请你在四个备选答案中选出唯一恰当的答案。

例如：第 25 ～ 27 题，你听到：

男：请问，有包子吗？

女：有。刚做好的，都是热的。

男：怎么卖？

女：五毛钱一个。您要几个？

男：给我来两个。

女：好的。收您十块钱，找您九块，请点一下。

男：谢谢。请问附近哪儿有卖报纸的？

女：前面路口向右拐有一家邮局，邮局里就有。

男：太好了，谢谢。

女：不客气。

第三个人根据这段对话提出三个问题：

25. 男的正在做什么？

你在试卷上看到四个答案：

A 问路　　B 取钱　　C 买东西　　D 吃包子

根据对话，第 25 题唯一恰当的答案是 C，你应该在答题卡上找到号码 25，在字母 C 上画一横道。横道一定要画得粗一些，重一些。

25 [A]　　[B]　　■　　[D]

……

你又听到：

27. 男的打算去做什么？

你在试卷上看到四个答案：

A 买邮票　　B 打电话　　C 取包裹　　D 买报纸

根据对话，第 27 题唯一恰当的答案是 D，你应该在答题卡上找到号码 27，在字母 D 上画一横道。横道一定要画得粗一些，重一些。

27 [A]　　[B]　　[C]　　■

16. A 飞行员
B 服务员
C 售票员
D 出租车司机

17. A 公交车站
B 公交车上
C 建国路站
D 青少年活动中心

18. A 郊游
B 锻炼
C 聚会
D 爬山

19. A 宣传得好
B 想轻松玩儿
C 奖品有平板电脑
D 参赛就有纪念品

20. A 看篮球赛
B 打篮球赛
C 看足球赛
D 老师补课

21. A 喝水
B 吃饭
C 喊加油
D 吃西瓜

22. A 男的上火了
B 二班两个主力没来
C 二班 42 比 40 赢了
D 男的的嗓子喊哑了

23. A 体验国学、冬奥
B 游览长城、故宫
C 参观国家博物馆
D 参观北京、张家口

24. A 了解冬奥文化
B 参观冬奥会场地
C 参观冰雪博物馆
D 参观中国科技馆

25. A 在北京参观 14 天
B 共学习参观 14 天
C 在北京学习 14 天
D 在张家口学习 14 天

26. A 教师节快乐
B 家长的信任
C 教师节的心愿
D 孩子们的笑脸

27. A 家长问候的话语
B 家长的微信点赞
C 家长的信任和鼓励
D 家长参加学校的活动

28. A 株洲的一所高中
B 山东的一所中学
C 郑州的一所小学
D 贵州的一所幼儿园

29. A 垃圾处理主题活动
B 政务开放日主题活动
C 循环经济产业园区座谈会
D 循环经济产业园区参观活动

30. A 生产线大部分是密封处理
B 今后拟新建三个焚烧项目
C 每天可处理 6000 吨生活垃圾
D 每天可处理 3400 吨左右垃圾

31. A 颜色不同
B 图案不同
C 标识不同
D 计量系统不同

32. A 书信
B 散文
C 说明文
D 记叙文

33. A 上课认真听讲
B 考上重点高中
C 课下认真做作业
D 数学考试拿满分

34. A 计算过程
B 公式推导
C 问题分析
D 测量图形

35. A 黄老师
B 班主任
C 美术老师
D 全体老师

二、阅读理解

第一部分

（15 题，15 分钟）

说明：36 ～ 50 题，每一个句子中有一个或两个空，请你从所给的四个备选答案中挑选一个最适合填入空中的答案，并在答题卡上代表正确答案的字母上画一横道。

36. 今天开会只讨论了____兴趣小组的事情，没有说别的。

A 起立

B 独立

C 树立

D 成立

37. 我们____都希望老师的身体快点儿好起来。

A 全面

B 大家

C 有些

D 哪个

38. 老师让同学们尽量回忆，不管想起来____都告诉他。

A 别的

B 怎么

C 其余

D 多少

39. 保密____我们的计划是非常重要的。

A 作为

B 等到

C 关于

D 对于

40. 雷锋同志的____形象时时闪现在我们的脑海中。

A 光荣

B 光滑

C 光辉

D 光亮

41. 老师让同学们都设计一份秋游方案，然后交流____的想法。

A 人家

B 各自

C 若干

D 俺们

42. 这件事在我脑子里____了好久。

A 奔驰

B 奔跑

C 攀登

D 盘旋

43. 休息的时候，他们____会去公园散步。

A 偏偏

B 白白

C 时时

D 往往

44. 既然你说明天再去，____我们就先出发了。

A 所以

B 然后

C 接着

D 那么

45. 这次展览会的____不错，各厂商均收到了不少订单。

A 效果

B 效率

C 用途

D 用法

46. ____明天天气好，我们____去公园玩儿。

A 不论　都

B 只要　就

C 既然　那么

D 首先　然后

47. 小王____不生她的气，反而跟她____起来。

A 因为　谈话

B 即使　聊天儿

C 虽然　交流

D 不但　交谈

48. 您有什么问题____问，____客气啊！

A 不管　不必

B 随便　没用

C 尽管　不用

D 随时　不曾

49. 经过认真____，我们终于____了工作中出现的问题。

A 准备　感觉

B 工作　发挥

C 调查　发达

D 检查　发现

50. 出远门____些衣服，这两天天气____不太正常。

A 多穿　有点儿

B 穿多　一点儿

C 穿少　差点儿

D 穿了　不点儿

第二部分
（25 题，25 分钟）

说明：51 ～ 75题，每段文字后都有若干个问题，每个问题都有A B C D四个备选答案，请你阅读后根据每题的要求选出最恰当的答案，并在答题卡上代表正确答案的字母上画一横道。

51 ～ 53

达 · 芬奇的《蒙娜丽莎》属于有史以来最著名的作品之一，它采用一种流行的肖像画形式，并赋予人物一种神秘的环境。《蒙娜丽莎》的风景是光秃秃的，看不出人类活动的痕迹，但我们注意到被画者右肩上方的一座小桥。这座桥通向哪里呢？在这谜一般的风景中，桥最终消失在最远处蓝色的雾气中。

这幅肖像画在许多方面都是卓越的，尤其是绘画风格方面。与以前传统的肖像画格外不同的是，《蒙娜·丽莎》充分配上了显露的双臂，以侧四分之三的角度，而不是全侧面表现被画者，她完全与风景融为一体，同时又处在风景的前方。背景处的神秘风景强化了被画者的微笑之谜，有人说《蒙娜·丽莎》的微笑看上去非常奇怪，还有人说她的微笑无论从哪个方向看都是在笑，它引发了许许多多的议论。那似乎笼罩住这幅画儿的雾，被称作“如烟的状态”。它使形象融合，使线条柔和。被画者极其平静地望着观者以外的地方，她的沉着冷静增强了这幅肖像的魅力。

【51】根据本文,《蒙娜丽莎》的主要特点是：

A 背景里有一座小桥

B 背景里有蓝色的雾

C 画中的人是有名的人

D 肖像与环境完美结合

【52】第二段中“它引发了许许多多的议论”的“它”指的是：

A 微笑之谜

B 自然风景

C 肖像本身

D 肖像的背景

【53】作者认为《蒙娜丽莎》的卓越之处在于：

A 背景处的神秘风景

B 肖像非常沉着冷静

C“雾”的画法非常特别

D 独特的绘画风格与技巧

54 ～ 56

说一个人“不知天高地厚”，是说他太骄傲，不自量力。可仔细想想，我们真的知道天有多高、地有多厚吗？

先说“天高”。在地面上仰望，如果没有污染，我们会看到蔚蓝色的天空。可如果我们从地面上升到 3.5 千米的高度时，天空就成了暗蓝色；上升到 13 千米时，天空呈暗紫色；超过 18 千米之后，由于空气非常少，天空是一片暗黑色，而且出现了人们在地面上从没见到过的景象：太阳和星星一起闪亮。由此可见，我们常说的蓝天的高度仅为 10 千米左右。

再说“地厚”。如果“地厚”就是指地壳的厚度，这倒不难回答。地壳指的是地球最外面薄薄的一层固体硬壳，分为大陆地壳和海洋地壳。大陆地壳平均厚度约为 33 千米，最厚的地方可达 60 至 70 千米，而海洋地壳平均厚度只有 6 千米，最薄的地方只有 1.5 千米。可如果“地厚”是指地球的直径，那可就麻烦多了。地球是椭圆球体，现在我们一般简单地说地球的平均直径为 12740 千米。

而这都是站在地球上看问题。如果有一天人类登上火星，在那里仰望天空，就会看到，我们的地球只是茫茫星空中一个不起眼儿的暗淡蓝点。在这种情形下，哪里是天？哪里又是地？如果连天和地都分不清，又怎么知道“天高地厚”呢？

【54】这是一篇：

A 成语故事

B 科普文章

C 幽默故事

D 科研论文

【55】最后一段告诉我们：

A 火星上看到的地球是个小蓝点

B 在火星上可以知道“天高地厚”

C 科学家们正在研究“天高地厚”

D 只有地球上能看到“天高地厚”

【56】根据本文，下列说法正确的是：

A 人们不知天高，只知地厚

B 蓝天距离地面大约 10 千米

C 人不骄傲才知道“天高地厚”

D 人们很早就知道“天高地厚”了

57 ～ 59

唐朝著名诗人李白小时候不喜欢念书，常常逃学到街上闲逛。

一天，李白又没有去上学，在街上东遛遛，西看看，不知不觉到了城外。暖和的阳光、欢快的小鸟和随风摇摆的花草让李白感叹不已，“这么好的天气，如果整天在屋里读书多没意思？”

走着走着李白看到了一个破茅屋，门口坐着一个满头白发的老婆婆，正在磨一根很粗的铁杵。李白走过去问：“老婆婆，您在做什么？”

“我要把这根铁杵磨成一个绣花针。”老婆婆抬起头，对李白笑了笑，接着又低下头继续磨。

“绣花针？”李白又问，“是缝衣服用的绣花针吗？”

“当然！”

“可是，铁杵这么粗，什么时候能磨成细细的绣花针呢？”

老婆婆反问李白：“滴水可以穿石，愚公可以移山，铁杵为什么不能磨成绣花针呢？”

“可是，您的年纪这么大了……”

“只要我下的功夫比别人深，没有做不到的事情。”

老婆婆的一番话令李白很惭愧，从那以后李白再也没有逃过学，每天学习也特别用功，最终成为名垂千古的诗仙。

【57】李白小时候觉得最重要的事情是：

A 读书

B 上学

C 玩耍

D 干活儿

【58】最适合做这篇文章题目的是：

A 少年李白

B 李白逃学

C 李白的奇遇

D 铁杵磨成针

【59】这篇文章主要告诉我们：

A 每个人都要认真读书

B 李白是一位著名诗人

C 李白小时候不爱读书

D 坚持不懈地努力才能成功

60 ～ 63

1946 年，著名数学家华罗庚前往国外，被某大学聘为教授。他一边从事教学工作，一边继续研究数学，发表了不少学术论文。由于他的学识和天才，他得到了优越的工作条件和优厚的生活待遇，既有漂亮舒适的洋房，又有豪华的小轿车，不少人以为他会在国外定居。

1949 年 10 月 1 日，新中国成立了。华罗庚从报纸上看到这个特大喜讯，再也抑制不住内心的激动。于是他毅然抛弃大学的终身聘约，抛弃了洋房和轿车，带领全家登上一艘邮船，投入了祖国的怀抱！

1981 年，华罗庚应邀到英国访问，所到之处受到热烈欢迎。在一次集会上，有一位风度翩翩的女学者来到华罗庚面前，问道："华教授，您不为自己回国感到后悔吗？"华罗庚微微一笑，斩钉截铁地回答："不，我回到自己的祖国，一点儿也不后悔。我回国是要用自己的力量为祖国做些事情，并不是为了图舒服。我活着不是为了个人，而是为了祖国。"

【60】根据本文，为什么不少人以为华罗庚会定居国外？

A 新中国还没有成立

B 在国外可以发表论文

C 国外的空气质量很好

D 国外为他提供了很好的条件

【61】关于华罗庚，下列说法正确的是：

A 他是著名数学家和政治家

B 新中国成立让他非常激动

C 他是乘坐飞机回到祖国的

D 新中国成立前他就回祖国了

【62】根据最后一段，华罗庚回到祖国的目的是：

A 想成为名人

B 继续研究数学

C 过舒服的日子

D 为祖国做事情

【63】根据本文，华罗庚是一个怎样的人？

A 喜欢旅行的人

B 热爱祖国的人

C 热爱家庭的人

D 爱过穷日子的人

64 ～ 67

明信片是一种可以直接书写简单内容，而且不必套上信封邮寄的卡片。1865 年的一天，一位德国画家给一位朋友写信，他随意在一张硬纸片上画了一幅画儿，在画儿的背面写上了信的内容，但邮局却没有这么大的信封装得下它，于是工作人员建议他就在画儿的背面写明收件人的地址和姓名进行邮寄。这事被邮政局的一位官员知道了，他意识到这种新颖的通信方式可以减少邮寄的手续，降低邮寄的费用，于是建议德国邮政当局发行明信片，但没有被采纳。1869年10月1日，奥地利邮政当局接受了一名教授的建议，正式发行了印有邮寄资费的明信片，这就是世界上第一张邮资明信片。明信片一问世就受到人们的欢迎，各国纷纷效仿。德国邮政当局这时也不甘心落后，于1870年7月1日发行了明信片，但是他们拱手让出了一个“世界第一”。从此，明信片风靡世界。

【64】德国正式发行明信片的时间是：

A 1865年

B 1869年

C 1870年

D 1874年

【65】建议德国邮政当局发行明信片的人是：

A 一位画家

B 工作人员

C 一位官员

D 一位教授

【66】建议发行明信片的人认为发行明信片的好处是：

A 减少手续

B 提高价格

C 受到人们的欢迎

D 成为“世界第一”

【67】本文主要说明了：

A 明信片的特点

B 明信片的费用

C 明信片的邮寄方法

D 明信片产生的过程

68 ～ 71

我以前因为搞社团活动和参加演讲比赛，总是请假不上课，中间又因为有病休学一年，所以成绩很糟糕，初中和高中考试常常不及格。每次参加学校的模拟考试，我也从来没上过榜。可是，令我感到幸运的是，高中我考进了成功中学，后来又考上了师范大学，那些每次模拟考试都金榜题名的同学，反而多半不如我。这是怎么回事呢？

我认为这是由于我知道自己在做什么和自己想要什么，我有自己的读书计划。比如模拟考试，从初三上学期开始，每个月一次，每次都有一定的范围：第一个月，考初一学过的；第二个月，考初二学过的；第三个月，考前两年的全部内容；第四个月，连初三教过的一起考。因为初一、初二没好好学，所以我的功课本来就不好，不可能准备好，所以我读书的进度总是落后，当模拟考试已经到了考五本教科书的内容的时候，我才准备了两本，也因此每次都落榜。

但是，我并不害怕同学嘲笑我，也不在乎老师骂我。我自己有计划好的进度。我用剩下的日子除以要准备的每个科目，算出每一科能用多少时间复习，到考试时正好可以看完。结果，我成功了。那些天天上补习班，好像很棒的同学反倒是有很多失败了。

【68】“我”的成绩不好的原因**不包括**：

A 生病不上学

B 准备演讲比赛

C 参加社团活动

D 不认真准备考试

【69】根据本文，初三第四个月的模拟考试考的是：

A 初一的内容

B 初二的内容

C 初一和初二的内容

D 从初一到初三的所有内容

【70】模拟考试常常考不好，“我”：

A 很着急

B 很紧张

C 很自信

D 很伤心

【71】根据本文，下列说法正确的是：

A “我”没有顺利考上高中

B “我”没有顺利考上大学

C 成绩好的同学都没考上大学

D “我”的模拟考试成绩一直很差

72～75

据调查，城市中96%以上的学生玩儿过电脑游戏，75%以上的学生玩儿过网络游戏。媒体上报道的因为玩儿游戏发生的恶劣事件屡见不鲜。网络的吸引力到底有多大？看一看学生的网瘾就知道了。既然网络来势凶猛，我们为什么不顺水推舟，好好利用一下，指导学生正确利用网络进行课外阅读呢？网络上有大量的信息，为我们提供了丰富的阅读素材。网络媒体优于纸质媒体的最大特点是拥有大量的信息资源，学习者可以随时查询有关资料，并通过网络与他人交流，实现资源共享。

“兴趣是最好的老师。”兴趣是最具活力的主观状态。对于课外阅读而言，学生的兴趣尤为关键，而网络资源形象的动画、生动的语音、迷人的音响和绚丽的色彩是让学生“胃口大开”饱食精神食粮的上好“调味品”。在网上阅读，孩子们就像看动画片一样开心，这比单纯的文字阅读不知要鲜活多少倍。

网络就像一个万能的魔术师，能在一瞬间把古今中外的相似文章呈现出来，给学生提供具体可感的语言材料，开发极其丰富的语文课程资源，切实扩大了学生的课外阅读量。学生可以根据自己的实际情况，自由支配阅读的时间。这就为个性化的探究式阅读打下了很好的基础。更方便的是，同学之间可以互发电子邮件或互相推荐一些好的读物，实现异地同步的协作化阅读。

【72】根据第一段，下列说法正确的是：

A 网络媒体将来会代替纸质媒体

B 因玩儿游戏发生的恶劣事件不太多

C 城市里的所有学生都玩儿网络游戏

D 网络可以为我们提供丰富的学习资料

【73】对“兴趣是最好的老师”这句话理解最准确的是：

A 学生的兴趣比老师的指导重要

B 兴趣能帮助学生学会一切知识

C 学生学习不用学校老师的指导

D 学生学习只要有兴趣就足够了

【74】根据第二段，作者认为网上阅读：

A 很方便

B 很神奇

C 鲜活生动

D 动画效果差

【75】根据第三段，如何理解“网络就像一个万能的魔术师”？

A 网络会变魔术

B 网络无所不能

C 网络上资源丰富

D 网络阅读能提高阅读能力

三、书面表达

第一部分
（5题，5分钟）

说明：76～80题，在下面的ABCD四个句子中，只有一个是错误的，请找出这个句子，并在答题卡上代表正确答案的字母上画一横道。

76. A 要是见到王老师的话，请向他问好。

B 电在中国工农业中应用着很广泛地。

C 中国女子排球队今天又经历了一次考验。

D 他拿起那件艺术品左看右看，越看越喜欢。

77. A 我们考虑问题应该从实际情况出发。

B 课堂上老师特别善于调动同学们的积极性。

C 他从来考虑自己的行为会不会让别人生气。

D 是那位老师叫我们去附近那家书店买书的。

78. A 学校领导请朋友观看了精彩的节目表演。

B 这几位老人每天坐了公园里开心地聊天儿。

C 长大以后，需要我们独自处理的事情越来越多。

D 李时珍是我国古代一位伟大的医学家和药物学家。

79. A 在朋友们的帮助下，他终于成功了。

B 需要我参加的各种社会文化活动越来越多了。

C 生活中有再多的烦恼和困难，也不要笑容和信心。

D 那里的天气很特别，一早一晚很凉，中午又特别热。

80. A 李老师翻译的那本中文小说已经出版了。

B 水是一种容易被我们忽略有着很大作用的营养物质。

C 这个城市两年来的变化，给人们留下了深刻的印象。

D 双方讨论了两国关系的基本问题和目前的国际形势。

第二部分
（5 题，5 分钟）

说明：81 ～ 85 题，在下面这段文字中，有五处是用拼音代替字的，要求考生根据上下文的意思认读拼音，然后在答题卡上找到相应的题号，并在横线上写出正确的字。

地壳并不是静止不动或 yǒnghéng 81 不变的。在地球 mànchánɡ 82 的历史中，沧海桑田的巨变时有发生。大陆漂移、板块运动、火山 bàofā 83 等都是地壳运动的表现形式。此外，地壳还会受到大气圈、水圈和生物圈的影响和侵蚀，形成各种不同形态和 tèzhēnɡ 84 的地壳表面，其中与人类的活动关系最密切的是 tǔrǎnɡ 85。

卷 II 书面表达 第二部分
（作文，30 分钟）

作 文 要 求

1. 写作前认真阅读作文提示，按提示要求在规定的时间内写完。
2. 用简体字书写。每个空格写一个字，书写要清楚工整；每个标点符号占一个或两个空格，标点符号使用要规范。
3. 作文中不得出现跟考生有关的校名、地名和真实姓名。
4. 保持卷面整洁，不得涂划损坏答卷。

作文提示：

最近写作兴趣小组获得了“优秀学社”荣誉称号，爱好文学的李泽泽很想参加写作兴趣小组。请你以李泽泽的名义写一份申请书，提出请求并说明理由。全文不少于 300 字。

模拟试题（八）

一、听力理解（35 题，约 35 分钟）

扫一扫，听录音

第一部分

说明：1 ～ 15 题，这部分试题，都是两个人的简短对话，第三个人根据对话提出一个问题，听到问题后，请你在四个备选答案中选出唯一恰当的答案。

例如：第 8 题，你听到：

男：小兰，你刚才去邮局订杂志，怎么没把今天的晚报买回来？

女：晚报都卖完了。

第三个人问：小兰刚才干什么去了？

你在试卷上看到四个答案：

A 寄信　　B 订杂志　　C 卖报纸　　D 买邮票

根据对话，第 8 题最恰当的答案是 B，你应在答题卡上找到号码 8，在字母 B 上画一横道。横道一定要画得粗一些，重一些。

8 [A]　■　[C]　[D]

1. A 学校
   B 邮局
   C 酒店
   D 商场

2. A 老师与学生
   B 警察与老师
   C 门卫与学生
   D 门卫与快递员

3. A 跟校长谈话
   B 劝孩子别熬夜
   C 向老师反映问题
   D 指导孩子写作业

4. A 不重视营养
   B 对早餐不太满意
   C 只想吃蔬菜、水果
   D 不喜欢豆浆、面包

5. A 借书
B 找书包
C 去图书馆
D 去自习室

6. A 高兴
B 吃惊
C 无奈
D 夸奖

7. A 买票了
B 看电影了
C 买东西了
D 把钱给男的了

8. A 女的想喝茶
B 男的想喝茶
C 女的洗了水果
D 男的想安静一会儿

9. A 裤子非常便宜
B 买东西没意思
C 讲价也有技巧
D 讲价非常难学

10. A 抱怨
B 吃惊
C 否定
D 责备

11. A 陪儿子
B 打网球
C 去博物馆
D 看书画展

12. A 去报到了
B 提前下班了
C 下楼取东西去了
D 去值班室接电话了

13. A 去上大学了
B 换了一个班
C 不当班主任了
D 去上海出差了

14. A 煮饭
B 吃饭
C 洗菜
D 炒菜

15. A 投简历
B 等通知
C 找工作
D 准备面试

第二部分

说明：16 ～ 35 题，这部分试题中，你将听到几段对话或讲话。每段话之后，你将听到几个问题，听到问题后，请你在四个备选答案中选出唯一恰当的答案。

例如：第 25 ～ 27 题，你听到：

男：请问，有包子吗？

女：有。刚做好的，都是热的。

男：怎么卖？

女：五毛钱一个。您要几个？

男：给我来两个。

女：好的。收您十块钱，找您九块，请点一下。

男：谢谢。请问附近哪儿有卖报纸的？

女：前面路口向右拐有一家邮局，邮局里就有。

男：太好了，谢谢。

女：不客气。

第三个人根据这段对话提出三个问题：

25. 男的正在做什么？

你在试卷上看到四个答案：

A 问路　　B 取钱　　C 买东西　　D 吃包子

根据对话，第 25 题唯一恰当的答案是 C，你应该在答题卡上找到号码 25，在字母 C 上画一横道。横道一定要画得粗一些，重一些。

25 [A]　　[B]　　[redacted]　　[D]

……

你又听到：

27. 男的打算去做什么？

你在试卷上看到四个答案：

A 买邮票　　B 打电话　　C 取包裹　　D 买报纸

根据对话，第 27 题唯一恰当的答案是 D，你应该在答题卡上找到号码 27，在字母 D 上画一横道。横道一定要画得粗一些，重一些。

27 [A]　　[B]　　[C]　　[redacted]

16. A 马路左边
B 网球场右边
C 网球场西边
D 9号楼西边

17. A 饿了
B 累了
C 不喜欢花
D 喜欢辣子鸡

18. A 大可乐涨价了
B 听装可乐没货
C 男的能喝完两升的
D 男的想要一点二五升的

19. A 商店
B 食堂
C 超市
D 火锅店

20. A 16本
B 60本
C 600本
D 697本

21. A 满减加打折
B 满600减60
C 打八折再减60
D 减30再打八五折

22. A 买书更方便
B 以后能打折
C 女的认真负责
D 女的替顾客着想

23. A 今年
B 去年
C 5月28日
D 上午九点多

24. A 游荡
B 吃竹子
C 偷东西
D 吃笋子

25. A 黑水河地区
B 自然保护区
C 小河子芹菜坪
D 自己家的农田

26. A 500多年
B 400万年
C 4000多年
D 4000万年

27. A 果实、各种树叶
B 水草、素食、爬虫
C 树叶、水草、坚果
D 水生植物、树叶和果实

28. A 现在只有 13 只貘
B 现在的貘都非常胖
C 貘的寿命可达 30 年
D 貘的体重为 220 ～ 300 千克

29. A 海南
B 杭州
C 黑龙江
D 齐齐哈尔

30. A 2007 年
B 2003 年
C 2012 年
D 2008 年

31. A 游泳
B 铁人三项
C 公路自行车
D 游泳和铁三

32. A 眉毛和头发沾着冰霜
B 笑容灿烂，头上都是冰霜
C 脸蛋通红，眉毛和头发雪白
D 脸通红，眉毛和身上都是白雪

33. A 付校长
B 班级老师
C 一位网友
D 同班同学

34. A 老师要拍照
B 小孩子比较可爱
C 男孩儿做了个鬼脸
D 男孩儿的造型怪怪的

35. A 老师都很喜欢他
B 数学比语文好一些
C 父母都出去打工了
D 去学校要走一个多小时

二、阅读理解

第一部分
（15 题，15 分钟）

说明：36 ～ 50 题，每一个句子中有一个或两个空，请你从所给的四个备选答案中挑选一个最适合填入空中的答案，并在答题卡上代表正确答案的字母上画一横道。

36. ____人都不可能永远和父母生活在一起。
A 一个
B 一些
C 任何
D 有的

37. 我们要节约水资源，____关闭水龙头。
A 恰好
B 恰巧
C 随后
D 随手

38. 他在看____呢？这么认真，连我们进来都不知道。
A 多少
B 全部
C 怎么
D 什么

39. 我们准备这____，都是为了让老师高兴。
A 全体
B 完全
C 什么
D 一切

40. 娜娜____地记得她生病时妈妈照顾她的每一个细节。
A 的确
B 正确
C 清晰
D 清净

41. 参加歌咏比赛的____是年轻人。
A 大体
B 大致
C 大多
D 大力

42. 昨天爸爸打电话告诉我，____他下个月来北京出差。
A 许多
B 即将
C 也许
D 还是

43. ____每个人来说，身体健康都是很重要的。
A 为了
B 除了
C 对于
D 关于

44. 还没得奖，他怎么就高兴成____？
A 怎样
B 那样
C 照样
D 照常

45. 我上大学时所学的专业是爸爸____着填报的。
A 思维
B 参谋
C 演算
D 算数

46. 哎呀，太晚了！看来____坐出租车去，我们____能赶上火车呀。

A 不管　都

B 只有　才

C 虽然　但是

D 因为　所以

47. ____老师没有要求我们，我们也应该做好新一年的____。

A 即使　打算

B 虽然　想法

C 不管　计划

D 因为　希望

48. 借着西部大开发的____机会，家乡人有了巨大的____空间。

A 大好　发展

B 很好　成功

C 难得　成绩

D 开始　提高

49. 在大家的____下，两个家庭恢复了过去的友好____。

A 提供　结果

B 帮忙　合作

C 努力　联系

D 帮助　关系

50. 领导____回来了，情况发生了变化，____要改变原来的计划呢。

A 果然　不一定

B 仍然　少不了

C 突然　怪不得

D 忽然　不见得

第二部分

（25 题，25 分钟）

说明：51 ～ 75 题，每段文字后都有若干个问题，每个问题都有 A B C D 四个备选答案，请你阅读后根据每题的要求选出最恰当的答案，并在答题卡上代表正确答案的字母上画一横道。

51 ～ 53

上车时，我就注意到了她——一个穿着很一般的女售票员，一脸的疲劳，声音沙哑、面无表情地嚷着："上车买票。"在她挤过我的身边时，我刻意地躲了一下。

这时，一位抱着小孩儿的妇女上车了，她的头发胡乱扎着，衣服上还打着补丁。车上的人都没怎么注意她。突然，女售票员叫道："哪位同志给这位抱小孩儿的让个座？"没有反应，有的看窗外，有的低头闭眼，还有的看报纸……就连那位妇女也没有反应，她似乎还没明白这与她有关。女售票员只好又叫了一遍，那位妇女这才明白售票员是为了她，她的脸上露出了尴尬的神情，仿佛因打扰了他人而感到抱歉。

就在这时，司机一个刹车让那位妇女差点儿跌倒，而女售票员却继续面无表情地卖票，嘴里不断叫着："哪位同志给这位抱小孩儿的让个座？"

看到仍然没有人反应后，女售票员挤到一个染着黄色短发的女孩儿身边，让她起来让个座。女孩儿很不情愿地起了身，刚才的那位妇女终于抱着孩子坐下了。这一幕给我留下了深刻的印象。

下车时，我已改变了对那位女售票员的印象。因为在整个行车过程中，为了一个抱着孩子的普通妇女，"哪位同志给这位抱小孩儿的让个座"这句话，她坚持重复了11次。

【51】一开始"我"为什么不喜欢女售票员？

A 她的穿着一般

B 她的声音沙哑

C 她显得没精神

D 以上原因都有

【52】最后是谁给抱着小孩儿的女人让了座？

A "我"

B 女售票员

C 一个女孩儿

D 一个好心人

【53】关于女售票员，下列说法正确的是：

A 她工作很认真

B 她工作很有激情

C 她认识让座的女孩儿

D 她认识抱孩子的妇女

54～56

狗为什么爱我们人类呢？研究人员发现，几乎所有的动物都具有群体意识，作为狗的祖先的狼在这一点上更为突出，一只离群的狼很快就会死去。狗和人生活在一起，它就理所当然地把家里的每一个成员看成"狗群"里的一分子。群体的生存是需要群体的所有成员团结友爱和相互支持的。因此，当发生危险时，至少当狗认为是危险时，它会很自然地保护家里的每一个成员。当然，有时候它向我们寻求保护也是非常自然的。

无论在哪一个动物群体里，首领一般只能有一个。这个首领应该符合高大、严厉的条件，它会得到所有成员的尊重和服从。狗总会在家里找到这么一个角色，多数时候会是家里的男主人，所以它对男主人总会言听计从，而对平常喂养它的女主人或者小朋友有时候却会漫不经心。

与人交往是狗天生的习性，尤其是与孩童交往。而这天生的习性常取决于出生三周到七周时与人接触的程度。如果狗出生的头两个月只和它父母或其他狗在一起，或没有真正了解人，很容易出现不爱和人交往且不好训练的情况。如果从小就受到人的爱抚，这会让它认识到人类是它的朋友，从而就会养成爱与人交往的习性。

【54】第一段主要说明了：

A 狗和狼的共同特点

B 狗和人类友好的原因

C 群体意识的产生和作用

D 所有的动物都有群体意识

【55】根据本文，狗在家里对谁的态度是最尊重的？

A 大人

B 孩子

C 男主人

D 女主人

【56】如果想把狗训练好，人类最好从什么时候就开始和狗接触？

A 狗出生两个月后

B 狗出生三个月后

C 狗出生三个星期后

D 狗出生七个星期后

57 ～ 59

冬季长时间生活在使用空调取暖的环境中，往往会出现皮肤干燥和容易患呼吸系统疾病的现象。

科学研究证明，人生活在湿度指数为 50 ～ 60 的环境中感到最舒适。冬天，气候本来就十分干燥，再使用空调取暖，在产生热的同时就好像用火烤空气，使环境的相对湿度大大下降，空气更干燥，这样会使口、鼻、咽喉和气管缺水，使其弹性降低，黏液分泌减少，吸入空气中的尘埃细菌时不能像正常时那样很快清除出去，容易导致和加重呼吸系统疾病。此外，干燥的空气还会使表皮细胞脱水，导致皮肤粗糙起皱，甚至开裂。

因此，使用空调取暖的家庭应注意房间的湿度。最好有一只湿度计，如果相对湿度低了，可向地上洒些水，或用湿布擦擦地板，或者在空调周围的地上放盆水，以增加湿度。此外，在房间里养两盆水仙花，不但能调节室内相对湿度，还能美化环境。

【57】下面哪项不是冬季长时间生活在使用空调的环境中容易患呼吸疾病的原因？

A 空气干燥

B 温度太低

C 环境湿度低

D 口、鼻等缺水

【58】如果室内湿度太低，下面哪种做法可以提高空气湿度？

A 在门口洒水

B 用湿布擦地板

C 在房间里养各种花

D 在房间里挂一只湿度计

【59】本文主要想告诉我们：

A 空调对人体健康有害

B 房间里最好有一只湿度计

C 房间里要多养一些水仙花

D 冬天房间内要保持一定的湿度

60～63

我很小的时候就喜欢闻茶的芳香，喜欢看外公品茶时陶醉的样子。可惜，外公从来不让我喝一口，他说小孩子是不能喝的。于是，我对茶便有了一份莫名的好奇。 小学三年级以后，受母亲的影响，我也渐渐养成了喝茶的习惯。但那时候我泡茶并不只是为了喝，还因为喜欢听开水冲入茶杯时的声音，喜欢通过透明的玻璃杯看着茶叶慢慢地展开、沉没，喜欢凑在杯口上使劲闻茶水的芳香。这一切，对当时的我来说，真的是一种享受。那时的我最喜欢的就是茉莉花茶，不为别的，就因为它那浓郁的清香。等到没有什么东西能够享受了，我便一口气喝干杯中的茶水，算是完成了喝茶的过程。

随着一点点长大，我慢慢学会了品茶，也学会了独立思考。一个人的时候，静静地坐在桌前，泡一杯浓浓的绿茶，或放些悦耳的音乐，或看些令人赏心悦目的文章，或者什么都不做，让大脑开始一段天马行空的想象……过一段时间后，做一个深呼吸，然后缓缓地将茶杯送到口边，品一品茶的芳香，然后再小小地抿一口，用舌尖仔细品味那略带苦涩的味道，那种感觉，怕是用语言无法形容的。

茶，没有冬梅的傲气，没有苍松的铁骨，普普通通，平平常常。如果做人能够像茶那样——不夜郎自大，也不妄自菲薄；不愿处处高人一头，也不甘事事矮人半肩；心平气和，与人为善——这样或许才能算作完美吧。

【60】根据本文，“我”很小的时候为什么对茶有一种莫名的好奇？

A 因为小孩儿对什么都好奇

B 想知道外公品茶时陶醉的原因

C 因为“我”想喝茶而外公不同意

D 因为“我”很小的时候就喜欢茶

【61】小学三年级以后，“我”：

A 每天都品茶和喝茶

B 不喜欢泡茶的整个过程

C 只喜欢闻茉莉花茶的香味

D 喜欢听开水冲入茶杯的声音

【62】“我”长大以后是如何品茶的？

A 放些好听的音乐

B 读一些好的文章

C 天马行空地想象

D 以上三项都包括

【63】文章最后一段想告诉我们：

A 茶是普通之物

B 人要学会品茶

C 茶有优良品质

D 喝茶有利于身体

64 ～ 67

一个女孩儿只有一只眼睛，而且视力极差，但她不愿生活在别人的同情中。小时候她很想和其他孩子玩儿“跳房子”的游戏，于是她一个人趴在地上找画下的线，并记下线的位置，然后再和小朋友一起玩儿，到最后，她居然成了小专家。她看书非常吃力，每次都几乎把书贴到了眼睛上，然而她一直坚持读书，最后竟拿到了硕士学位，并成为一位大学教授。

是什么力量支撑她克服了常人难以想象的困难而取得成功的呢？一般情况下，我们总会这样理解——不屈服于自身的命运，拥有强大的信心与勇气，等等。然而事实并非仅仅如此，她在《我想看》一书中这样写道：“在我内心深处，始终隐藏着对眼病的恐惧。为了克服它，我选择了快乐的生活态度。”

她是快乐的，因为她趴在地上还能看到线条，把书举到眼前还能读到文字，至于成了“跳房子”好手，获得了学位，做了教授，这都是快乐带给她的人生礼物。她从不抱怨生活，相反，她不断地从自己残缺的生活中发现乐趣。和她比起来，我们大多数人都是幸运的，因为我们可以毫不费力地“跳房子”和看书。然而，我们是否也可以像她那样感到快乐呢？

【64】根据本文，女孩儿成功的主要原因是：

A 对生活充满信心

B 有勇气战胜疾病

C 隐藏自己的恐惧

D 选择了快乐的生活态度

【65】第二段“为了克服它，我选择了快乐的生活态度”中的“它”指的是：

A 眼睛的疾病

B 生活的困难

C 心里的恐惧

D 家里的困难

【66】根据本文，女孩儿坚持读书主要是为了：

A 获得学位

B 成为教授

C 获得成功

D 获得快乐

【67】最后一段作者认为：

A 我们因为幸运，所以快乐

B 女孩儿因为成功，所以快乐

C 女孩儿虽然不幸，但很快乐

D 我们虽然幸运，但是不成功

68 ～ 71

有这样一个女孩儿，从 12 岁开始，她每天放学后都要到一个富人家里打几个小时的零工。一天，她因为工作的事向父亲发了几句牢骚。父亲听后对她说：“女儿，你并不在那儿生活。那里的人和事或许并不是你看到的那样，所以你只管干活儿就行了，然后获得自己应得的收入。”

从父亲的这番话中，她领悟到了人生的四条经验：第一，无论什么样的工作都要做好，不是为你的老板，而是为你自己；第二，掌控你自己的工作，而不让工作掌控你；第三，你真正的生活是和你的家人在一起；第四，你与你所做的工作是两回事，你该是谁就是谁。

从那以后，她又为形形色色的人工作过。有的很聪明，有的很愚蠢，有的心胸宽广，有的小肚鸡肠，但她再也没有抱怨过。

【68】根据本文，女孩儿到富人家打工是为了：

A 认识有钱人

B 为自己挣钱

C 让父亲满意

D 得到人生经验

【69】女孩儿后来认识到工作是：

A 为了老板

B 为了父亲

C 为了自己

D 为了生活

【70】后来，女孩儿在工作中：

A 一直很顺利

B 一直有怨气

C 有时候顺利

D 再没抱怨过

【71】女孩儿后来的工作态度发生转变的原因是：

A 她不想让父亲不高兴

B 她知道怎样快乐地工作

C 她为形形色色的人工作过

D 她把工作和生活分开对待了

72～75

1890年，诺尔曼·白求恩出生于加拿大安大略省格雷文赫斯特镇。1916年，白求恩毕业于多伦多大学医学院，获得学士学位。1935年他被选为美国胸外科学会会员、理事。他的胸外科医术在加拿大、英国和美国医学界享有盛名。

白求恩在1935年加入加拿大共产党，1936年冬志愿去西班牙参加反法西斯斗争。中国抗日战争爆发后，为了援助中国人民的解放事业，1938年3月，他受加拿大共产党和美国共产党派遣，率领一个由加拿大人和美国人组成的医疗队来到延安。白求恩积极投入到组织战地流动医疗队出入火线救死扶伤的工作中，为减少伤员的痛苦和残疾，他把手术台设在离火线最近的地方。他提议开办卫生材料厂，解决了药品不足的问题；创办卫生学校，培养了大批医务干部；编写了多种战地医疗教材并亲自讲课。他拒绝了很多特殊的照顾，他的牺牲精神、工作热忱和责任心堪称模范。白求恩以年近50的身体，多次为伤员输血，一次竟连续为115名伤员做手术，持续时间达69个小时。

1939年10月下旬，白求恩在一次抢救伤员时左手中指被手术刀割破，但他不顾伤痛，发着高烧，坚持留在前线指导战地救护工作。他说："你们不要拿我当古董，要拿我当一挺机关枪使用。"最终，白求恩因败血症医治无效，于1939年11月12日凌晨在河北省唐县黄石口村逝世。临终前他讲的最后一句话是："努力吧！向着伟大的路，开辟前面的事业！"

【72】关于白求恩，下列说法正确的是：

A 著名的胸外科大夫

B 同情西班牙和美国

C 在抢救伤员时去世

D 在加拿大出生，在美国工作

【73】白求恩来中国是为了：

A 培养医疗人才

B 援助中国解放事业

C 编写一本医疗教材

D 亲自上战场指导战斗

【74】下列哪一项是对白求恩精神的正确理解？

A 对医术精益求精

B 对同事关怀备至

C 坚强勇敢、不怕牺牲

D 救死扶伤、舍己为人

【75】作者写这篇文章是为了：

A 赞扬白求恩的医术

B 介绍白求恩的生平

C 说明白求恩逝世的原因

D 赞扬白求恩做出的贡献

三、书面表达

第一部分
（5题，5分钟）

说明：76～80题，在下面的ABCD四个句子中，只有一个是错误的，请找出这个句子，并在答题卡上代表正确答案的字母上画一横道。

76. A 他们俩大概已经在机场见面了。
B 他远远地向我招招手，走过去了。
C 这次球赛必将有助于群众性足球运动的开展。
D 这最后一天的劳动是同学们最紧张、最愉快、最有意义的一天。

77. A 小王在与人交往方面有很大进步。
B 大家对某件事的想法都会是一样吗？
C 他以前在北京悄悄告诉过我他的计划。
D 应该把计划经济和市场经济结合起来。

78. A 这个问题太难，我回答不上来。
B 路上堵车，我可能比你们有点儿晚到。
C 我们相信，两国关系一定会有更大的发展。
D 小李昨天高高兴兴地跟几个朋友一起去西安了。

79. A 王玲一直不愿意给李军打电话。

B 全班小张和小李，其他人都及格了。

C 我已经提醒你好几遍了，你怎么还记不住？

D 广大消费者非常喜欢电视台的《消费之声》节目。

80. A 老师在黑板上清楚地写下了作文的题目。

B 张大爷所交的朋友，非是一些种地的老实农民。

C 我们应该把当前的利益与长远的利益结合起来。

D 请告诉各位，这次活动是自愿参加，没人强迫。

第二部分

（5题，5分钟）

说明：81～85题，在下面这段文字中，有五处是用拼音代替字的，要求考生根据上下文的意思认读拼音，然后在答题卡上找到相应的题号，并在横线上写出正确的字。

当人类以 jīdòng（81）的心情迎接新世纪的到来时，当我们日益关注自己的人生价值，kěwàng（82）更多的机会时，当我们更加注重生活质量，而为健康担忧时，一些发生在我们身边且看似非常简单的事情，往往被我们 hūshì（83）了。而有时 qiàhǎo（84）是这样一些看似简单的事情，蕴含着巨大的生命价值，能激发我们 wúqióng（85）的创造力。

卷Ⅱ 书面表达 第二部分

（作文，30分钟）

作文要求

1. 写作前认真阅读作文提示，按提示要求在规定的时间内写完。
2. 用简体字书写。每个空格写一个字，书写要清楚工整；每个标点符号占一个或两个空格，标点符号使用要规范。
3. 作文中不得出现跟考生有关的校名、地名和真实姓名。
4. 保持卷面整洁，不得涂划损坏答卷。

作文提示：

上个星期五你们班组织了一次有意义的班会活动——“学雷锋，做好事”活动。请你按照下面的提纲，以《有意义的班会活动》为题写一篇作文。全文不少于300字。

提纲：

第一段：简要交代班会活动的时间、地点、人物等。

第二段：通过生动具体的事例，写明班会活动的意义。

第三段：写一写自己的感想。

模拟试题（九）

一、听力理解（35 题，约 35 分钟）

扫一扫，听录音

第一部分

说明：1 ～ 15 题，这部分试题，都是两个人的简短对话，第三个人根据对话提出一个问题，听到问题后，请你在四个备选答案中选出唯一恰当的答案。

例如：第 8 题，你听到：

男：小兰，你刚才去邮局订杂志，怎么没把今天的晚报买回来？

女：晚报都卖完了。

第三个人问：小兰刚才干什么去了？

你在试卷上看到四个答案：

A 寄信　　B 订杂志　　C 卖报纸　　D 买邮票

根据对话，第 8 题最恰当的答案是 B，你应在答题卡上找到号码 8，在字母 B 上画一横道。横道一定要画得粗一些，重一些。

8. [A]　■　[C]　[D]

1. A 车上
   B 机场
   C 地铁里
   D 火车站

2. A 医生和护士
   B 护士和病人
   C 医生和病人
   D 医生和家属

3. A 同事
   B 同学
   C 朋友
   D 邻居

4. A 打算慢跑
   B 目的是减肥
   C 穿裙子好看
   D 每天锻炼身体

5. A 爬山
B 拍照
C 吃饭
D 赏红叶

6. A 为难
B 不满
C 着急
D 怀疑

7. A 在开会
B 在听报告
C 忘记开机了
D 没听到铃声

8. A 请求女的原谅
B 向女的汇报工作
C 解释迟到的原因
D 说明午睡的情况

9. A 捡到了钱包
B 钱包被偷了
C 没有多少钱
D 去超市买东西了

10. A 高兴
B 安慰
C 抱怨
D 催促

11. A 天气热起来了
B 孩子们开学了
C 孩子们放假了
D 天气变化很大

12. A 接妈妈
B 买雨伞
C 跳广场舞
D 锻炼身体

13. A 生病
B 休息
C 写作业
D 打电话

14. A 需要复习
B 等张强回来
C 让大家看机器人比赛
D 举办机器人设计大赛

15. A 等人
B 下楼
C 等电梯
D 修电梯

第二部分

说明：16～35题，这部分试题中，你将听到几段对话或讲话。每段话之后，你将听到几个问题，听到问题后，请你在四个备选答案中选出唯一恰当的答案。

例如：第25～27题，你听到：

男：请问，有包子吗？

女：有。刚做好的，都是热的。

男：怎么卖？

女：五毛钱一个。您要几个？

男：给我来两个。

女：好的。收您十块钱，找您九块，请点一下。

男：谢谢。请问附近哪儿有卖报纸的？

女：前面路口向右拐有一家邮局，邮局里就有。

男：太好了，谢谢。

女：不客气。

第三个人根据这段对话提出三个问题：

25. 男的正在做什么？

你在试卷上看到四个答案：

A 问路　　B 取钱　　C 买东西　　D 吃包子

根据对话，第25题唯一恰当的答案是C，你应该在答题卡上找到号码25，在字母C上画一横道。横道一定要画得粗一些，重一些。

25 [A]　　[B]　　■　　[D]

……

你又听到：

27. 男的打算去做什么？

你在试卷上看到四个答案：

A 买邮票　　B 打电话　　C 取包裹　　D 买报纸

根据对话，第27题唯一恰当的答案是D，你应该在答题卡上找到号码27，在字母D上画一横道。横道一定要画得粗一些，重一些。

27 [A]　　[B]　　[C]　　■

16. A 逛公园
B 赶公交
C 去机场
D 打太极拳

17. A 九点
B 十点
C 十一点后
D 三个小时后

18. A 夫妻
B 兄妹
C 父女
D 母子

19. A 自豪
B 自满
C 自信
D 自愿

20. A 旅游
B 支教
C 送父亲
D 送礼品

21. A 罗甸
B 西部
C 贵阳
D 南方

22. A 亲戚
B 师生
C 夫妻
D 邻居

23. A 初三
B 初二
C 初一
D 高一

24. A 游泳
B 拍照
C 看日出
D 看大海

25. A 激动
B 勇气
C 快乐
D 幸福

26. A 受伤
B 运动过度
C 肌肉紧张
D 乳酸堆积

27. A 拉伸
B 热身
C 放松
D 躺着

28. A 肌肉酸痛的原因
 B 怎样区别肌肉酸痛
 C 关于运动的基本知识
 D 拉伸运动的注意事项

29. A 赏月
 B 吃月饼
 C 看爷爷奶奶
 D 赏月、吃月饼

30. A 自己家
 B 亲戚家
 C 朋友家
 D 奶奶家

31. A 让自己开心
 B 让弟弟开心
 C 让爸爸妈妈开心
 D 让爷爷奶奶开心

32. A 看参考书
 B 做课外题
 C 做寒假作业
 D 参加辅导班

33. A 方便向别人请教
 B 可以收集自己做错的题
 C 方便进行有针对性的复习
 D 可以知道自己错了哪些题

34. A 可以提前做好准备
 B 下学期上课就轻松了
 C 下学期可以不听课了
 D 可以提前学完下学期的内容

35. A 参加补习班
 B 检查学习内容
 C 补自己的弱科
 D 检查学了哪些科目

二、阅读理解

第一部分
（15题，15分钟）

说明：36～50题，每一个句子中有一个或两个空，请你从所给的四个备选答案中挑选一个最适合填入空中的答案，并在答题卡上代表正确答案的字母上画一横道。

36. 现在，欢迎新来的同学给我们____表演一个节目。

A 伙伴

B 大家

C 有些

D 自己

37. 他是在____，你可千万别生气。

A 避免

B 表明

C 并列

D 胡说

38. 小红学习很刻苦，她希望尽快缩短与其他同学之间的____。

A 类型

B 长短

C 差别

D 差距

39. 小娜娜聪明、漂亮，全家人都____她。

A 心爱

B 喜爱

C 恋爱

D 友爱

40. 同学们都被英雄的故事____得流下了眼泪。

A 感慨

B 感受

C 感激

D 感动

41. 放假了可以全家一起出去玩儿，别____把孩子关在屋里。

A 曾经

B 成天

C 处处

D 从头

42. 你怕____？你又没做错事。

A 哪儿

B 怎样

C 什么

D 坏人

43. 在工厂里，机器快速地转动着，工人们紧张地____着。

A 盲目

B 忙碌

C 草率

D 仓促

44. 被老师批评以后，她哭得____。

A 不完

B 不少

C 不行

D 不停

45. 趁课间休息，阿里____回宿舍去取字典。

A 陆续

B 接连

C 赶忙

D 再三

46. 我认为，无论谁，____脑子相当聪明，____要努力学习，否则就会落后。

A 虽然　却

B 即使　也

C 如果　就

D 既然　就

47. ____课堂纪律不好，就____会影响同学们的学习。

A 既然　必备

B 因为　必要

C 只要　必须

D 如果　必然

48. 最近的课文都比较____，所以也不怕老师____了。

A 复杂　批评

B 有趣　提问

C 轻易　检查

D 容易　考试

49. ____考虑了三天三夜之后，他做出了一个十分重要的____。

A 充足　打算

B 充分　计划

C 仔细　决定

D 认真　结果

50. 听说哈尔滨的冰雕特别____，即使天气再冷，我也____。

A 美丽　少不了

B 漂亮　怪不得

C 凉爽　无所谓

D 好看　不在乎

第二部分

（25 题，25 分钟）

说明：51～75题，每段文字后都有若干个问题，每个问题都有A B C D四个备选答案，请你阅读后根据每题的要求选出最恰当的答案，并在答题卡上代表正确答案的字母上画一横道。

51～53

亲爱的小强：

我曾经让一个中学生做过一个实验。他的功课比你还忙，每天连觉都睡不够。他妈妈来找我谈，说孩子总睡不够，如果不先小睡一下，读书的效果会很差，但如果先让孩子睡一阵，又会因为开始得太晚而导致很晚才能上床。

于是我就建议她为孩子做个统计实验：孩子一进门就让他先睡会儿觉，然后起来吃饭，再做功课，看看他会几点上床。相对地，不准他先睡，叫他早早就开始做功课，又会几点钟上床。

结果是：她如果先让孩子睡九十分钟，孩子凌晨一点才上床；她如果不让孩子先睡，孩子十二点半就上床了。

前面睡了九十分钟，才晚了半小时睡觉，那不先睡一觉，饭后直接做功课，多用的一个小时跑到哪里去了？其实是他拖过去了。当那个孩子发现时间还很多的时候，他就会慢慢做。但如果先睡了一觉，醒来发现时间不早了，心情紧张之下，注意力也集中了。而且因为先睡了九十分钟，总的睡眠时间增多了，所以头脑清楚，成绩反而进步了不少。

孩子，随着你升入高年级，你也会因为感到时间越来越不够用而不得不减少你的睡眠。爸爸觉得，如果你也希望自己能多睡一些，恐怕也得为自己做个睡眠和学习计划了。

【51】这篇文章是写给谁的？

A 一个中学生

B 作者的孙子

C 作者的孩子

D 中学生的妈妈

【52】根据本文，下列说法正确的是：

A 先睡觉，学习效果不好

B 先不睡觉，学习效果更好

C 先睡觉，学习用的时间长

D 先不睡觉，学习用的时间长

【53】这篇文章主要是想说明：

A 怎样学习才能进步

B 先睡觉再学习的好处

C 只有睡得好，才能学得好

D 应该合理安排学习和睡觉的时间

54 ～ 56

有一个士兵，他非常不善于长跑，所以在一次部队的越野赛中很快就和大部队脱离了，一个人孤零零地跑着。转过了几道弯后，一个岔路口出现在了他眼前：一条路，标明是军官跑的；另一条路，标明是士兵跑的小路。他停顿了一下，虽然对做军官连越野赛都有便宜可占感到不满，但他仍然朝着士兵应该走的小路跑去。过了半个小时后，他抵达了终点，没想到竟然是第一名。主持赛跑的军官笑着恭喜他取得了比赛的胜利。他感到不可思议，因为自己从参军以来在长跑比赛中没有取得过名次不说，就连前 50 名也没有跑进过。

过了几个钟头后，大部队陆续赶到了，他们跑得筋疲力尽。看见他赢得了胜利，大家也觉得奇怪。这时，大家突然醒悟过来，明白了在岔路口能够做到诚实守信是多么重要。

【54】越野赛的规则是：

A 军官和士兵一起比赛

B 只有士兵参加越野赛

C 必须绕过一个岔路口

D 军官和士兵各跑各的路

【55】不善于长跑的士兵为什么得了第一名？

A 他这次跑得快

B 其他人放弃了

C 其他人不懂规则

D 其他人不守规则

【56】这个故事告诉我们：

A 要读懂规则

B 要坚持到底

C 要诚实守信

D 要相信自己

57 ～ 59

小鸟每年都要换羽，这个时间因南北气候不同而前后略有差异。

大体来说，南方大部分地区小鸟的换羽时间集中在 6 ～ 8 月，北方的集中在 7 ～ 8 月。这一段时间是小鸟在生理和心理上最脆弱的时期，小鸟换羽时间的些许失误，都有可能导致小鸟的病亡。

在换羽期间，小鸟对生活环境的要求非常严格。周围要安静且通风，强风或大气流要绝对避免。在这一时期还应当停止对小鸟进行水浴。一只小鸟的换羽期通常要持续 40 ～ 50 天的时间。

在小鸟换羽期间，要保证足够的营养。这时应当多给小鸟喂一些蛋黄、昆虫之类的饲料，这有利于小鸟得到足够的营养。多给小鸟吃一些蔬菜和水果，这样小鸟长出来的新毛才会更鲜明、艳丽。

【57】小鸟最脆弱的时期是：

A 六月份到七月份

B 七月份到八月份

C 小鸟换羽的时期

D 天气寒冷的时期

【58】在小鸟换羽期怎样做可以使小鸟生长出来的新毛更鲜明和艳丽？

A 多给小鸟进行水浴

B 多给小鸟吃蔬菜和水果

C 保证小鸟有足够的营养

D 让周围的生活环境保持安静和通风

【59】本文主要告诉我们：

A 小鸟换羽的时间不同

B 小鸟换羽对环境的要求

C 小鸟换羽时要注意营养

D 小鸟换羽时的注意事项

60 ～ 63

你相信氧气比食物和水更重要吗？一个人可以一个月不吃东西，也可以一周不喝水，但一个鲜活的生命只要缺氧几分钟，就会永远离我们而去。为什么人类可以长时间忍受食物和水的缺乏，但一刻也不能忍受氧气的缺乏呢？因为人体没有储存氧气的功能。

如果人体缺氧，首先出现不适的就是大脑。因为脑细胞耗氧量占人身总耗氧量的 23%。脑细胞缺氧，人的记忆力便会减退。大脑极度缺氧，有碍脑细胞生长。如果供氧充足，就能提高脑细胞吸收养分的能力，记忆力也会随之加强。

孩子的记忆力下降，在很大程度上是由于学习强度太大，学习时间延长而导致的大脑供氧不足。因此，避免大脑缺氧是解决记忆力减退问题的根本。

在日常生活中，多食用蛋黄、大豆、胡萝卜、鱼、肉等食物，能使大脑的活动机能增强，从而提高学习效率。

【60】根据本文，人类离不开氧气的根本原因是：

A 人的体内不能储存氧气

B 没有氧气大脑无法工作

C 记忆力需要氧气来维持

D 没有氧气生命就会停止

【61】根据第二段，下列说法正确的是：

A 供氧充足脑细胞就会变多

B 缺氧会使脑细胞发生变化

C 脑细胞缺氧会使记忆力减退

D 记忆力跟年龄有一定的关系

【62】根据本文，下列说法正确的是：

A 大脑很容易出现不适

B 学习强度不会影响记忆力

C 大脑缺氧会促进脑细胞生长

D 多吃大豆能增强大脑的活动机能

【63】这篇文章是一篇：

A 小说

B 散文

C 议论文

D 说明文

64 ～ 67

有个年轻人去微软公司应聘，而该公司并没有刊登过招聘广告。见总经理疑惑不解，年轻人用不太娴熟的英语解释说自己是碰巧路过这里，就贸然进来了。总经理感觉很新鲜，破例让他试一试。面试的结果出人意料，年轻人的表现很糟糕。他对总经理的解释是事先没有准备，总经理以为他就是找个台阶下，就随口应道：等你准备好了再来吧。

一周后，年轻人再次走进微软公司的大门，这次他依然没有成功。但比起第一次，他的表现要好得多。而总经理给他的回答仍然同上次一样：等你准备好了再来吧。就这样，这个青年先后 5 次踏进微软公司的大门，最终被公司录用，成为公司的重点培养对象。

也许我们追求的风景总是山重水复，不见柳暗花明；也许我们需要在黑暗中摸索很长时光才能寻找到光明；也许……那么，我们为什么不能以勇敢者的气魄，坚定而自信地对自己说一声：再试一次？

再试一次，你就有可能到达成功的彼岸！

【64】年轻人为什么去微软公司应聘？

A 向往好的公司

B 看到招聘广告

C 正好路过公司

D 自己能力很强

【65】总经理同意让年轻人面试的原因是：

A 年轻人很谦虚

B 年轻人言语得体

C 认可年轻人的能力

D 对年轻人的举动好奇

【66】年轻人第二次面试的表现：

A 更糟糕

B 很一般

C 不理想

D 好得很

【67】这篇文章告诉我们：

A 一定要坚信自己会成功

B 做好充分准备才会成功

C 只要努力就一定能成功

D 机会永远留给有准备的人

68 ～ 71

小张到一位朋友家做客，看见他年仅两岁的小儿子正坐在大水盆中玩儿，小张问："孩子玩儿水哪？"朋友纠正说，他不是在玩儿水，而是在洗澡。洗澡？小张大吃一惊，仅仅两岁的小孩子自己会给自己洗澡？朋友给出了肯定的答案。但小张还是很担心，因为他觉得两岁的小孩儿还是太小了，自己不可能洗干净。朋友的妻子微笑着说："不必担心，多练几次，准能行！"

又有一天，小张到一家超市购物。大约半个小时后，他买完东西走出超市。在超市大门口，小张看到一位戴着漂亮帽子且上了年纪的女士还在拿着工具修理自己的汽车。之所以说"还在"，是因为这位老太太在小张刚到超市时就已经站在汽车前忙着修车了。老太太是自己开车到超市来购物的。30 分钟过去了，这位老太太满手油污，还在车前忙来忙去，看来车还没有修理好。小张决定过去帮老人家一把。

出乎意料的是，老太太拒绝了他的帮助，说道："谢谢，我能行，还是让我自己修吧。"交谈中，小张惊讶地得知，这位老人已经 73 岁了。

【68】看到朋友家的小孩儿自己洗澡，小张：

A 感到非常吃惊

B 感到非常担心

C 又吃惊又担心

D 吃惊但不担心

【69】孩子的父母为什么让孩子自己洗澡？

A 因为孩子喜欢洗澡

B 因为孩子喜欢玩儿水

C 希望孩子喜欢上洗澡

D 希望孩子自己学会洗澡

【70】老太太拒绝了小张的帮助是因为：

A 她不愿意麻烦别人

B 她自己已经修好了

C 她只是想让小张吃惊

D 她认为自己能把车修好

【71】作者通过两个故事想说明：

A 自己的事情自己做

B 老人喜欢自己做事

C 动手能力与年龄无关

D 动手能力要从小培养

72 ～ 75

那时我刚参加工作不久。有一天，我起晚了，为了能按时到校，我没吃早饭。按老规矩，我还安排了 10 分钟的弹性时间以应付中途意外。当我骑着摩托车驶到半路的时候，轮胎瘪了。好在旁边就有修车摊。为了赶时间，我干脆让师傅换了一个新的轮胎，希望能在 10 分钟内“抢救”成功。因为迟到不但自己的考评分要扣，而且整个年级也会因我迟到而被扣分，而分数是和每个老师的奖金直接挂钩的。修车师傅在我不断催促下，拆卸、换胎、打气，一气呵成，速度惊人，仅用了 12 分钟。我赶忙付完钱继续赶路。一路上，我与时间赛跑，火速赶往学校。当我“十万火急”地赶到学校大门口时，上班的铃已响完。我一看表，比上班时间晚了两分钟。门卫拿出考勤表，在我的名字旁边画了个圈，随后又在我们年级部的集体考勤表上扣去了一分。要知道为了争这些分，全年级老师一刻都不敢松懈，今天却被我的一次迟到拖了后腿，想着一大早为了能准时到校所做的诸多努力都泡汤了，我心里的滋味一言难尽。

从那以后，要是有人在我的班级迟到了，我只是低声询问一下迟到的原因，安排他们及时把落下的事情处理完毕，并提醒他们以后注意合理安排时间。孩子们也很争气，但凡有过一次迟到的，便没有了第二次，而其他班级三天两头儿有学生背着书包可怜巴巴地站在教室门口“示众”。每当别的老师询问我怎么对付老迟到的学生时，我总会道出那次迟到的经历，并对他们说出一个词——将心比心。

【72】作者害怕迟到的真正原因是：

A 自己会被扣考评分

B 自己特别讨厌迟到

C 会连累全年级的教师

D 自己要被扣本月奖金

【73】对于迟到的学生，作者的表现是：

A 忍受

B 鼓励

C 同情

D 可怜

【74】文章最后一句话中的“他们”指的是：

A 其他班的老师

B 老迟到的学生

C 作者班里的学生

D 其他班级的学生

【75】本文主要告诉我们：

A 现在的教育制度缺乏人情味

B 迟到的学生必须要受到惩罚

C 以宽容心对待学生的迟到问题

D 学生迟到违反学校的规章制度

三、书面表达

第一部分

（5题，5分钟）

说明：76～80题，在下面的ABCD四个句子中，只有一个是错误的，请找出这个句子，并在答题卡上代表正确答案的字母上画一横道。

76. A 这种植物东北地方很多，南方很少见。
   B 每天早晨锻炼半个小时，坚持下去，必有好处。
   C 中等职业学校的毕业生受到用人单位的普遍欢迎。
   D 中巴两国国旗在人民大会堂东门外广场上迎风飘扬。

77. A 我得赶快给他发电子邮件。
   B 这个问题不难，没有谁回答上来。
   C 中国女排经过多年努力，终于夺得了世界冠军。
   D 这次去上海开会，我顺便去南京看了看老朋友。

78. A 珍惜时间，就要学会如何充分利用时间。
   B 医生们抢救病人的故事，感动地我直流眼泪。
   C 两国领导人在会谈中主要讨论了两国的经济合作问题。
   D 有些青年希望找到能提高文化素养，而且收入比较高的工作。

79. A 帮助也是应该的，谁让咱们是好朋友呢。
   B 北京有很多有名的大学，北京大学是其中。
   C 最近这家饭馆的服务质量有了很大的提高。
   D 老师要求我们在一个小时之内写一篇五百字的作文。

80. A 关于这个问题，我还没来得及考虑呢。
   B 我们感谢他为世界和平事业所做的努力。
   C 举办联欢会需要买点儿什么，你们俩看着办吧。
   D 在这样艰苦的条件，他们仍然出色地完成了任务。

第二部分
（5题，5分钟）

说明：81～85题，在下面这段文字中，有五处是用拼音代替字的，要求考生根据上下文的意思认读拼音，然后在答题卡上找到相应的题号，并在横线上写出正确的字。

在21世纪，不固定的工作会越来越普遍，所以你要随时准备找工作。要想找到一份自己 mǎnyì（81）的工作，有很多 zhíde（82）参考的方法，其中一个就是多打电话。找工作时，电话打得越多，成功的机会就越大；liánxi（83）的人越多，成功就越快。另外，打电话时一定要向他们简单介绍你的技能、优点及以前的工作 jīnglì（84），然后可以请他们给你一些 jiànyì（85）。

卷Ⅱ　书面表达　第二部分
（作文，30分钟）

作文要求

1. 写作前认真阅读作文提示，按提示要求在规定的时间内写完。
2. 用简体字书写。每个空格写一个字，书写要清楚工整；每个标点符号占一个或两个空格，标点符号使用要规范。
3. 作文中不得出现跟考生有关的校名、地名和真实姓名。
4. 保持卷面整洁，不得涂划损坏答卷。

作文提示：

你很想参加学校的舞蹈队，可爸爸妈妈不让你参加，担心影响你的学习。请你给爸爸妈妈写一封信，说说自己的心里话。全文不少于300字。

模拟试题（十）

一、听力理解（35 题，约 35 分钟）

扫一扫，听录音

第一部分

说明：1 ～ 15 题，这部分试题，都是两个人的简短对话，第三个人根据对话提出一个问题，听到问题后，请你在四个备选答案中选出唯一恰当的答案。

例如：第 8 题，你听到：

男：小兰，你刚才去邮局订杂志，怎么没把今天的晚报买回来？

女：晚报都卖完了。

第三个人问：小兰刚才干什么去了？

你在试卷上看到四个答案：

A 寄信　B 订杂志　C 卖报纸　D 买邮票

根据对话，第 8 题最恰当的答案是 B，你应在答题卡上找到号码 8，在字母 B 上画一横道。横道一定要画得粗一些，重一些。

8 [A]　▬　[C]　[D]

1. A 剧场
   B 考场
   C 飞机场
   D 电影院

2. A 师傅与徒弟
   B 师傅与客人
   C 修理工与顾客
   D 售货员与顾客

3. A 周末学钢琴
   B 周末学吉他
   C 周末聊聊天儿
   D 跟晓峰谈谈心

4. A 已经上班了
   B 找到工作了
   C 试用期工资不多
   D 参加了很多面试

5. A 逛商场
B 去散步
C 找东西
D 送礼物

6. A 建议
B 询问
C 高兴
D 不满

7. A 学校
B 操场
C 家里
D 商场

8. A 生气
B 鼓励
C 后悔
D 焦急

9. A 得到了奖励
B 组织能力强
C 去郊区植树了
D 经常组织活动

10. A 否定
B 赞同
C 感叹
D 不满

11. A 买水果
B 听讲座
C 看排练
D 听歌曲

12. A 男的家里出事了
B 男的的脸色很差
C 女的感到很倒霉
D 女的家里着火了

13. A 病已经好了
B 在家休息呢
C 教初中物理
D 是男的的老师

14. A 李梅不想回家
B 李梅已经工作了
C 李梅在准备六级考试
D 李梅的英语非常厉害

15. A 排练
B 表演
C 穿衣服
D 出洋相

第二部分

说明：16～35 题，这部分试题中，你将听到几段对话或讲话。每段话之后，你将听到几个问题，听到问题后，请你在四个备选答案中选出唯一恰当的答案。

例如：第 25～27 题，你听到：

男：请问，有包子吗？

女：有。刚做好的，都是热的。

男：怎么卖？

女：五毛钱一个。您要几个？

男：给我来两个。

女：好的。收您十块钱，找您九块，请点一下。

男：谢谢。请问附近哪儿有卖报纸的？

女：前面路口向右拐有一家邮局，邮局里就有。

男：太好了，谢谢。

女：不客气。

第三个人根据这段对话提出三个问题：

25. 男的正在做什么？

你在试卷上看到四个答案：

A 问路　　B 取钱　　C 买东西　　D 吃包子

根据对话，第 25 题唯一恰当的答案是 C，你应该在答题卡上找到号码 25，在字母 C 上画一横道。横道一定要画得粗一些，重一些。

25 [A]　　[B]　　[redacted]　　[D]

……

你又听到：

27. 男的打算去做什么？

你在试卷上看到四个答案：

A 买邮票　　B 打电话　　C 取包裹　　D 买报纸

根据对话，第 27 题唯一恰当的答案是 D，你应该在答题卡上找到号码 27，在字母 D 上画一横道。横道一定要画得粗一些，重一些。

27 [A]　　[B]　　[C]　　[redacted]

16. A 为了传承革命魂
B 老师要求他认真准备
C 他不知道怎么给孩子们讲
D 纪念红军长征胜利 80 周年

17. A 去学校讲课
B 去锻炼身体
C 重走长征路
D 与孩子们谈心

18. A 去万柳塘转转
B 去公园捡垃圾
C 跟女的一起去公园
D 动员大家参加活动

19. A 人人都能参加
B 有人乱丢垃圾
C 可以美化环境
D 为了提高人的文明素质

20. A 蓝色、恐龙的
B 红色、熊猫的
C 蓝色、兔子的
D 红色、米老鼠的

21. A 49
B 50
C 21
D 28

22. A 书包便宜
B 想献爱心
C 喜欢动物
D 孩子要上幼儿园

23. A 一个男孩儿受伤了
B 群众开了一条通道
C 一个六岁男孩儿昏迷了
D 黄飞为孩子做心肺复苏

24. A 北京的一位医生
B 保定的一位医生
C 河南的一位医生
D 三亚的一位医生

25. A 我是医生
B 请让一让
C 让我看看
D 我来帮忙

26. A 冬瓜、韭菜
B 南瓜、土豆
C 胡萝卜、辣椒
D 西红柿、花菜

27. A 紫甘蓝、姜
B 土豆、丝瓜
C 西红柿、萝卜
D 辣椒、西红柿

28. A 笋、萝卜
B 葱、冬瓜
C 丝瓜、韭菜
D 胡萝卜、黄瓜

29. A 大家都忙
B 学生上学
C 家长上班
D 都不愿沟通

30. A 增加互相理解
B 可以互相帮助
C 家长爱好广泛
D 家长很好沟通

31. A 朋友
B 学生
C 亲人
D 家人

32. A 每天发朋友圈
B 宣传自己的孩子
C 用各种方法拉票
D 只找亲朋好友拉票

33. A 反对网络投票
B 了解人们投票的原因
C 了解大家怎么看待拉票
D 学习家长刷票、买票的方法

34. A 让孩子赢得第一
B 让所有孩子成为三好学生
C 让孩子形成正确的自我认知
D 给表现好的孩子发"小红花"

35. A 评选活动应该取消
B 家长拉票的危害很大
C 正向的激励方法有哪些
D 要以正向的激励方式评优

二、阅读理解

第一部分
（15题，15分钟）

说明：36～50题，每一个句子中有一个或两个空，请你从所给的四个备选答案中挑选一个最适合填入空中的答案，并在答题卡上代表正确答案的字母上画一横道。

36. 我今天找你也没____事，就是想看看你考试准备得怎么样了。

A 这样
B 那样
C 一件
D 别的

37. 这里的夏天____都会下雨，所以出门一定要带把伞。

A 有时
B 及时
C 准时
D 随时

38. 这首曲子节奏明快，表达了人们____的心情。

A 后悔
B 自满
C 喜悦
D 爱惜

39. 她____不喜欢交朋友，只喜欢自己看看书。

A 仅仅
B 正好
C 平时
D 按时

40. 今天的天气____是太热了，我一直都在流汗。

A 实现
B 实践
C 实际
D 实在

41. 开运动会穿什么衣服要____通知大家，以免混乱情况的发生。

A 连续
B 一连
C 预先
D 一时

42. 这个人说话好大的____，看来很有实力。

A 口语
B 口音
C 口腔
D 口气

43. 我们应该____自己的力量来解决问题。

A 依旧
B 依据
C 依靠
D 依照

44. 他____都是第一个来图书馆。

A 从此
B 从来
C 从未
D 从不

45. 他看起来那么高兴，好像对这一次的考试成绩____担心。

A 不够
B 不能
C 丝毫
D 毫不

46. 他这人就是这样，____遇到再大的困难，____是非达到目的不可。

A 如果　就

B 即使　也

C 既然　那么

D 因为　所以

47. ____暑假有时间，我们就去做____吧。

A 不管　实践

B 如果　调查

C 即使　检查

D 只要　执行

48. 春天到了，天气应该____了，可是这两天天气____很冷。

A 暖和　仍然

B 炎热　也是

C 变暖　果然

D 温和　还是

49. 高考前要做好____的准备，这样才有可能考出好____啊！

A 充足　效果

B 充分　成绩

C 一定　成果

D 充实　成就

50. 人品好最____，长得漂亮不漂亮____。

A 关心　不在乎

B 重要　无所谓

C 重视　不一定

D 关键　不见得

第二部分

（25题，25分钟）

说明：51～75题，每段文字后都有若干个问题，每个问题都有A B C D四个备选答案，请你阅读后根据每题的要求选出最恰当的答案，并在答题卡上代表正确答案的字母上画一横道。

51～53

在许多商品的包装上，都有一组黑白相间的条形图案，这种图案叫条形码。条形码是一种特殊的图形，里面包含了和商品有关的一些信息，如生产国、生产厂家、商品名称等，这些图形只有计算机才“看”得懂。

条形码看起来似乎都是一组黑线条。其实，不同的条形码，黑线条的宽窄、黑线条之间的距离都各不相同，它们分别代表了不同的信息。

条形码为管理商品提供了极大的方便。就拿超级市场来说，过去，售货员得记住成百上千种商品的价格。卖出商品时他们得手工输入名称、价格，然后由计算机计算出总价。这样不仅耗时费力，而且容易出差错。现在，有了条形码，售货员只要将条形码对着与计算机相连的条形码阅读器扫一下，商品的名称、价格等就会显示在计算机上，又快又准确。此外，如果需要变动商品的价格，技术员只需要改动存储在计算机里的数据库就行了。

现在，条形码在超级市场、医院、图书馆等现代化管理场所中都发挥了很大的作用。

【51】条形码里面包含的信息有：

A 生产厂家和生产日期

B 生产日期和商品名称

C 商品名称和商品价格

D 商品价格和商品质量

【52】根据本文，条形码的主要功能是：

A 储存了商品的信息

B 在哪里都可以使用

C 在超市中发挥作用

D 使商品包装更加美观

【53】根据本文，下列说法正确的是：

A 条形码只能用在超级市场里

B 条形码直接显示商品的信息

C 所有商品的包装上都有条形码

D 条形码记录的商品价格可调整

54 ～ 56

唐宋八大家之一的苏轼 21 岁中进士，前后共做了 40 年的官，做官期间他总是注意节俭，常常精打细算过日子。

公元 1080 年，苏轼被降职贬官来到黄州，由于薪俸减少了许多，日子过得很困难，后来在朋友的帮助下弄到了一块地，他便自己耕种起来。为了不乱花一文钱，他还实行计划开支：先把所有的钱计算出来，然后平均分成 12 份，每月用一份。每份又平均分成 30 小份，每天只用一小份。钱全部分好后，按份挂在房梁上，每天清晨取下一包，作为全天的生活开支。拿到一小份钱后，他还要仔细权衡，能不买的东西坚决不买，只准剩余，不准超支。积攒下来的钱，苏轼把它们存在一个竹筒里，以备不时之需。

【54】苏轼的生活习惯是：

A 大方的

B 节俭的

C 浪费的

D 随意的

【55】苏轼在黄州期间靠什么过日子？

A 工作的收入

B 亲戚朋友的帮助

C 工作的收入和种地

D 自己耕种田地的收入

【56】苏轼怎样安排自己的支出？

A 做每年支出计划

B 做每月支出计划

C 安排每天的支出

D 每天的份额都用完

57～59

春天是疾病发生率比较高的季节，但注意以下几点，我们就能有效地减少疾病的发生和传播。

（一）膳食合理，增加营养，加强锻炼。要多饮水，摄入足够的维生素，要多吃些富含优质蛋白、糖类及微量元素的食物，如瘦肉、禽蛋、蜂蜜和新鲜蔬菜、水果等；积极参加体育锻炼，多到户外、郊外呼吸新鲜空气，每天散步、慢跑、做操等可以使身体气血畅通，增强体质。

（二）不到人口密集、人员混杂、空气污浊的场所去，如：农贸市场、个体饮食店、游艺活动室等。

（三）勤洗手，要用流动水彻底清洗干净，不用污浊的毛巾擦手。

（四）每天开窗通风，保持室内空气新鲜。

（五）合理安排作息。不要过度疲劳，以免造成抵抗力下降。

（六）不吃不清洁的食物，拒绝生吃各种海产品、肉食、带皮水果，不喝生水，不随便倒垃圾，垃圾要分类并销毁。

（七）注意个人卫生，不随便吐痰、打喷嚏。

（八）发热或有其他不适及时就医。到医院就诊时戴好口罩，回家后洗手，避免交叉感染。

【57】对身体有益的营养成分是：

A 肉、蛋、水果

B 糖类、微量元素

C 蛋白、微量元素

D 瘦肉、蔬菜、水果

【58】根据本文，获得新鲜空气的途径是：

A 到郊外去运动

B 参加户外活动

C 户外运动、开窗通风

D 户外运动、室内开空调

【59】身体疲劳容易造成的后果是：

A 想睡觉

B 不愿活动

C 没有精力

D 抵抗力下降

60 ～ 63

村子里，一个老人正静静地坐在马路边放鸭子。

一天，一个青年准备来这个小村子里生活，他看到了老人，停下来向老人问道：“老人家，我想到这个村子里住，你能告诉我这里的人都怎么样吗？”老人抬头看了一眼陌生人，回答说：“那么你能告诉我你原来居住的那个村子里的人是什么样的吗？”

青年皱着眉头说：“别提了，他们都是一些毫无礼貌、自私自利的人。住在那里简直无法忍受，根本无快乐可言，这正是我想离开的原因。”

老人叹了口气，对青年说：“先生，恐怕你又要失望了，这个村子里的人和他们完全一样。”青年听了十分沮丧。

过了几天，又有一个青年来到这个村子里，向老人提出了同样的问题，老人也用同样的问题来反问他：“你以前居住的村子里的人怎么样？”

青年笑着回答：“住在那里的人非常友好，非常善良。我和家人在那里度过了一段美好的时光。但因为职业的原因，我不得不离开那里，希望能找到一个和那个村子一样好的村子。”

听了这话，老人也笑了。说：“你很幸运，年轻人，居住在这里的人跟你们那里的人完全一样，你将会喜欢他们，他们也会喜欢你的。”

于是，青年一家在这里幸福地住了下来。

【60】第一个青年要搬家的原因是：

A 在原住地受欺负

B 在原住地住久了

C 原住地的人不好

D 原住地环境不好

【61】第二个青年要搬家的原因是：

A 对工作有帮助

B 自然环境不好

C 周围的人不好

D 对村子要求高

【62】老人对青年的态度是怎样的？

A 对第二个人态度好

B 不同的人不同对待

C 对第一个人态度不好

D 对两人的态度是一样的

【63】这篇文章告诉我们：

A 居住环境很重要

B 人际关系很重要

C 正确看待人和事

D 人的心态很重要

64 ～ 67

1941 年，张大千来到敦煌开始研究敦煌壁画。

张大千率领学生在第二十号洞临摹时发现，在龟裂的壁画后面，隐隐约约好像有颜色和线条。张大千判断，在表面这层画儿的后面，一定还藏着至今还不为人知的更早的画儿。经过商量，张大千决定打掉眼前所看见的这一层画儿。

在动手之前，张大千仔细临摹了表面这一层壁画。谁都知道，打掉了表面这层画儿，也就永远毁掉了这层画儿，要知道，这也是极其珍贵的五代时期的壁画啊！

张大千打掉敦煌壁画表层画儿的消息震惊了全国。不过，张大千的判断没有错，在将表面这层画儿敲落后，出现的果然是一幅幅盛唐壁画。张大千靠着自己的学识发现了极其珍贵的壁画，这一发现让世人欣赏到了历史更久远的壁画艺术，对了解盛唐时期社会的发展状况和人们的生活状态也起到了非常重要的作用。他为人类文明的历史画上了光辉、灿烂的一笔。

【64】张大千决定打掉第二十号洞的表层壁画是为了：

A 临摹敦煌壁画

B 破坏敦煌壁画

C 看到更早的画儿

D 使壁画不再龟裂

【65】根据本文，下列说法正确的是：

A 五代时期比盛唐时期早

B 盛唐时期比五代时期早

C 五代时期就是盛唐时期

D 盛唐时期属于五代时期

【66】张大千打掉敦煌壁画表层画儿这件事震惊了全国，是因为：

A 他破坏了盛唐时期的壁画

B 他破坏了五代时期的壁画

C 他没有临摹五代时期的壁画

D 他没有发现盛唐时期的壁画

【67】作者认为张大千的做法：

A 令人愤怒

B 令人同情

C 令人震惊

D 非常有意义

68 ～ 71

在北京有一种驰名中外的特种工艺品——景泰蓝。

景泰蓝是在明朝景泰年间发展起来的，因为当时使用的釉色多是宝石一样的蓝色，所以人们把这种工艺品称为“景泰蓝”。

制作一件精美的景泰蓝产品，一般需要 30 多道工序。工人们首先要把铜料打成瓶、罐、盒、盘等器物，然后用头发丝一样细的铜丝镶出美丽的花纹图案，再填上各种颜色的釉料，放在炉子里烧四五次，最后还要打磨光亮，镀上黄金，一件美丽多彩的艺术品才算最后完成。

独具民族特色的北京景泰蓝，从它问世以后，一直是明清两代皇宫中贵重的陈设品。在 1904 年的一次世界博览会上，北京景泰蓝还获得过一等奖。目前，我国保留下来最早的景泰蓝制品是明朝宣德年间的产品。

景泰蓝可以制成瓶、罐、盒等珍贵的陈设装饰品，也可以制成很多实用工艺品，如花瓶、台灯、烟具、酒具、茶具等。目前，景泰蓝产品已经远销到世界各地。

【68】景泰蓝是如何得名的？

A 它是由一个叫景泰的人发明的

B 景泰蓝的主要原料是蓝色宝石

C 它盛行于景泰年间且多为蓝色

D 它最早出现于景泰蓝这个地方

【69】根据本文，下列说法正确的是：

A 景泰蓝形状有瓶、罐、盒、盘

B 釉料是制作景泰蓝的主要原料

C 景泰蓝的花纹图案是画上去的

D 制作景泰蓝一共需要 30 道工序

【70】我国现存最早的景泰蓝制品是什么时候的产品？

A 1904 年

B 明朝宣德年间

C 明朝正德年间

D 明朝景泰年间

【71】根据本文，作者对景泰蓝价值的看法是：

A 既可欣赏又可使用

B 只是工艺品，没实际用处

C 只能当摆设，没什么价值

D 只是宫廷中贵重的装饰品

72 ～ 75

作家史铁生曾写道：“生病的经验是一步步懂得满足。发烧了，才知道不发烧的日子多么清爽。咳嗽了，才体会到不咳嗽的嗓子多么安详。刚坐上轮椅时，我老想，不能直立行走岂不把人的特点搞丢了？便觉得天昏地暗。等又生出褥疮，一连数日只能歪七扭八地躺着，才看见端坐的日子其实多么晴朗。后来又患尿毒症，经常昏昏然不能思想，就更加怀念起往日时光。终于醒悟：其实每时每刻我们都是幸运的，任何灾难前面都可能再加上一个‘更’字。”

说出这话的人，一定吃尽了疾病的苦头，所以才把自己的“幸福底线”定得如此之低。但当他们意识到什么是真正幸福的时候，生命留给他们享受幸福的时间已经少得不能再少了。许多人一生追求名和利，最后才发现真正的幸福恰恰就在出发的原点，而当初他们却坚信它在更远的地方。

所以，从今天起，我们应该给自己的幸福画一条最低的底线，学会从最平常的日子和最平常的事情里品尝幸福。

【72】根据第一段，对“生病的经验是一步步懂得满足”理解正确的是：

A 生病是一件令人满足的事情

B 作家史铁生从小就容易生病

C 生病才能体会到健康的幸福

D 生病后对什么都易感到满足

【73】第二段中“当他们意识到什么是真正幸福的时候”的“他们”指的是：

A 刚刚摆脱疾病的人

B 吃尽疾病苦头的人

C 幸福底线最低的人

D 喜欢追求名利的人

【74】为什么作者说“真正的幸福恰恰就在出发的原点”？

A 因为幸福就在人们的身边

B 因为幸福需要努力才能得到

C 因为幸福随着时间发生变化

D 因为出发的原点是幸福底线

【75】作者写这篇文章的目的是：

A 让人们学会品尝最平常的幸福

B 告诉人们什么才是真正的幸福

C 批评那些终日为名利奔波的人

D 教人们如何从疾病中获得幸福

三、书面表达

第一部分

（5题，5分钟）

说明：76～80题，在下面的ABCD四个句子中，只有一个是错误的，请找出这个句子，并在答题卡上代表正确答案的字母上画一横道。

76. A 别人都同意了，可他特别不同意。

B 人们把这些国家英雄的名字刻在了石碑上。

C 昨天是学校开学的日子，学校门口停了很多车。

D 中国人民和世界各国人民的贸易往来越来越多了。

77. A 艺术来源于生活，又高于生活。

B 你最好多带几件衣服，万一天气变冷了呢？

C 北京的名胜古迹太多了，一个星期跑过来。

D 做任何事情之前，都应该好好考虑这样做应不应该。

78. A 改革开放以来，中国农村的变化太大了。

B 他从来没在这个地方见过这么多外国人。

C 他的革命精神无时无刻不浮现在我的眼前。

D 全社会要行动起来，共同保护我们的家园。

79. A 对这个问题，我们还要再研究一下才能做出决定。

B 有关部门很感兴趣我们的试验，希望大家继续努力。

C 作为学生，我们不但要努力学习，还要积极锻炼身体。

D 这部小说反映了二十世纪二三十年代人们的生活情况。

80. A 唱完了歌他们又被请到另一个房间休息。

B 他高中毕业以后先后在七家公司打过工。

C 我国的传统节日很多，其中最大的节日春节。

D 随着科学技术的发展，人类终将解开宇宙的秘密。

第二部分

（5 题，5 分钟）

说明： 81 ～ 85 题，在下面这段文字中，有五处是用拼音代替字的，要求考生根据上下文的意思认读拼音，然后在答题卡上找到相应的题号，并在横线上写出正确的字。

青春期的一个重要特点是：大脑的兴奋性和 hàoqí（81）心理比较强，喜欢接受新鲜事物。人的一生要想有所发明，有所创造，wǎngwǎng（82）要在青春期打好基础。因此，我们要培养和 gǔlì（83）青少年的 fèngxiàn（84）精神、创新精神和实践能力，努力提高青少年的 kējì（85）素质，使他们能早日成才。

卷 II　书面表达　第二部分

（作文，30 分钟）

作 文 要 求

1. 写作前认真阅读作文提示，按提示要求在规定的时间内写完。
2. 用简体字书写。每个空格写一个字，书写要清楚工整；每个标点符号占一个或两个空格，标点符号使用要规范。
3. 作文中不得出现跟考生有关的校名、地名和真实姓名。
4. 保持卷面整洁，不得涂画损坏答卷。

作文提示：

阅读下面的材料，按要求作文。

有一个经验丰富的船长对来船上参观的航海系学生说："在海上看到台风，有三条路可以选择。第一条路就是掉转船头赶快逃走，但是这条路基本行不通，因为台风比任何船都跑得快，一下子就追上来了；第二条路则是右转或者左转以避开台风，但也不行，因为一转弯，船的受风面积就加大，风一吹，更容易翻；第三条路就是关紧门窗，加足马力，全速对准风向冲过去，因为台风风势最强的地方，就是距离最短的地方，唯有如此，才有机会脱离台风的威胁。"

请以《勇敢面对困难》为题，联系实际写一篇读后感，全文不少于300字。

第三部分

听力理解录音材料

模拟试题（一）

第一部分

1. 男：我们还买电风扇吗？
   女：今年夏天这种气温还有必要买吗？
   问：女的是什么意思？
2. 男：你脸色看起来不太好，不舒服吗？
   女：没什么，可能是这段时间天天开夜车赶论文的原因。
   问：女的为什么脸色不好？
3. 女：你帮我带两瓶牛奶回来好吗？
   男：对不起，我是去寄信。
   问：男的要去哪里？
4. 男：喂？您好，请问是陈老师吗？
   女：我不是老师，也不认识姓陈的老师，您打错电话了吧？
   问：关于女的，我们知道什么？
5. 女：等人是最让人着急的事。
   男：如果大家都准时的话，就不用着急了。
   问：男的是什么意思？
6. 女：我打了几次都没人接，他们干什么去了？
   男：耐心点儿，过十分钟再打一次。
   问：说话人在谈论什么？
7. 男：你在北京待这么多年了，大观园都没去过？
   女：我没去过的地方还多着呢，等中考完一定好好玩儿玩儿。
   问：女的是什么意思？
8. 男：昨天的篮球比赛太激烈了，快累死我了。
   女：那也值啊！咱们班得了第一名，老师也表扬你了。
   问：说话人最可能是什么关系？
9. 女：听同学们说，你回趟家不容易，为了省 10 块钱的车费，要步行 40 多公里，得走好几个小时吧？
   男：嗯，但习惯了，不觉得累，只是太费时间。听说您来采访，我紧张了一路。
   问：女的最可能是干什么的？
10. 女：学习重要，锻炼身体更重要。你不会否认我的这种说法吧？
    男：当然不会。
    问：根据对话，我们知道什么？

11. 女：你当选咱们班的团支部书记了，以后你就是我们的领导了。
男：领导可不敢当，为同学们服务还差不多。
问：男的是什么身份？
12. 女：小李太爱跟人开玩笑了。
男：你也不比他好多少。
问：男的是什么意思？
13. 男：说真的，你到底去不去？
女：我都准备好了。
问：女的是什么意思？
14. 女：这次评先进没准儿有你。
男：希望如此吧，这次竞争很激烈。
问：男的是什么意思？
15. 男：还吃呢，你可又胖了。
女：管它呢，我妈说胖是福气。
问：女的的妈妈对胖的看法是什么？

第二部分

16 ～ 17 题是根据下面一段对话：

男：祝贺你，作文比赛获得了一等奖！
女：谢谢，我也非常高兴。
男：老师说你的写作水平很高。能分享一下你的经验吗？
女：要说经验，还真有，那就是多读书。从小我父母就让我多读书。
男：读书能提高写作水平？
女：当然了。读书不仅提高了我的写作水平，更重要的是给我带来了快乐。

16. 问：女的在什么比赛中获了奖？
17. 问：女的认为读书最大的好处是什么？

18 ～ 19 题是根据下面一段对话：

女：还有一个月就中考了，我很紧张，都有些失眠了。
男：其实不用那么紧张，正常学习和生活就行。
女：你成绩好可以这样说，我哪能跟你比呀！
男：你不用跟别人比，要清楚自己哪些内容掌握得不好，哪些方面还可以提高。
女：这不就是老师说的查缺补漏吗？
男：对呀！如果把这件事做好了，成绩肯定会有所提高的。

18. 问：说话人最可能是什么关系？

19. 问：根据对话，我们知道什么？

20～22 题是根据下面一段对话：

女：李老师，你们班的张磊今天数学课上又违反课堂纪律了。

男：他是跟同学聊天儿了，还是上课睡觉了？

女：他又在课堂上偷偷玩儿游戏了。

男：那你是怎么教育他的？

女：我把他手机收起来了，告诉他以后不准这么干。他还不服气，说我讲的内容他都会，听着没意思。

男：可能他数学成绩一向不错，所以有点儿骄傲自满。

女：他的成绩还没好到可以次次考满分的程度，你是他的班主任，我觉得你应该跟他好好聊聊。

男：你放心吧，我明天就找他谈谈。

20. 问：根据对话，张磊怎么了？

21. 问：张磊为什么觉得数学老师的课没意思？

22. 问：说话人最可能是什么关系？

23～25 题是根据下面一段话：

今年 3 月，贵州省退役军人事务厅收到了一封寻亲信和一本小册子，册子上满满记录了抗美援朝烈士的名字、住址等信息。这些信息，杨宁总共收集整理了 5 年。

5 年前，杨宁在走访解放锦州烈士陵园时，听说陵园里还安葬着五六百名抗美援朝志愿军烈士。这些烈士都是一人一墓，经过几十年的风吹雨打，当年立下的墓碑，上面的字已经有些模糊了。杨宁一块一块地看过后，发现来自贵州地区的烈士十分集中。可对当时的杨宁来说，贵州太远了。面对行政区域划分的变化、不完全准确的信息和陌生的环境，他只能暂时先把信息整理好，等待机会。

在接到杨宁的来信后，贵州调动了全省有关部门及媒体力量，查阅文献，调查走访，花了几个月的时间终于确认了 109 位烈士的名字，找到了 20 位烈士的家属。“这是我们第一次集中找到这么多烈士的家属，要感谢杨宁这样的志愿者。”贵州省退役军人事务厅副厅长卢刚说。

23. 问：杨宁把收集的信息寄到了哪里？

24. 问：杨宁为什么没去贵州？

25. 问：为什么卢刚副厅长说要感谢杨宁？

26～28 题是根据下面一段话：

家庭成员之间态度的好坏，将对一个人一天的情绪产生很大的影响。如果夫妻早晨一起床就互相说一些不愉快的事，甚至发生争吵，两人上班后就会总考虑早晨在家发生的那些不愉快的事，打不起精神，搞不好工作，甚至发生事故。同样，如果父母一大早就对孩子大声说话或批评指责，孩子的情绪可能整天都好不起来，这将严重影响他们的学习效率。所以早晨起来后，夫妻之间不仅要多说些互相关心的话，对孩子也要多说些鼓励的话，营造一个和谐的气氛，这样全家人都能心情愉快地工作或学习。

26. 问：家庭成员之间态度的好坏对人的一天有影响吗？

27. 问：如果夫妻早晨一起床就闹得不愉快，两人上班后可能会怎样？

28. 问：早晨父母对孩子应该怎样做？

29 ～ 31 题是根据下面一段话：

足球对很多人来说并不陌生，每当世界杯开赛时，足球场上那竞争的气氛、瞬息万变的场面和不可预知的结局，使在场的每一位观众像孩子一样陶醉、兴奋和激动不安。

在足球比赛中，进球似乎是唯一的目的。球员只要能够进球，球队便有机会和胜利握手。与此同时，把足球送进对方球门中的运动员就变成了功臣和英雄。相反，即使你把足球玩儿得再奇妙和花样百出，如果不能把皮球送进该进的地方，一切都没有用。所以说，足球运动是残酷的，但这也正是它独特的魅力，吸引着成百上千的人投入其中。

29. 问：看足球比赛时，人们会怎么样？

30. 问：说话人认为足球比赛唯一的目的是什么？

31. 问：人们把进球的运动员当作什么人？

32 ～ 35 题是根据下面一段话：

儿子最大的爱好便是读书，于是他经常逛书店，每隔几天便带回一两本，每当他兴奋不已地跟我讲他选的书时，我的内心都会陷入矛盾。虽然我知道买书是好事，但一想到可以把这些钱攒下来买点儿好吃的或买件衣服时，就会感到有点儿心疼。不过我得承认，我没少从儿子的书中受益。社会发展这么快，如果不接触新思想，就无法适应工作。因此，多读点儿书总是好的。

在我看来，职业虽然各有不同，但无论是为了学习还是休闲娱乐，读书都是提高做人品位的最佳途径。我们可以从书中那些哲人智慧的语言中洞明世事，感悟人生。此外，我想每一位家长或许都希望自己的孩子聪明好学，而如果父母手里经常捧着书，孩子十有八九也会养成读书的习惯，与给孩子报各种辅导班相比，良好的读书习惯可能更有助于学习成绩的提高。

32. 问：儿子有什么爱好？

33. 问：说话人怎么看待儿子买书这件事？

34. 问：说话人怎么看待读书？

35. 问：说话人认为怎样才能提高孩子的学习成绩？

模拟试题（二）

第一部分

1. 男：我妈最担心我的成绩，怕我考不上好高中。
   女：我妈说努力了就行，不要有太大压力。
   问：说话人可能是什么身份？
2. 男：你的毛笔字写得不错，你的老师是谁？
   女：小时候一到假期爸爸就把我送到爷爷家，我爷爷写，我就跟着写。
   问：女的的毛笔字是跟谁学的？
3. 女：做人一定要谦虚，你要是总觉得自己比谁都强，就不会有太大的进步。
   男：你这话是什么意思啊？
   问：男的是什么态度？
4. 男：你在哪儿买的这本参考书啊？
   女：我是在书店买的，网上也有。咱们数学老师讲的题有些就是这本书上的。
   问：说话人最可能是什么关系？
5. 女：耿玲说她期末考试全班第一。
   男：她的话你也信？
   问：男的是什么意思？
6. 女：你的数学成绩太好了，怎么学的？
   男：我从小就喜欢数学，我认为兴趣才是最好的老师。
   问：男的是什么意思？
7. 女：请您不要乱扔塑料袋，都这样的话，我们生活的地方就成垃圾场了。
   男：对不起，我以后一定注意保护我们的生活环境。
   问：说话人在谈论什么问题？
8. 男：学校作业减少了，可爸爸妈妈不放心，还要布置家庭作业。
   女：我们要对所有家长说，家庭作业只是对学校所学知识的简单重复。
   问：女的是什么意思？
9. 女：您好，请问您去哪里？
   男：王府井大街52号。师傅开快点儿好吗？我有急事儿。
   问：对话最可能发生在哪里？
10. 女：你能不能说得具体一点儿？到底哪里不舒服？
    男：说不清楚，反正感觉浑身上下都难受，所以我就来医院了。
    问：女的可能是干什么的？
11. 女：我叫上张华和杨丽，咱们一起去海南岛吧。
    男：张华早就飞到云南去了，杨丽倒是没问题。
    问：他们可能有几个人去海南岛？

12. 女：今年夏天真舒服，太凉快了。
男：是啊，跟我们小时候过的夏天一样。
问：根据对话，我们知道什么？
13. 女：请问几点关门啊？
男：下午五点，不过提前十分钟就得还书。
问：对话最可能发生在哪里？
14. 女：你跑什么呀？有什么急事吗？
男：我得赶紧叫辆出租车，再过一个小时火车就开了。
问：男的在做什么？
15. 男：这道题你会做吗？给我讲一下吧。
女：我正准备做完最后一道题去问你呢。
问：根据对话，我们知道什么？

第二部分

16 ～ 17 题是根据下面一段对话：
男：你是哪个大学毕业的？北大还是清华？
女：真让你说着了，清华大学。
男：太巧了，咱俩是校友，我是 1986 年毕业的。
女：那我就是你师姐了。
男：你是 85 年毕业的，还是 84 年毕业的？
女：都不是，我是 83 年毕业的。

16. 问：男的是哪个大学毕业的？
17. 问：女的比男的早毕业几年？

18 ～ 19 题是根据下面一段对话：
女：老王，你的毛笔字写得真好，什么时候练的？
男：你别忘了我的专业，书画同源嘛。
女：这么说你还挺多才多艺的。练画画儿和练写字都很苦吧？
男：不觉得苦，因为从小我就喜欢这个。
女：有机会得让我女儿向你请教请教。
男：别客气，随时都可以来。

18. 问：男的是学什么专业的？
19. 问：女的认为男的怎么样？

20 ～ 22 题是根据下面一段对话：
男：刘奶奶，您每天几点起床啊？

女：我五点多钟就起来了。

男：起那么早干什么呀？

女：不早，我觉得早晨的时间还不够用呢。

男：是吗？我怎么觉得没事儿干呢？

女：我呀，起床以后先到公园去锻炼，六点半结束锻炼，去早市买菜，然后回家做早饭。

男：您每天早晨干那么多活儿，身体受得了吗？

女：没关系，自己愿意干的活儿，不觉得累。

20. 问：女的每天几点起床？

21. 问：女的几点去早市买菜？

22. 问：女的每天早晨锻炼多长时间？

23 ～ 25 题是根据下面一段话：

汽车大王不是一个吝啬的人，但他却很少捐款。他顽固地认为，金钱的价值并不在于多寡，而在于使用方法。他最担心的就是捐款经常会落到不善于运用它们的人手里。

有一次，一位校长为了扩建学校来请求他捐款，被他拒绝了。校长就说：“那么就请捐给我一袋花生种子吧。”于是他买了一袋花生种子送给了校长。后来他就忘了这件事情。没想到一年以后，校长又上门了，交给了他 600 元。原来学生们播种了当初的那一袋子花生种子，这就是一年的收获。他什么都没说，立即拿出了 600 万元给了校长。

汽车大王的担心绝不是多余的，太轻易得来的金钱，往往很难让受施者感受到金钱后面潜隐着的苦与智。

23. 问：汽车大王不喜欢做什么？

24. 问：校长为什么请求汽车大王捐款？

25. 问：汽车大王第一次给校长的是什么？

26 ～ 28 题是根据下面一段话：

大家知道，穿鞋走路是常态，然而，现在有人提倡赤足走路。这种“足底反射”学说认为，足底有着与内脏器官相联系的敏感区，当人赤足走路时，敏感区受到刺激，从而能够强身健体。

人面向前朝前走路是常态，而面向前却往后走则是一反常态。提倡者称，向后退着走能使腰肌、关节周围的肌肉、韧带等都得到锻炼，促进血液循环，对腰腿痛等病症有治疗作用。

四肢着地行走，也就是爬行，无疑一反常态，这也能健身。医学家认为，爬行可使血液循环流畅，身体重量分散到四肢，从而使腰椎的负担大大减轻。如果每天有一定时间进行爬行锻炼，对血管系统疾病及各种脊椎、腰椎疾病均有较好疗效。

26. 问：赤足走路的理论依据是什么？

27. 问：向后退着走可治什么病？

28. 问：爬行可治什么病？

29～31 题是根据下面一段话：

今年 15 岁的杜秉泽是某中学九年级（7）班的学生。5 月 2 日，他的一个小举动感动了全国网友。5 月 2 日凌晨 4 时左右，家住麓溪花园小区的杜秉泽，发现所住单元内一住户家着火后，第一时间拨打电话报警，然后到小区门口等待消防车。

见消防车驶来，杜秉泽立即打开手机手电筒举过头顶，跑着将消防车引导至事故现场。在他的帮助下，消防员很快救出屋内 4 名被困人员。

杜秉泽打着手电筒奔跑着引导消防车的视频被发布到网上，多家媒体转发，网友们也纷纷留下评论："为我们的少年骄傲，点赞！""你奔跑的样子真好看！一个孩子做了很多成年人都做不到的事。""你又细心又有责任心，因你而感动。"

当被问到最初为什么会这样做时，杜秉泽告诉记者，因为天色已晚，自家小区内路灯暗，楼栋多，小区里还停了私家车，担心消防车会走错路，耽误救援时间。"当时报完警手里还抓着妈妈的手机，就想到用手机手电筒给消防员做引导。"杜秉泽说，学校消防培训的时候讲过，求救的时候要找颜色鲜艳或显眼的物体吸引消防员注意，所以他想到了这个方法。

29. 问：杜秉泽用什么方法给消防车引路？

30. 问：消防员们救出了几个人？

31. 问：网友们对杜秉泽的行为持什么态度？

32～35 题是根据下面一段话：

有一位年轻人在大学里上学，有一天他忽然发现大学的教育制度有许多弊端，便马上向校长提出。他的意见没被接受，于是他决定自己办一所大学，自己当校长来消除这些弊端。

办学校至少需要 100 万美元。上哪儿去找这么多钱呢？等毕业后去挣，那太遥远了。于是，他每天都在寝室内苦思冥想如何能有 100 万美元。同学们都认为他有神经病，做梦天上掉钱。但年轻人却不以为然，他坚信自己可以筹到这笔钱。

终于有一天，他想到了一个办法。他打电话到报社，说他准备明天举办一个演讲会，题目叫《如果我有 100 万美元怎么办》。第二天他的演讲吸引了许多商界人士参加，面对台下诸多成功人士，他在台上全心全意、发自内心地说出了自己的构想。

演讲完毕，一个商人站了起来，说："小伙子，你讲得非常好，我决定给你 100 万，就照你说的办。"

就这样，年轻人用这笔钱办了学校，这个年轻人后来成了备受人们爱戴的哲学家、教育家。

其实生活中做什么事，信心很重要，而付诸行动就更重要。有人说，敢想就成功了一半，那另一半就是去做。这样你就很有可能会成功。

32. 问：年轻人什么时候办起了学校？

33. 问：办学的资金是怎么解决的？

34. 问：根据这段话，怎样才能成功？

35. 问：年轻人后来成为了怎样的人？

模拟试题（三）

第一部分

1. 男：我下个星期去上海，要不要跟我一起去？
女：别提上海了，我都去烦了。
问：女的是什么意思？
2. 女：你点的菜一点儿也不好吃，还不如我自己做的呢。
男：我不是想让你轻松轻松吗？
问：说话人可能在哪里？
3. 女：听说你要转学了，是搬家了吗？
男：你听谁说的？哪有这事啊！
问：男的是什么意思？
4. 女：请问 T6 次列车几点到站？
男：正点是 11 点 20 分，不过今天可能会晚点 40 分钟左右。
问：T6 次列车大概几点到站？
5. 女：我们家门锁坏了，麻烦您过来看看。
男：没问题，马上就到。
问：男的是什么意思？
6. 男：别忘了昨天我跟你说的事啊，明天开发区有一场重要活动需要你来参加。
女：放心吧，明天十点钟我准时到。
问：根据对话，我们知道什么？
7. 女：咱们几号放假呀？我太想家了。
男：今天都 15 号了，再坚持五天吧。
问：根据对话，我们知道什么？
8. 女：请问这个座位有人吗？
男：没有人，刚才那个姑娘下车了。
问：对话最可能发生在哪里？
9. 女：说好了的事又变卦，以后想好了再说。
男：这次真的是有特殊情况。
问：女的认为男的怎么样？
10. 女：今天医生怎么说？开什么药了？
男：医生说我没什么问题，精神上放松一点儿就行了。
问：今天男的可能去哪儿了？
11. 女：你上哪儿去了？也不给家人打个招呼。
男：下课后班干部开会，然后又打扫卫生，后来我到书店买了本书，所以回来晚了。
问：男的回家前去做什么了？

12. 男：今天大家都很高兴，老师您也唱首歌吧。
女：同学们唱得太好听了，我都不敢唱了。
问：女的是什么意思？

13. 女：谈谈你在学校的生活吧。
男：我学习不是很用功，老想着玩儿，在班里也就一般水平。
问：关于男的，我们知道什么？

14. 女：黄老师，我想参加你们主办的研讨会，可以吗？
男：当然可以，只要你带一篇论文来就行。
问：参加研讨会的条件是什么？

15. 男：怎么还不到十一点我就困得不行了？
女：今天中午不是来客人了吗？
问：女的是什么意思？

第二部分

16～17 题是根据下面一段对话：

男：晚上回家吃饭吗？
女：不了，今天是我导师 80 岁的生日，我们要去给他过生日。
男：你们导师都 80 岁了，真的一点儿都看不出来，我记得去年他还去春游了呢。
女：是的。要是比赛走路，没准儿你都不是他的对手。
男：不至于吧，怎么说我也比他年轻 40 岁呢。
女：身体好坏可不论岁数大小。
男：看来以后我得加强锻炼了，这样老了才能有个好身体。
女：是啊，以后咱们一起锻炼。

16. 问：女的为什么晚上不回家吃饭了？
17. 问：根据对话，他们以后可能要做什么？

18～19 题是根据下面一段对话：

女：爸，今儿我看天气挺好的，要不咱别待在家里看书了，去挖野菜吧。
男：行，正好我也想放松一下了。
女：爸你拎着竹筐，我带着铲子。
男：你等等我，你走得太快了。
女：爸你真的太缺乏锻炼了，以后我一有时间就陪你出来走走吧。
男：好。有女儿的监督，我一定坚持。
女：爸你看，地里的野菜还真不少，这可都是绿色食品啊。

男：是啊。吃这些东西肯定比大鱼大肉要香。

18. 问：他们去干什么了？
19. 问：男的认为野菜怎么样？

20 ～ 22 题是根据下面一段对话：

男：这些杂志可以借我看看吗？

女：当然可以。有中文的、英文的、日文的，你要哪一种？

男：我要中文的，好久没看中文书了。

女：您到国外很久了吗？

男：十几年了，这里的中文书很贵，我是做小本生意的，一直舍不得买。

女：我这里正好有几本中文杂志，都送给您吧。

男：太感谢了，看到中文书，就像回家一样。

女：不用谢。

20. 问：男的可能是哪国人？
21. 问：男的在国外干什么？
22. 问：女的怎样处理了手里的中文杂志？

23 ～ 25 题是根据下面一段话：

近年来，中小学生近视眼的发病率越来越高，这一现象已引起家长及社会的重视。一项最新研究显示，低度近视的形成与儿童的睡眠时间有密切的关系，而跟遗传的关系不大。从目前的趋势来看，儿童近视眼的发病率从小学四五年级开始增多，到小学六年级至初中二年级时，发病率有极为明显的上升趋势，以后近视眼发病率虽继续增加，但较为缓慢。因此，专家们认为，青春早期是近视眼形成的高峰期。

青春早期的儿童大多为 12 至 14 岁，他们功课多，学习紧张，睡眠时间明显减少。研究表明，儿童睡眠时间不足，可引起全身植物神经功能紊乱，进而导致近视眼的形成。

专家表示，儿童高度近视的形成主要与遗传因素有关，而中低度近视主要跟睡眠不足有关，其次是看电视时间过长、躺着看书和体内缺锌元素等。

23. 问：低度近视的形成与什么因素有关？
24. 问：近视眼形成的高峰期在什么阶段？
25. 问：中低度近视的孩子平时怎样做才可以保护眼睛？

26 ～ 28 题是根据下面一段话：

一妇女与丈夫生气，跑回娘家。父亲在一张白纸上点了个黑点，问她看到了什么，她说是黑点，父亲说："你咋光盯着这个黑点，看不到这么大一张白纸呢？"

白纸上的黑点小得微不足道，但如果只盯住它，就会导致一叶障目，不见森林，从而影响我们对事物的正确判断。在工作和生活中，换一个角度来看，我们往往会有意想不到的收获。

换一个角度，要学会围绕目标找办法，要善于听取别人的意见，当然还要能跳出圈子想问题。

遇到难事的时候，问问老人、专家，甚至问问孩子，也许会有意外的收获。

遇到百思难解的问题时，记得换一个角度。你记住了吗？

26. 问：这个妇女为什么跑回娘家？

27. 问：父亲用什么方法劝女儿？

28. 问：这个故事想要告诉我们什么？

29 ～ 31 题是根据下面一段话：

因为疫情的原因，我们上了一堂特别的“开学第一课”。

八点，我准时守在电脑旁，很庄重地端坐着。突然，国歌响起，那是我每次听到都会感到浑身充满力量的旋律，我站了起来，迅速地抬起手，行了一个少先队礼，并在口中轻轻地唱起国歌来。虽然我们身不在操场，但我们的心在那里。

我又听到了久违的李校长的声音，她的声音依旧是那么优美，那么动听。我仿佛看见了她站在主席台上，微笑着向我们讲述她的雄心壮志。

我还在视频中看到了很多大队干部的身影，他们虽然和我们一样待在家里，但是他们为我们“开学第一课”也做出了很多贡献。我突然觉得这次特别的“开学第一课”也是那么快乐。因为疫情我们不能正常上学，但我们知道，我们并不孤单。

加油，希望疫情早日结束，我们能够重返校园！

29. 问：说话人在哪里参加的开学典礼？

30. 问：开学典礼上讲话的是谁？

31. 问：说话人认为这个开学典礼怎么样？

32 ～ 35 题是根据下面一段话：

有一天早上，全班同学都到了实验室。老师把一瓶牛奶放在了桌子边上。大家都望着那瓶牛奶，不知道它与这节课有什么关系。这时，老师突然站起来打碎了那瓶牛奶，在同学们的惊讶和叹息声中，老师大声说道：“不要为打翻的牛奶而哭泣。”

他说：“你们这一辈子都要记住这一课，只要先加以预防，牛奶就可以保住。可是现在这瓶牛奶已经没有了，我们能做的就是把它忘掉，丢开这件事情，只注意下一件事情。”

“不要为打翻的牛奶而哭泣”，这句话很普通，也可以算是最简单的道理了。可是像这样简单的道理，却包含了多少年来人们所积累的智慧，这是人类经验的结晶。

因为疏忽犯了错误是我们的不对，可是那又怎么样呢？谁还没有犯过错？既然没有办法挽回，我们唯一应该做的是想办法把刚刚发生的事情所产生的影响降到最低。

另外，学会从错误中得到教训，然后再把错误忘掉也非常重要。所以，请一定要记住：不要为打翻的牛奶而哭泣。做到这一点，你的生活会轻松很多。

32. 问：故事发生在哪里？

33. 问：那瓶牛奶是怎么打碎的？

34. 问：老师的目的是什么？

35. 问：关于犯错误，说话人怎么看？

模拟试题（四）

第一部分

1. 男：这些衣服都晒了三天了，还没干透。
女：这几天阴天，空气湿度大，衣服就干得慢。
问：根据对话，我们知道什么？

2. 女：昨天我说的话有点儿过头，我还以为你再也不理我了呢。
男：怎么会呢，我知道你也是为我好。
问：男的是什么意思？

3. 女：真没想到能在杭州见到你，你也来参加中考吗？
男：对。我爸爸换工作了，所以我们家就搬到杭州来了。
问：男的为什么来杭州？

4. 男：前几天睡不着觉，昨天完成后晚上九点我就睡觉了，一觉睡到今天早晨七点。
女：你前几天加班写论文，完成后就轻松了。
问：女的是什么意思？

5. 女：今天一共有几位客人？我们心里得有数。
男：刘明一家三口，李立两口子，还有小张。
问：一共有多少客人？

6. 女：爸爸，您只要给我创造学习条件和环境就行了，其他事情不用管。
男：你想得太简单了，我不仅要管你的生活、学习，还要关注你的思想情况，得保证你的健康成长啊！
问：爸爸最关心孩子什么？

7. 女：你这房间太乱了，把书整理一下，运动服收起来。
男：您不用操心了，我写完作业想出去打一会儿篮球，回来再收拾。
问：男的在干什么？

8. 男：这条是大号的，穿着有点儿长。
女：那就试试这条中号的吧。
问：男的要买什么？

9. 女：今天的菜太好吃了，怎么感觉跟妈妈做的不一样啊？
男：爸爸亲手做的，能不好吃吗？
问：根据对话，我们知道什么？

10. 男：遇到问题先不要着急，一定有解决的办法。
女：说得容易，这种事摊在谁头上也没办法。
问：女的是什么意思？

11. 女：孩子才两岁，你就让他去倒垃圾？
男：孩子就应该从小锻炼，你看他不是做得挺好吗？
问：男的让孩子倒垃圾的目的是什么？

12. 女：下午三点我要去接机，对不起，不能陪你了。
男：没关系，你先忙你的，我可以先看本书。
问：根据对话，我们知道什么？

13. 女：一日三餐，餐餐要吃好，营养要丰富，对付不得。
男：是啊，吃得没有营养，亏了身体，再多的钱也没用。
问：一日三餐要怎么吃？

14. 女：尊重科学不是一句空话，在科学面前不能凭自己的主观想法做事。
男：有道理，很多人主要是不懂科学，所以才不按科学规律办事。
问：男的是什么意思？

15. 女：人生不可能什么都得到，所以应该学会放弃。
男：是啊，放弃不是自认失败，凡是多余的、次要的，都应该放弃，而且要毫不犹豫。
问：男的认为应该放弃什么？

第二部分

16 ～ 17 题是根据下面一段对话：

男：你家小孩儿在学校上课每节课多长时间？
女：45 分钟。
男：这是一般情况。你听说过哪所小学每节课 35 分钟吗？
女：还真没听说过。
男：那你听说过小学生不考试吗？
女：更没听说过了。那孩子学习能好吗？
男：你还别说，不考试的那所学校把全市统考卷拿来考他们的学生，全校学生的平均分数远远高出别的学校。
女：那可真神了！这所学校真挺怪的。
男：嗯，这所“挺怪的”学校就在大连市。

16. 问：男的认为小孩儿上课一般每节课多长时间？

17. 问：不考试的小学是下面哪所学校？

18 ～ 19 题是根据下面一段对话：

女：爷爷，今晚六点电视上会播放《小伙伴》节目，有我们表演的《小螺号》呢！
男：是吗？那我得好好看看。
女：马上就演了，爷爷快来看！
男：来了，来了。
女：瞧！电视上播出的表演者的名字里有我，其他小朋友的名字都用“等”代替了。
男：这可能说明你跳得好，但你可不能骄傲啊。

女：放心吧爷爷，我都懂。

18. 问：《小螺号》是在什么节目里播出的？
19. 问：她们表演的是什么节目？

20～22 题是根据下面一段对话：

女：你平时经常上网吗？
男：嗯，差不多每天写完作业都上一会儿。
女：你上网主要干什么呀？
男：看我感兴趣的东西呗，比如新闻、篮球、足球等消息。
女：哦，我每天上网的时间也不多，平时也就看一些娱乐节目。
男：上网看点儿自己喜欢的东西可以放松一下，我觉得挺好。

20. 问：男的上网主要干什么？
21. 问：说话人的身份可能是什么？
22. 问：说话人上网的目的是什么？

23～25 题是根据下面一段话：

作为一位母亲，能够给予子女的最大礼物，莫过于培养他们的责任心与独立生活的能力。而培养孩子的责任心，最简单的是从做家务开始。随着孩子年龄的增长，平时的家务活儿要让他们参与进来，让孩子从小就学会扫地、洗碗和擦桌子，帮助他们树立一种观念，即家中的每一分子，都要分担一份家务，这是义务与责任。这样不但有助于提高孩子的做事能力，而且还会使孩子学会尊重父母为这个家所做的一切努力。

要使孩子独立，首先是在生活上能自理，要尽早让孩子学会自己吃饭、穿衣、洗脸和洗脚，自己洗手绢和袜子，自己整理和保管玩具，收拾自己的床铺，等等。千万不要替他们做，替孩子做得越多，他们的依赖性越强，越无法尽快独立。

通常情况下，在家有责任感的孩子，在学校也很努力，一般不需要别人督促，这不仅有助于他们应对未来人生道路上的挑战与挫折，同时也是他们将来走上人生成功之路的基石。

23. 问：说话人认为母亲送给孩子最大的礼物是什么？
24. 问：如何才能使孩子学会独立？
25. 问：在家有责任感的孩子有什么样的特点？

26～28 题是根据下面一段话：

俗话说：江山易改，本性难移。意思是说人的性格是不容易改变的。但最近的一项研究发现，有些人的性格会随着年龄的增长而发生变化。

我们身边不乏这样的事情：本来脾气很急躁的年轻人，随着年纪的增长，脾气渐渐变得温和了；年轻时很愿意四处去冒险的人，到了老年却选择落叶归根，过平淡的生活；曾经胆小害羞的人，几年不见却变得落落大方。

一般而言，人的性格变化有这么几个阶段：人们在 20 多岁的时候比之前有更强的组织性，这表明人越来越严谨；到 30 多岁的时候，人们则变得更加喜欢与人交往，更乐于助人和慷慨，这表明人们越来越讨人喜欢；而对经验的开放性则随着年龄的增长而减少，表明人们越老越保守。

其实，促使性格发生变化的不单单是时间。一个人身处的环境、人生经历中的重大改变也可能对人的性格产生影响。当然，自己努力学习和训练也会改变个人的性格。

26. 问：脾气急躁的年轻人，老了以后可能会变得怎么样？

27. 问：年轻时胆子比较小的人，老了可能会变得怎么样？

28. 问：人的性格变化有几个阶段？

29 ～ 31 题是根据下面一段话：

从初中开始，随着课程门类的增加，任课老师显著增多，每个老师都向学生提出自己的具体要求，而中学老师对学生学习的指导又不像小学老师那样频繁和具体。这就要求初中学生做到以下几点：第一，学会合理安排自己的学习时间，以免造成学习上的忙乱；第二，在课堂上，要善于听讲，学会记笔记；第三，随着学习内容的增多和深入，要学会独立思考、独立分析问题和解决问题，做到学得活、记得牢、用得上。只有做到这几点，才能适应初中阶段的学习。可是刚刚进入初中的学生，由于缺乏必要的心理准备，很多学生的学业成绩突然下降。有经验的初中老师都会在学生入学之初有意识地对学生开展一些必要的常规教育，主要是指导和帮助他们掌握一些基本的学习方法和技能，从而解决好学生从小学到初中的衔接问题。

29. 问：这段话是对哪类人群讲的？

30. 问：这段话对学生们提出了几点要求？

31. 问：这段话要求他们解决什么问题？

32 ～ 35 题是根据下面一段话：

《漫画周刊》最近推出一项征画活动，要求应征作品必须以“世界的最后时刻”为题。活动一等奖奖金高达十万美元，三等奖也有三万美元。在限定的日期内，来自世界各地的应征作品堆积如山。所有的应征者都将想象力发挥到了极致：将钞票堆在大街上燃烧，坐上宇宙飞船逃离地球……但最后获得十万美金的，却是一位家庭主妇用铅笔画的漫画。画儿中的她在厨房里刷洗完碗筷后，正伸手关紧自来水开关，丈夫则正坐在餐桌边喝着咖啡，旁边还有一杯冒着一缕热气的咖啡在等着她。餐桌旁的地板上，有两个小男孩儿，正在做着堆积木的游戏……

评委们对这幅看似平常的一等奖获奖作品的评语是：我们震惊于这一家人的平静。他们理解了世界存在的意义和人类对幸福的最高追求。

32. 问：征画活动的二等奖是多少钱？

33. 问：什么人获得了一等奖？

34. 问：一等奖获奖作品的画面上有几个人？

35. 问：评委们给一等奖的作品怎样的评价？

模拟试题（五）

第一部分

1. 女：我什么都怕，就不怕考试。
   男：我和你正好相反，我什么都不怕，就怕考试。
   问：根据对话，我们知道什么？
2. 男：为什么你的学习成绩总是那么好？可以给我介绍一些好的学习方法吗？
   女：也没什么方法，就是上新课前先预习，有不懂的地方多问老师。
   问：女的为什么成绩好？
3. 男：商场九点关门，现在都八点了，路上还需要半个小时，我看别去了。
   女：没关系，我知道买什么，又不瞎逛。
   问：女的是什么意思？
4. 女：老杨，你在干什么呢？
   男：我呀，正在演奏“锅碗瓢盆交响曲”呢，快来尝尝我的手艺吧。
   问：老杨在做什么？
5. 女：带上雨衣吧，以防万一。
   男：这天哪儿像有雨呀？
   问：男的是什么意思？
6. 男：你看我们争得脸红脖子粗的，有什么意义呢？
   女：都是因为你不讲道理。
   问：女的认为男的怎么样？
7. 女：大夫说你身体健康，不像60岁的人，你应该高兴才对。
   男：可我今年才40岁呀！
   问：男的是什么心情？
8. 男：你一个人干太累了，我来帮你洗菜吧。
   女：厨房太小了，转不开身，你去看会儿电视休息一下吧。
   问：女的让男的做什么？
9. 男：朋友有难咱们可不能不帮啊。
   女：我这不正帮他想办法呢吗？
   问：女的是什么意思？
10. 男：我在这个领域可是个门外汉。
    女：您太谦虚了。
    问：根据对话，我们知道什么？
11. 女：想过考上大学后读什么专业吗？
    男：还没想那么远，先考个理想的高中再说吧。
    问：根据对话，我们知道什么？

12. 男：我打网球的技术很差，刚刚入门。
女：你真谦虚，谁不知道你是行家。
问：男的是什么意思？
13. 女：老王，今天钓了几条鱼？
男：一条没上钩。
问：老王今天钓了几条鱼？
14. 女：鹏鹏，你明天去野游吗？
男：我正在准备野游的物品呢。
问：男的是什么意思？
15. 男：我自己就够忙的了，你又来了。
女：我可不是给你添乱来了，我是来帮你解决问题的。
问：女的是什么意思？

第二部分

16 ～ 17 题是根据下面一段对话：

男：写什么呢？下车去站台上看看吗？
女：不去了，我想把每一站的站名都记下来。
男：哦，写累了吧？
女：不累，每次坐车的时候我都会想，什么时候才能去趟北京。
男：嗯，你叔叔说，等你中考完了让我带你去玩儿玩儿，让你放松一下。
女：太好了！我打算去长城，还想去故宫、颐和园，还有好多好玩儿的地方。

16. 问：女的想去北京干什么？
17. 问：说话人乘坐的是什么交通工具？

18 ～ 19 题是根据下面一段对话：

女：庄师傅一定是吃面条儿吧？
男：对，给我来一碗面条儿。
女：您怎么不喝汤？不喜欢吗？
男：唉，以前家里很穷，很多时候身上那点儿钱只够吃一碗面条儿的，我的妻子每次都要我先把面条儿吃完，她再喝汤。
女：那现在您可以请她来吃面条儿了。
男：可惜呀，她撇下我一个人先走了……

18. 问：庄师傅每次去饭馆都吃什么？
19. 问：现在庄师傅的经济状况怎么样了？

20～22题是根据下面一段对话：

男：只要身体允许，我坚持70岁走着干，80岁坐着干，90岁躺着干。能为下一代做点儿事情是我晚年最大的愿望。

女：听说您和老伴儿办了一个校外辅导站？

男：对，我看周围的孩子们放学后就出入娱乐场所，那些地方对孩子们不好。

女：为了办这个辅导站，您自己花了很多钱是吗？

男：钱是有价的，但关心下一代是无价的。

20. 问：男的为孩子们做了一件什么事？

21. 问：男的是跟谁一起干的？

22. 问：男的最大的愿望是什么？

23～25题是根据下面一段话：

记得上高中时，由于学校离家近，我可以选择走读，所以每天自己骑车上学。每天我总会掐点儿去，久而久之就形成了习惯，可一旦有点儿事，我肯定会迟到。所以在上学的路上，经常可以看到丝毫不顾淑女形象，骑得像个疯子一样的我在路上飞驰。还有好几次我都是在老师走向教室的路上，以迅雷不及掩耳之势超过他，先老师一步跑进教室。

记得一个下雨天，班里有好几个同学都迟到了。偏偏那天我提前到了学校，心里那叫一个美：幸亏今天早出门了，否则肯定会迟到。不一会儿，老师走进教室，巡视一下四周后，对我们说："今天迟到的同学可不少啊！梦萦来了吗？"没想到老师会点我的名字，我马上答道："到了！"这时老师接着说道："那就肯定来得差不多了，我们开始上课吧！"

霎时，坐在下面的我红着脸低下了头。

23. 问：说话人为什么骑车上学？

24. 问：说话人给老师的印象怎样？

25. 问：说话人当时是什么身份？

26～28题是根据下面一段话：

5G时代，人们的生活内容会更加丰富多彩。5G时代，高速的网络会带动更多资源的共享和便利。首先就是远程办公。5G下的远程办公不仅是一种省时省力的高效办公模式，同时给了员工更多和家人相处的机会，使员工的工作和家庭实现双赢。

不仅如此，很多依赖5G技术的智能产品也会更多地进入我们的生活，比如智能车送快递。送货上门将会成为一种常态，会帮我们节省更多的时间。

我们的衣、食、住、行会有很大变化，就连娱乐活动也会更加有趣。有了5G，很多事情我们不必亲力亲为就能感受到现场的震撼。未来的旅游、购物等多种形式的娱乐活动都可能会发生翻天覆地的变化。电影行业也会因为5G出现新的播放模式，线上影院也有可能在不久的将来被推出。

26. 问：5G时代，人们的生活将发生怎样的变化？

27. 问：这段话中的远程办公具体指的是什么？

28. 问：这段话中提到的5G技术的智能产品是什么？

29 ～ 31 题是根据下面一段话：

上小学时，每天早上八点都有校车从东大门出发。有一天早上，同学小白提前 10 分钟坐上了校车，他想趁大家还没来，自己再睡几分钟。突然，一阵香味飘来，他睁眼一看，原来是小李在吃鸡蛋饼。这下小白坐不住了，此时离发车还有 5 分钟，犹豫片刻，小白果断跳下车向百米外的商场奔去。

半小时后，我们准时到了教室，老师点名时发现小白缺席，大家都以为小白发生意外了。还好，半个小时后，小白慌慌张张地跑进了教室。后来说起这事，小白说："别提了。我见时间还早，就去买鸡蛋饼了。在店里看见校车要走就赶紧出来追，结果没赶上。"我安慰他说："没事儿，至少你有口福，吃到了鸡蛋饼。"小白说："哪儿啊！我一看校车要走，顾不上买鸡蛋饼就往外跑，可最终还是没赶上，只好坐公交车了。"

29. 问：学校的校车几点开？

30. 问：小李在哪儿吃鸡蛋饼？

31. 问：最后小白怎么去的学校？

32 ～ 35 题是根据下面一段话：

快下班时，科长一个电话把我叫到办公室，并亲自为我倒了一杯茶。科长说："过几天上面要开会，让我做个发言，可是我现在的工作实在太忙……"没等科长说完，我就明白了。于是我抱起一大摞参考材料，用了两个通宵，洋洋数千字的发言稿便大功告成。

我高兴地跑到科长办公室，以为等待我的会是表扬。可谁知科长只是在稿子上扫了几眼，便皱起眉头说："拿回去再修改一下。"修改完后，我再也不敢贸然把稿子送上去了。科长却不请自到，不是吩咐我再深刻一下、完善一下，就是让我再补充一下、润色一下。几个"一下"下来，不同版本的稿子便堆满了我的办公桌。

我正在审稿时，科长打电话让我立即送过去。情急之下，我拿起一份稿子就走。等毕恭毕敬地递到科长手中时，我发现自己拿的是第一稿。"完了！就等着科长的训斥吧。"我心里嘀咕道。没想到科长看了后笑着说道："不错，很不错！以后记住，好稿子不是写出来的，而是改出来的。"

32. 问：科长叫说话人去办公室干什么？

33. 问：科长看稿的态度如何？

34. 问：科长嘱咐说话人时一共用了几个"一下"？

35. 问：说话人最后送上去的是第几稿？

模拟试题（六）

第一部分

1. 男：你咳嗽得这么厉害，得去买点儿药吧？
   女：马上考试了，交了卷我就去。
   问：对话最可能发生在哪里？

2. 男：来补习班是为了提高成绩，听不懂就要大胆问。
女：昨天练习遇到的问题，现在能问吗？
问：说话人最可能是什么关系？
3. 女：我正在参加一个会议，不能去车站接你。你能自己打车去宾馆吗？
男：没问题，忙你的吧。
问：女的让男的做什么？
4. 男：雨终于停了，咱们去外边呼吸一下新鲜空气吧？
女：算了吧。地上都是水，裤子、鞋都容易脏，再说也有点儿冷。
问：关于女的，下列哪种说法正确？
5. 男：明天秋游我好高兴啊，我准备了好多吃的。
女：哈哈，你秋游是为了吃啊。
问：女的是什么语气？
6. 女：路上照顾好自己，到了给我们打个电话报平安。
男：放心吧，我们又不是自己出门，还有三个同学呢。
问：女的是什么语气？
7. 男：请坐，给你冲一杯咖啡？
女：我最近睡眠不好，一点儿咖啡都不敢喝，倒杯白开水吧。
问：女的为什么不喝咖啡？
8. 女：父母为了培养你花了很多精力，你应该关心他们，常回家看看。
男：你关心父母了吗？你一年回去几次？你有什么资格教育我？
问：男的在做什么？
9. 女：你千万不要跟朱涛一起练乒乓球，他做事总是三天打鱼两天晒网的，靠不住。
男：真的吗？谢谢你的提醒，我会认真考虑。
问：关于朱涛，我们知道什么？
10. 女：昨天的足球赛你看了没有？
男：唉！中国队竟然输给了泰国队，我到现在都接受不了这个结果。
问：男的感觉怎么样？
11. 女：爸爸，你不是要带我们去吃海鲜吗？怎么又做起晚饭来了？
男：想得美！海鲜好，天天吃，你给钱啊？自己家的饭，营养全面又健康。
问：男的为什么做饭？
12. 男：老师让交期中考试总结呢，快点儿！
女：稍等，这道题马上就写完了。你看我忙得，连水都没喝一口呢。
问：女的在干什么？
13. 女：妈妈的航班晚点三个小时，据说是因为雷雨。
男：咱们继续等吧，别来回跑了。楼上有各种小吃，上去吃点儿东西？
问：他们在做什么？

14. 男：绿灯亮了，你不快点儿过马路，在等什么呢？
女：我约孙岚打球，她开车接我。站在红绿灯下，她容易看到我。
问：女的打算干什么？
15. 女：白色穿着显得整洁，就是洗衣服麻烦，黑色耐脏。
男：夏天穿黑的？你可真够懒的，我还是挑个白的吧。
问：说话人可能在干什么？

第二部分

16 ～ 17 题是根据下面一段对话：

男：今天你回来得早啊。你妈呢？
女：她今天加班。
男：冰箱里还有昨天的饭菜吧？
女：我不想吃剩饭。
男：我煮方便面？
女：爸，你不能做点儿好吃的吗？
男：那我做个西红柿炒鸡蛋，再做点儿米饭。

16. 问：他们在谈论什么？
17. 问：他们晚饭吃什么？

18 ～ 19 题是根据下面一段对话：

女：下雪了！下雪了！
男：看你高兴得，至于吗？
女：这是第一场雪，当然开心了。
男：走，咱们出去看雪。
女：不去了，头发湿了挺难受的。
男：这么小的雪，头发不会湿的。
女：现在温度高，雪一下来就融化了。
男：哦，雪真的化了，地下都湿乎乎的。

18. 问：女的为什么高兴？
19. 问：他们为什么不出去？

20 ～ 22 题是根据下面一段对话：

女：谁出去了，也不关门？
男：没注意。不过，屋子里太闷了，通通风也好。
女：外边太吵了，开着门没法专心看书。

男：看了一下午，也该休息休息了。

女：我也想休息，可是明天考试。

男：活动活动，稍微休息会儿，不会耽误学习的。

女：那我去眯半个小时。

男：你出去散散步吧。小花园的花开得很漂亮。

女：是吗？太好了！我去拍几张照片。

20. 问：门为什么开着？

21. 问：女的想休息吗？

22. 问：女的去干什么？

23 ～ 25 题是根据下面一段话：

6 月 20 日下午 4 点，52 岁的冒瑞林正骑着摩托车回家，“救命啊……”前方突然传来呼救声。只见一名女青年站在河中，边喊边指着水面，一个小女孩儿正一沉一浮地挣扎着。冒瑞林毫不犹豫地跳入水中，抓住小女孩儿游向岸边。女青年接过孩子哭喊道：“下面还有几个孩子！”冒瑞林又跳入水中，左右手抓起两名孩子浮出水面。时间紧迫，他第三次钻入水底，救出一名小女孩儿。筋疲力尽的冒瑞林深吸一口气后又扎到水底，托着一个 3 岁的男孩儿，拼尽最后一丝力气才游到河边。

原来，村民耿国左骑电动三轮车接孩子放学，结果在路口转弯时车子失控冲入河中。车上有 5 个孩子，年龄最大的 8 岁，最小的 3 岁。幸亏冒瑞林及时出现，在短短 3 分钟内把孩子们全部救了上来。

23. 问：女青年为什么站在河中？

24. 问：冒瑞林最后一次救上来的是谁？

25. 问：孩子们为什么会落水？

26 ～ 28 题是根据下面一段话：

古时候，有个学问家叫孟轲，他刚上学的时候，学习很用心，写字一笔一画，很工整。不久他觉得学习太辛苦，不如在外面玩耍快活。于是，他逃学了，常到山坡上树林中去玩儿，别提多开心了。

一天，他回到家里，正在织布的妈妈问他：“怎么这么早就放学了？”他只好承认逃学了。妈妈生气地说：“我辛辛苦苦织布供你读书，你却逃学，太没出息了！”小孟轲连忙给妈妈跪下。

妈妈拿起剪刀，一下子把没织完的布剪断了，说：“你不好好读书，就像这剪断的布，还有什么用处！”小孟轲哭着说：“我错了！今后再也不贪玩儿了。我一定好好读书！”

从此，小孟轲勤奋学习，从不偷懒，后来成了著名的大思想家，也就是我们现在所熟知的孟子。

26. 问：孟轲小时候为什么逃学？

27. 问：知道了孟轲逃学后，妈妈做了什么事？

28. 问：这段话主要谈了什么？

29 ～ 31 题是根据下面一段话：

贾道尔吉是 2002 年度全国优秀护林员、鄂尔多斯市治沙护林的典型人物。在伊旗霍洛林场的 38 年里，他以一己之力，植树近万亩，护林 6 万亩。如今他年近花甲，却依旧坚守在护林第一线。

贾道尔吉仍清晰地记得刚参加工作时鄂尔多斯市的恶劣环境。那是 20 世纪 70 年代末，一次，他赶着马车去镇上买东西，回家路上突然狂风大作，一片沙海从天空倾倒下来。大白天坐在马车上，根本看不到自己的马！漫天黄沙笼罩下，一个信念在他心里扎根："一定要在这片荒漠栽起树来！"

再苦再累，他一次也没有想过离开。看着林场里的树苗茁壮成长，就像看着自己的孩子们慢慢长大。贾道尔吉一直坚守在那里，始终做着默默无闻的林场"凡人"，仿佛一切从没变过。

29. 问：贾道尔吉多大年龄？
30. 问：关于贾道尔吉，下列哪一项正确？
31. 问：下列哪一项最适合做这段话的标题？

32 ～ 35 题是根据下面一段话：

北京市特级教师万平，从教 36 年来，先后获全国优秀教师、全国中小学优秀班主任、北京市金牌教师等荣誉称号，2016 年获得国家"万人计划"教育名师称号。

自 1981 年 7 月成为一名光荣的人民教师以来，万平一直坚持以日记做桥梁，接近孩子丰富的内心世界。她给孩子的日记写上有针对性的评语，在日记中给孩子讲做人、做事的道理，用温馨的话语化解孩子心头的阴霾，引导孩子观察周围事物……

小坤曾经是个不爱写字，总爱逃课，濒临厌学的孩子，在万平的第一堂日记课上仅仅写了 26 个字。在万平的启发下，三个月的时间里小坤写出了一万字的日记，从此便一发不可收拾，后来获得了"春蕾杯"作文比赛大奖。

她教过的学生中先后有 40 多人获全国及市级作文比赛的一、二、三等奖。她的"日记教学"得到了家长和学校的认可。

32. 问：万平获得过的荣誉称号有几个？
33. 问：关于万平，下列哪种说法正确？
34. 问：关于小坤，下列哪种说法正确？
35. 问：万平老师怎么引导孩子？

模拟试题（七）

第一部分

1. 男：这双穿着走路脚疼，你给我拿一双 43 码的试试。
   女：43 码的只有棕色的了，黑色的上午就卖光了。
   问：对话最可能发生在哪里？

2. 男：两碗米饭怎么还不给我们上？
女：抱歉。客人太多，我们又新蒸了一锅，马上就好。
问：说话人最可能是什么关系？
3. 女：我钥匙落家里了，好像在风衣口袋里，你帮我翻一翻。
男：好，我看一眼。
问：女的让男的做什么？
4. 男：端午节放三天假，咱们去峨眉山吧？
女：别凑热闹了，节假日到处都是人。我忙了一个月，太累了，得好好休息。
问：关于女的，我们知道什么？
5. 男：手机屏幕摔裂了，买个新的吧？
女：换个屏幕就行。咱们去解放路找个地方换一下，顺便去书店、超市看看。
问：他们打算先去做什么？
6. 女：16 路还不来，我都要迟到了，你想想办法啊。
男：别着急。现在是早高峰，公交车走专用道，20 分钟就能到。
问：女的是什么语气？
7. 男：怎么回来了？今天你不参加合唱团活动吗？
女：舞蹈比赛占了活动室，合唱团只好去 126 房间，因为地方太小，我们三个就回来了。
问：女的为什么回来了？
8. 女：去车站挺远的，坐我的车过去吧？
男：没事，10 分钟就走到了，就当散步了。你开车小心，注意安全。
问：男的是什么意思？
9. 女：王星，你上新闻了，说你见到老人摔倒，就想办法联系老人的家人，还帮忙打 120 救护电话。真是太棒了！
男：过奖了，这都是我应该做的。
问：关于王星，我们知道什么？
10. 女：小强，字典借我用一下可以吗？
男：别客气，你随时拿就可以。
问：男的是什么语气？
11. 女：赵雷，你不是要做实验吗？怎么在教室坐着呢？
男：还早呢，4 点才是我的时间。我们使用实验室都按照时间表，现在是别人的时间，我去了也得等着，不如在教室看看书。
问：男的为什么在教室？
12. 男：周日是中学生足球联赛的最后一天。晚上你想不想去看决赛？
女：说不准。明天我们全家去葡萄酒庄园玩儿，星期天中午回来。如果不累，咱们就去；要是太累了，我就不出门了。

问：女的周末打算做什么？

13. 女：你做热身运动了吗？直接下去游，容易受伤或抽筋儿。

男：没错。伸伸胳膊，压压腿，腰也得好好活动一下。

问：他们在谈什么？

14. 男：听说咱们社区的老年服装模特儿队走红了，都上春晚了，是真的吗？

女：全世界都知道了，你才知道，太后知后觉了吧？

问：女的是什么语气？

15. 女：李大爷，您怎么站在雪地里？我送您回去吧？

男：刘大伯要来看我，他是马大哈，每次都找不到门，我出来接他一下。

问：男的为什么站在雪地里？

第二部分

16 ～ 17 题是根据下面一段对话：

女：请问，去青少年活动中心在哪儿下车？

男：你在建国路站下车，换 106 路。

女：建国路站就有 106 路吗？

男：下车后，你往南走 100 米，路东就有 106 路的车站。

女：请问 106 路还要坐儿站到青少年活动中心？

男：大概四五站吧。

女：谢谢。

16. 问：男的可能是做什么工作的？

17. 问：对话最可能发生在哪里？

18 ～ 19 题是根据下面一段对话：

男：通知发出去 4 天了，报名的人多吗？

女：想爬山的人很多，参加比赛的不太多。

男：怎么会这样？要鼓励大家参加啊！

女：大家都想轻松地玩儿，不想比赛。

男：周末大家一起运动，又能得奖，多好啊！

女：你也知道，大家平时很少锻炼，一听比赛就害怕。

男：参赛者都有纪念品，一等奖是一个平板电脑，你再动员动员。

女：真的吗？这下估计要排队报名了。

18. 问：周末有什么活动？

19. 问：女的为什么说估计要排队报名了？

20～22题是根据下面一段对话：

女：今天怎么回来这么晚？老师补课了吗？

男：学校下午有比赛，我看了两场。

女：足球比赛吗？

男：不是，是篮球。比赛一直很激烈，42比40，我们队差点儿输了。

女：你们很有实力，怎么会差点儿输了呢？

男：二班打得太好了，我们有两个主力队员受伤，没有上场。

女：比分一直很接近吗？

男：是啊，我们在场边喊加油，嗓子都喊哑了。

女：那边有西瓜，你多吃点儿，去去火。

男：太好了！我得赶快去吃点儿。

20. 问：男的因为什么回来晚了？

21. 问：男的接下来要干什么？

22. 问：根据对话，下列哪种说法正确？

23～25题是根据下面一段话：

“亲情中华”走进北京丰台——华裔青少年国学、冬奥体验之旅夏令营近日举行。32名华裔青少年参加了此次夏令营活动。他们在北京、张家口市开展了为期14天的学习及参观活动。

32名华裔青少年参观了中国国家博物馆，雕塑家李一夫为大家讲解了“塑魂鉴史”主题雕塑展，并为孩子们讲述了雕塑背后的历史故事。他们还去丰台区大成中学和北京教科院丰台实验小学开展了文化体育交流活动。此外，他们还参观了颐和园、中国科技馆、鸟巢、水立方、长城、故宫、天安门等地。随后他们又去张家口参观了冬奥场地和冰雪博物馆，了解了冬奥文化。

23. 问：“亲情中华”夏令营的主题是什么？

24. 问：他们去张家口的目的是什么？

25. 问：关于夏令营，下列哪种说法正确？

26～28题是根据下面一段话：

每年的教师节都会受到全社会的关注，老师们最想要的教师节礼物是什么？我们来听听他们的心里话。

贵州一位90后英语教师袁艳说：“看到黑板上学生写的‘教师节快乐’几个字，我感受到了他们的心意，感受到了教育的力量和价值所在。”

山东银座·英才幼儿园总园长焦敏说：“教师最大的满足来自家长的信任和鼓励，包括家长时不时用微信给老师点点赞，给老师多一些理解和包容，或者多参加学校组织的活动，等等。有时候，一句问候或一句老师辛苦了，是老师最盼望的。”

郑州的一位小学老师陈丽说：“其实，最好的礼物是家长平时多加强跟老师的联系和交流，共同把孩子的学习抓好、身体搞好，让孩子健康成长，建立新型、健康的家校关系，增进师生感情。”

26. 问：教师节那天，贵州的一位英语老师在黑板上看到了什么？

27. 问：焦敏园长最盼望的礼物是什么？

28. 问：陈丽在哪里工作？

29 ～ 31 题是根据下面一段话：

9 月 6 日下午，北京市城市管理委员会组织政务开放日主题活动，20 余名市民走进朝阳区循环经济产业园，了解垃圾分类和垃圾处理等情况，随后进行座谈交流。

在清洁焚烧中心，一切流程都实现了自动化，生产线全部采取密封式处理，闻不到垃圾散发的异味。目前，朝阳区每天产生约 6000 吨生活垃圾，朝阳循环经济产业园区中的垃圾焚烧发电厂每天可以处理 3400 吨左右，今后拟新建三期焚烧项目，提高垃圾处理能力。

在交流座谈会上，园区工作人员向大家展示了厨余垃圾车的三款设计方案，虽然图案不同，但车身都是白底加绿色条纹，上面有“厨余垃圾”字样及标识、监督举报电话、环卫运输管理单位名称等，并配有称重、计量系统。

29. 问：北京市城市管理委员会组织了什么活动？

30. 问：关于清洁焚烧中心，下列哪种说法正确？

31. 问：厨余垃圾车的三种设计方案有什么区别？

32 ～ 35 题是根据下面一段话：

敬爱的黄老师：

您好！

再过几天就是一年一度的教师节了，我在此真诚地祝您节日快乐。

作为我们的数学老师，您最大的期待是我们能考上重点高中，为此，您没少为我们的学习操心。

记得在一节数学课上，您教我们测量图形。为了让我们听得更明白，您反反复复给我们讲了很多遍。但我还是听不明白。下课后，我拿着书去问您。当时我很担心，怕您嫌我笨，不耐烦。但是您却用尺子量给我看，并且耐心地讲，我听得很认真，终于弄明白了。您看我明白了，也慈祥地笑了。

遗憾的是，没过几天，您因为疲劳过度而感冒了，可您还是用沙哑的声音为我们讲课，我又感动又惭愧。

黄老师，您辛苦了，再次祝您节日快乐！

学生：张明

2020 年 9 月 10 日

32. 问：这是一篇什么类型的文章？

33. 问：这位老师对学生最大的期待是什么？

34. 问：这位老师讲的什么内容说话人没听懂？

35. 问：说话人把祝福送给谁？

模拟试题（八）

第一部分

1. 男：您好，我在网上预订了两个房间。
   女：您好，我这里已经有了预订信息。标准间 340 元，单间 180 元，您需要付 200 元押金。
   问：对话最可能发生在哪里？
2. 男：摩托车不允许进校园，您看一下告示。
   女：这是电动自行车。马上要上课了，您就让我进去吧。
   问：说话人最可能是什么关系？
3. 女：女儿每天作业写到十二点，十岁的孩子正在长身体，不能老熬夜啊。你去学校找老师说说。
   男：好，后天吧。
   问：女的让男的做什么？
4. 男：来，吃早饭了。有鸡蛋、豆浆，还有面包。早餐不错吧？
   女：还行吧。营养够了，如果再有点儿蔬菜、水果就更健康了。
   问：关于女的，我们知道什么？
5. 男：我借了五本书，书包里为什么只有四本？
   女：快回去找一下，可能在借阅处，也可能忘在阅览室了。
   问：他们打算做什么？
6. 女：全市数学竞赛能得奖，而且是一等奖，你太厉害了！
   男：您别这么说，主要是其他同学没有发挥好。
   问：女的是什么语气？
7. 男：上星期刚给你 500 块钱，你又没钱了？
   女：咱们看话剧 450 元，坐出租车 21 元，都是我交的钱，对吧？
   问：女的为什么没钱了？
8. 女：你渴不渴？先喝杯茶，或者我给你洗点儿水果吃吧？
   男：什么都不要，让我安静一会儿，刚要有点儿想法，又被你打断了。
   问：根据对话，我们知道什么？
9. 女：买东西要讲价。一条裤子，他要 200 元，你出 100 元，最后可能花 110 元就能买下。他要多少就给多少，有什么意思？讨价还价也是一种乐趣。
   男：我不会讲价，以后学一下。
   问：关于讲价，我们知道什么？
10. 女：我来借几本资料，昨天跟你说过。
    男：啊？我让潘晓带给你了，你没有收到吗？
    问：男的是什么语气？

11. 女：17 号博物馆有个当代书画展，想去看看吗？
男：我很想去。不过，我答应带儿子去动物园了，不能让他失望啊。
问：男的周末打算做什么？
12. 男：杨蓉呢？提前下班了吗？
女：没有。杨蓉刚才接到值班室的电话，下去取东西了，马上就回来。她一回来，我就让她去你办公室报到。
问：杨蓉为什么不在？
13. 男：徐老师去上海读研究生了，不回来了。
女：原来如此，我说三班怎么换班主任了。
问：关于徐老师，我们知道什么？
14. 男：妈，我饿了，什么时候吃饭啊？
女：再等一会儿。米饭已经煮好了，菜也洗好了，我炒两个菜就可以吃饭了。
问：女的将要做什么？
15. 女：六月就毕业了，你不去找工作，待在宿舍干吗？
男：我收到了四个面试通知，我搜集些面试经验，做点儿准备。
问：男的为什么待在宿舍？

第二部分

16 ～ 17 题是根据下面一段对话：

女：是丁香花开了吗？这么香！
男：我怎么没有闻到？你鼻子太灵了。
女：右拐，往 9 号楼那边走走。
男：闻到了，味道越来越浓。
女：你看网球场那里，9 号楼西边，路边开花的那棵就是丁香。
男：谁家做辣子鸡呢？好香啊！
女：带你来看花，你倒关心别人在做什么饭。
男：中午就没吃饭，哪有心思看花啊。

16. 问：丁香在哪里？
17. 问：关于男的，我们知道什么？

18 ～ 19 题是根据下面一段对话：

男：服务员，给我们上一瓶大可乐。
女：好，18 元一瓶，稍等一下。
男：怎么又涨价了？上次来还 15 元呢。
女：15 元是一点二五升的，两升的 18 元。

男：两升谁喝得完？给我们小一点儿的吧。

女：最近没货，店里现在只有两升的和听装的。

男：两升太多了，来三听小的吧。

女：吃火锅还是点大的合适，三听小的也便宜不了几块。

男：好吧。

18. 问：根据对话，下列哪种说法正确？

19. 问：对话最可能发生在哪里？

20 ～ 22 题是根据下面一段对话：

男：这些书我都要了，给打个折吧。

女：有会员卡吗？会员打八五折。

男：你就按会员价给我打折吧，十六本够多了。

女：我们现在满三百减六十，比打折合适。

男：怎么样合适？你给算算。

女：一共 856 元，您先交 600 元，剩下的 256 元给您打八五折，总共是 697.6 元，您看行吗？

男：太好了！你这么替顾客着想，很让我感动，谢谢。

女：不客气。那您填个表，办张会员卡吧。

男：好的。

20. 问：男的买了多少本书？

21. 问：女的怎么给优惠的？

22. 问：男的为什么同意办会员卡？

23 ～ 25 题是根据下面一段话：

5 月 28 日，四川黑水河自然保护区又见熊猫，不过这一次，当事熊猫是只“小偷熊”，还被拍下了“作案”视频——从去年到今天，它数次光临当地村民种植的竹林偷笋子，已经上了黑水河自然保护区的监控名单。

28 日上午，黑水河保护区管护人员张学良又接到了村民的电话，说熊猫正在偷吃笋子。上午九点多，张学良赶到小河子芹菜坪区域。竹林里有细微的嚓嚓声，张学良放轻脚步，慢慢循声走过去，只见绿色交错的竹枝之间，一只黑白色的动物正开心地啃着笋子。从去年开始，村民就反映有大熊猫下山偷吃，这回一看，张学良哭笑不得——一块地二三十亩，到处都是熊猫屎。看来它真的很能吃。

23. 问：“小偷熊”从什么时候开始光顾村子？

24. 问：熊猫为什么光顾村子？

25. 问：张学良在哪里看到了熊猫？

26 ～ 28 题是根据下面一段话：

中美洲的一所动物园里生活着这样一群神秘动物，它们就是貘。貘是一个历史悠久的物种，样子看起来很奇怪，一般身长两米，体重为 220 ～ 300 千克，寿命可达 30 年以上。貘在地球上已经存在了 4000 万年。由于人类对大自然的破坏、非法偷猎以及气候变化等原因，貘的家园也变得越来越小，现如今它们正面临灭绝的危险。

目前，动物园里共有 13 只中美貘，它们一生都爱吃素，食物以水生植物、树叶和果实为主。为了这些稀有动物的健康，园内工作人员每天都要控制好它们的饮食，不能过量，需要实时监测。“它们的饮食很重要，我们要让它们健康地成长。现在有些貘吃得太胖了，我们必须要对它们采取措施控制体重。”野生动物专家说道。

26. 问：貘在地球上存在多久了？

27. 问：貘主要吃哪些东西？

28. 问：关于貘，下列哪种说法正确？

29 ～ 31 题是根据下面一段话：

1978 年，党琦出生在黑龙江的齐齐哈尔。党琦的父亲是游泳运动员，因此他从小就在游泳项目中展现出了天赋。他 15 岁从省游泳队退役，18 岁考入南航。在海南期间，他第一次接触铁人三项运动。2003 年，他第一次参赛，因为游泳是自己的强项，他相信可以完成，还花费 7000 元买了公路自行车。

2007 年，仅备战了一个月，他就夺得了杭州一个铁人三项比赛的冠军。从此，铁人三项运动正式走进他的生命。如今，他已是中国“铁三”项目的代表人物，2012 年完成了被公认为世界上最困难的铁人三项比赛的“逃离恶魔岛铁人三项赛”，成为首位完成该项赛事的中国业余选手。

29. 问：党琦第一次接触铁人三项是在哪里？

30. 问：党琦夺得冠军是在哪一年？

31. 问：党琦是哪个项目的代表人物？

32 ～ 35 题是根据下面一段话：

2018 年 1 月 9 日，一幅“冰花”男孩儿的照片在网上引起广泛关注。照片中的孩子站在教室里，头发和眉毛已经被风霜粘成了雪白色，脸蛋通红，身后的同学看着他的“冰花”造型大笑。“冰花”男孩儿是云南昭通鲁甸县新街镇转山包小学三年级的学生，“冰花”是因当天气温较低，男孩儿家离学校 4.5 公里，他走了一个多小时来上学沾染冰霜导致。

照片是班级老师在 1 月 8 日 8：50 左右拍的，拍完发给了校长付恒，随后流传到了网上。付校长说：“当天早上气温是 −9℃，是期末考试的第一天，气温是在半个小时内降下来的。他家离得远，因此到教室后，头发沾满了冰霜。小孩子比较可爱，到班里后做了个怪怪的鬼脸，引起同学大笑。”当天上午期末考试，考的是语文，“冰花”男孩儿的语文成绩一般，在班里属于中等水平。

32. 问：“冰花”男孩儿是什么样子的？

33. 问：照片是谁拍的？

34. 问：同学们为什么大笑？

35. 问：关于“冰花”男孩儿，我们知道什么？

模拟试题（九）

第一部分

1. 男：托运完行李，去吃点儿东西吧？
 女：早上航班多，安检要排很长时间的队，进去再吃吧。
 问：对话最可能发生在哪里？
2. 男：这次给您开的药，您回去要每天吃，吃完了再来检查。
 女：大夫，能打针吗？吃药好得慢。
 问：说话人最可能是什么关系？
3. 女：你跑得真快，又为咱班得了好几分。
 男：我就喜欢跑步，有时我会跑步上学。
 问：说话人最可能是什么关系？
4. 男：春天来了，你也开始锻炼身体吧。
 女：开始慢跑了。我的目标是减十斤，这样夏天穿裙子才好看。
 问：关于女的，下列哪种说法正确？
5. 男：百旺山的枫叶红了，约几个人一起去看看怎么样？
 女：好啊。咱们可以每人带上一个菜，上午爬山、拍照，中午一起野餐。
 问：他们打算去做什么？
6. 女：电脑坏了，买个新的吧，太贵；拿去修吧，得两个星期才能修好。
 男：能修就修吧，让他尽量快点儿修好。
 问：女的是什么语气？
7. 男：你去哪儿了？打电话也不接。
 女：听报告去了。我把手机调到静音模式了。报告听完后我忘了打开声音了。
 问：女的为什么不接电话？
8. 女：我明明通知你两点半开会，你为什么才来？
 男：我睡过头了，没听见闹钟响。最近一直加班，累坏了。
 问：男的在做什么？
9. 女：你说钱包是你的，你在哪儿丢的？里面都有什么？
 男：大概在超市门口。钱包里边有两张银行卡，一张理发店的会员卡，大约 130 块钱现金，还有一张超市购物小票，金额是 46 元，买的是牙膏和洗发水。
 问：关于男的，我们知道什么？
10. 女：每天出门时都提醒你带钥匙，你还是忘了，怎么回事啊？
 男：先别埋怨了。你赶快给我送来吧，我等着呢。
 问：男的是什么语气？
11. 男：这几天院子里少了几分热闹。
 女：是啊，孩子们这一开学，一个个早出晚归的。
 问：根据对话，我们知道什么？

12. 男：天色这么黑，眼看就要下雨了，你还出去干什么？
女：刚才碰到妈妈了，她说去广场锻炼身体。她好像没有带伞，我去接她。
问：女的打算干什么？

13. 女：喂，小勇，你好点儿了吗？我想去看看你。
男：不用了，我好多了。我正想问你呢，今天留什么作业了？
问：小勇正在干什么？

14. 男：张强去参加全国机器人设计大赛了，下个星期回来。
女：哦，那明天的模拟考试取消，大家再复习复习。
问：模拟考试为什么取消？

15. 女：你别等了，电梯坏了，走下去吧。
男：我刚上来，家里没人，我弟弟马上就上来了。
问：男的在做什么？

第二部分

16 ～ 17 题是根据下面一段对话：

女：走路轻点儿，别咣咣咣的，吵到邻居多不好？
男：还不到十一点，早着呢。
女：人家九、十点钟就睡了，谁像你，跟夜猫子一样。
男：睡得也太早了吧？他们不看电视？
女：楼下张大爷，每天五点多就去公园打太极拳。旁边小董两口子上班远，六点就要赶公交。
男：小董两口子在哪儿工作？
女：好像都在机场工作，坐车要一个半小时才能到单位。
男：难怪睡得这么早。

16. 问：张大爷早上干什么？
17. 问：男的晚上一般什么时候睡觉？

18 ～ 19 题是根据下面一段对话：

男：电视遥控器没电了，你上次买的电池放哪儿了？
女：这儿呢，给您。
男：把换下来的这个扔到垃圾筐里吧。
女：这个不能随便扔，它属于有害垃圾，对自然环境会造成危害的。
男：哦，我又忘了你说的那个环保。
女：爸爸，您不能忘，可回收垃圾和不可回收垃圾要分开的。
男：知道了。你的环保意识还挺强啊。
女：那是，保护环境，人人有责嘛。

18. 问：说话人是什么关系？
19. 问：女的最后一句话是什么语气？

20 ～ 22 题是根据下面一段对话：

女：你们爷俩大包小包的，去旅游啊？

男：儿子去贵州支教，我送他去车站。

女：那么远，你不陪着一起去？

男：这是他们学校西部爱心社组织的志愿者活动，好多同学一起去，还有当地老师协助他们，一点儿不用我们操心。

女：在贵阳支教，还是要去山区？

男：去罗甸县的小学，具体是哪所小学，到了那里再分配。

女：哦，那里位于贵州的南部，条件非常艰苦，难怪大包小包的。

男：包里是送给孩子们的小礼品，他自己只带了洗漱用品和几件衣服。

女：好孩子。照顾好自己，阿姨祝你一路平安。

20. 问：男的的儿子要去干什么？

21. 问：男的的儿子要去哪里？

22. 问：说话人最可能是什么关系？

23 ～ 25 题是根据下面一段话：

初一时我去了一趟北戴河，看日出是必不可少的。早上五点左右，我就背了两瓶水冲出了门，走了好长的路才到海边。也许是因为还有些困吧，我觉得特别疲惫。就在这时，太阳带着红晕出现在海平面上，在那一刹那，我突然觉得心中一阵猛跳，感觉所有的付出终于得到了回报。我看着它缓缓地爬上天空，猛然觉得心中充满了勇气和力量，觉得这世上再没有什么事可以难倒我。人们纷纷拿出相机拍照，有的还故意摆出托起太阳的样子。我想，其实每个人心里都充满了对未来的希望和战胜一切的热情，而初升的太阳恰恰可以把人们内心深处的感动和热情引发出来，带给人们无穷的勇气。这，不正是我们所需要的吗？

这便是日出，在你孤单寂寞时带给你温暖和抚慰，在你胆怯害怕时带给你勇气和力量，在你茫然疑惑时带给你希望和信念……我想，拥有了这些，也许才会感受到真正的幸福。

23. 问：说话人什么时候去的北戴河？

24. 问：说话人在北戴河主要做了什么事？

25. 问：说话人认为日出给人们带来了什么？

26 ～ 28 题是根据下面一段话：

你知道迟发性肌肉酸痛与普通酸痛有什么不同吗？

肌肉酸痛分为两种：一种是在运动时或运动后立刻出现的肌肉酸痛，这种疼痛感是由乳酸堆积所造成的；而迟发性肌肉酸痛是指在运动后数小时至 24 小时左右才出现的肌肉酸痛现象，通常肌肉的酸痛感会持续一至三天。

那么，如何尽量避免迟发性肌肉酸痛产生呢？

最好的方法就是在跑步结束五至十分钟后进行针对性的肌肉牵引拉伸。拉伸的好处有三个：一是让肌肉在经过剧烈运动后得到充分放松，缓解紧绷感和酸痛感。二是减少神经紧张、肌肉痉挛引起的伤痛。三是加快肌肉恢复。在拉伸过程中，要特别注意动作的正确性，最好在专人指导下进行训练。

26. 问：肌肉酸痛是什么造成的？

27. 问：避免迟发性肌肉疼痛的方法是什么？

28. 问：这段话主要说的什么？

29 ～ 31 题是根据下面一段话：

中秋节是我国的传统节日。每逢中秋，我们全家便会去奶奶家，与他们共度这团圆的日子。

今年中秋也不例外，我们一家四口带着精心准备的礼物去了奶奶家。奶奶见到我们非常开心，还准备了丰盛的晚餐。我们原本打算吃完晚饭后，边赏月边吃月饼。可是天公不作美，偏偏在今天下起了倾盆大雨。“唉，今天的月亮看不到了。”5 岁的弟弟边说边皱起了眉头。看到弟弟不开心的样子，我的心里像堵了一块块小石头似的。

突然间，我看到了几盒月饼，眼珠一转，我想出了一个让弟弟开心的好主意。我便对弟弟说：“弟弟，我们组织一场吃月饼比赛，好吗？”弟弟听了欢呼雀跃，拍手叫好。我们不一会儿就把赛场准备好了。爷爷奶奶当裁判，我和妈妈一组，爸爸和弟弟一组。随着爷爷的一声哨响，比赛开始了！不到五分钟，我已经把一个月饼狼吞虎咽地吃完了。弟弟虽然人小，也不甘示弱，那樱桃似的小嘴一上一下，不一会儿也吃完了。

爷爷笑哈哈地宣布：“这次比赛，你和弟弟并列第一。哈哈……”全家人沉浸在了中秋的欢乐中。

29. 问：说话人一家中秋节的主要活动是什么？

30. 问：中秋节说话人是在哪里度过的？

31. 问：说话人为什么组织吃月饼比赛？

32 ～ 35 题是根据下面一段话：

寒假期间，同学们应根据自己的情况制订寒假生活计划，合理安排自己的学习时间。首先，同学们应该把老师布置的寒假作业做完，在做作业时，大家不仅要讲求方法，还要把问题都弄明白，不能应付差事，不懂装懂。其次，同学们应该建立一个错题本，把自己上学期做错的题都收集到这个笔记本当中。这样方便对症下药，进行有针对性的复习，提高自己的学习效率。第三，同学们还可以进行适当预习，了解一下下学期都会学些什么内容，让自己心里有个准备，为下学期做好计划。第四，同学们可以在寒假尝试查缺补漏，补补自己的弱科，必要的话，可以在自愿的基础上参加辅导班。基础相对较好的同学，可以让名师点拨一下；而基础弱的同学主要就是补基础，哪儿弱补哪儿。初三、高三学生马上就要面临中考、高考，因此更应该把握机会好好总结复习。

32. 问：寒假期间首先应做什么事？

33. 问：为什么要建立错题本？

34. 问：适当的预习有什么好处？

35. 问：查漏补缺指的是什么？

模拟试题（十）

第一部分

1. 男：把手机调成静音，好好看演出。
   女：放心吧，已经调好了。
   问：对话最可能发生在哪里？
2. 男：水龙头换好了，不会再漏水了。
   女：谢谢师傅！让您跑了两趟，给您添麻烦了。
   问：说话人最可能是什么关系？
3. 女：晓峰朝三暮四的，刚学了几天吉他就不学了，现在又要学钢琴，你抽空找他聊一聊。
   男：平时都忙，等周末吧。
   问：女的让男的做什么？
4. 男：你笑得这么开心，有什么好消息吗？
   女：我面试通过了，下个星期一就上班，试用期工资 5000 多呢。
   问：关于女的，下列哪种说法正确？
5. 男：湖滨路上新开了一家大型商场。你要是还没想好送同学什么礼物，咱们可以去那里看看。
   女：还没想好呢，正好去转一转，要是能找到有趣又有纪念意义的小东西就好了。
   问：说话人打算去做什么？
6. 女：沙发上衣服放满了，被子也不叠，地上的杂志还要不要？你收拾一下呀！
   男：来不及了。我上班去了，回来再说吧。
   问：女的是什么语气？
7. 男：在教室听了一天课了，头有点儿昏。吃完饭想去操场上走走。
   女：好啊，我陪你去，正好我也想放松一下。
   问：对话最可能发生在哪里？
8. 女：我仔细对照了两幅图，只找到四个不同，剩下三个真找不到了。
   男：不错啊。你再看一下颜色、大小，肯定还能找出不同来。
   问：男的是什么态度？
9. 女：林峰，你组织这次植树活动，从宣传、报名到联系当地政府，做了大量细致的工作，你们的事迹受到了市领导的表扬。
   男：谢谢领导的肯定，我会继续努力，全心全意为大家服务。
   问：关于林峰，我们知道什么？
10. 女：天气预报说有中雨，你带上雨伞，拿件衣服吧。
    男：什么中雨啊？你看蓝天白云的，怎么可能下雨呀？
    问：男的是什么语气？

11. 女：合唱团晚上排练，你来看我唱歌吗？
男：七点有个讲座，我想去听。讲座结束后，我去给你们送水果。
问：男的打算先做什么？

12. 男：出什么事了？你脸色怎么这么差？
女：倒霉透了！昨天晚上楼下的邻居家着火了，幸好消防车及时赶到，迅速把火扑灭了。这事弄得我一晚上都没睡好。
问：根据对话，我们知道什么？

13. 女：小刘，高老师住院了，你帮他代一下初二三班的物理课可以吗？
男：没问题。希望高老师早点儿好起来。
问：关于高老师，我们知道什么？

14. 男：李梅，你放假不回家，待在学校里干什么？
女：我找了个编辑的实习工作，报了个英语强化班，年底参加六级考试，等放寒假了再回家。
问：根据对话，我们知道什么？

15. 女：你别在这儿出洋相了，赶快把花衣服脱了。
男：妈，我们排小品呢，要在艺术节上表演，一会儿再跟您说。
问：男的在做什么？

第二部分

16 ～ 17 题是根据下面一段对话：

女：老徐，今天星期六啊，你怎么一大早就起来了？
男：我在准备演讲稿，孟老师请我下周四到学校给孩子们讲一讲。
女：这是好事，那你打算讲什么？
男：为纪念红军长征胜利 80 周年，学校举办“重走长征路，传承革命魂”主题活动。
女：这正是你研究的领域，闭着眼睛也能讲吧？
男：不准备不行啊。头一次给孩子们讲，怎么讲孩子们更爱听，我心里真是没底啊。
女：等儿子起来，你跟他聊聊，了解一下孩子们的喜好。
男：好主意，让他把吴磊、苏梅也叫来。

16. 问：男的为什么要做准备？
17. 问：男的接下来要做什么？

18 ～ 19 题是根据下面一段对话：

男：明天有空儿吗？咱们去参加万柳塘公园的捡垃圾美化环境活动吧？
女：好啊，几点出发？
男：活动八点开始，咱们六点半出发，可以在公园里转一个小时。

女：好，一举两得。我叫上几个同学一起去，人多力量大。

男：下午我把活动通知发到微信群里，人多就组团一起去。

女：早该组织美化环境活动了，这可以让每个人关注身边的环境，提高环保意识。

男：公园锻炼的人多，乱丢垃圾的也不少，这种捡垃圾活动，老人孩子都可以参加，效果应该不错。

女：晚上再联系，看看有多少人参加。

18. 问：男的下午做什么？

19. 问：为什么举办捡垃圾活动？

20 ～ 22 题是根据下面一段对话：

男：那个米老鼠书包能给我看一下吗？

女：您眼光真好。这种双肩包卖得最好，有六种颜色，大中小号的都有。

男：有其他图案的吗？多少钱一个？

女：49 元。小孩子喜欢动物，熊猫、兔子、恐龙、猴子的包都不错。您给多大的孩子买？

男：三到六岁的孩子，我们要捐献给偏远地区的幼儿园。

女：我看啊，女孩儿就买红的，男孩儿就买蓝的，图案也可以区别一下。

男：我看行，那就熊猫的给女孩儿，恐龙的给男孩儿，各给我拿 50 个吧。能优惠吗？

女：当然。我给您打个折，一个 28 元。我也要献一份爱心，支持公益事业。

男：谢谢！我替孩子们谢谢你！

20. 问：男的给女孩儿买了哪种书包？

21. 问：书包优惠了多少钱？

22. 问：男的为什么买书包？

23 ～ 25 题是根据下面一段话：

"请让一让，我是医生。"话音刚落，围观群众自动给他让开一条通道。这一幕，发生在 5 月 25 日下午的北京西站北广场。当时，一名三岁左右的男孩儿因患重症肺炎昏迷在母亲的怀中，正在北京进修的保定市第二医院胸外科医师黄飞恰好路过，他看到之后，冲进人群，跪在地上为孩子做心肺复苏，一次、两次、三次……直到 15 分钟后救护车到达。

在人群中同样喊出"我是医生"的还有河南省第二人民医院肿瘤科医生徐红艳。5 月 18 日，三亚飞往郑州的南航 CZ6552 航班上，一名六岁男童突发抽搐昏厥。紧要关头，乘坐同一航班的徐红艳喊出一句"我是医生"，在危急时刻伸出援手，并最终成功在高空抢救了患者。

当家属心急如焚时，一句"我是医生"是最温暖的话语。

23. 问：5 月 25 日北京西站北广场发生了什么事？

24. 问：徐红艳是谁？

25. 问：两位医生都说了什么话？

26～28 题是根据下面一段话：

很多食物在现在的电视剧、小说中都在玩儿“穿越”。那么在不同的朝代，古人的餐桌上究竟应该有哪些食物呢？

如果爱吃韭菜炒鸡蛋，那么你就有口福了，因为韭菜是我国土生土长的蔬菜，我们在西汉的时候就可以吃到。此外，萝卜、冬瓜、笋、葱、姜等也都产自我国。

但是如果你爱吃西红柿炒鸡蛋、炝炒土豆丝、辣子鸡丁等家常菜，那你可能就要等到明清甚至民国时期才能吃到了。因为西红柿、土豆和辣椒都产自美洲，基本都是明清时期通过海运从东南沿海传入我国。此外，大蒜、黄瓜、菠菜、胡萝卜、南瓜、紫甘蓝、花菜等也来自国外。

26. 问：在明代以前我们能吃到什么菜？

27. 问：下列哪一项的作物产自美洲？

28. 问：下列哪些蔬菜是从国外传入我国的？

29～31 题是根据下面一段话：

平时，学生忙着上学，家长忙着上班，坐在一起交流的时间很少。暑假时，同学们可以利用假期，多和父母一起做做家务、走亲访友，增进与父母、亲人的沟通交流。坐下来和亲人谈谈心，汇报一下学习情况，也可以和亲人讨论一下社会热点，加深对社会的理解。暑假期间，大家还可以和家人一起去逛逛书店、博物馆、科技馆等，和亲人一起充实自己的大脑。你也许会惊讶地发现，其实大人们也是很好沟通的。

每个中学生都希望自己在全面发展的同时拥有一技之长和自己的兴趣爱好。可是，平时紧张的学习生活总是让大家无暇顾及，只有在假期，完成作业之余才能有计划地安排自己的业余爱好。放假期间，同学们每天可以安排一些有意义的体育活动，既能增强身体素质，还能陶冶情操、磨炼意志。轮滑、游泳、篮球、足球等都是不错的选择。尤其对初三学生而言，更要加强体育锻炼，不要因为假期懒惰而影响自己的中考体育成绩。此外，摄影、书法、街舞、阅读或是编织中国结等活动也可以作为自己的兴趣爱好。

29. 问：平时学生和家长沟通少的主要原因是什么？

30. 问：多跟家长一起活动会发现什么？

31. 问：这段话可能是说给谁听的？

32～35 题是根据下面一段话：

现在，微信上各种各样的网络投票活动真是不少。一些评选孩子的活动，家长发动亲朋好友来投票、点赞：“亲，每天一票。”“又可以投票了，别点错啊，是 35 号。”原本应该“评孩子”的评选，结果变成了比谁圈子大、方法多，甚至出现了技术造假、刷票、买票等现象。一项调查结果显示，有 68% 的受访者表示朋友圈拉票令人反感，其中 12.3% 的受访者表示非常反感。

守规则、有质量的评选活动，给孩子以正向激励，让孩子在“付出努力——得到肯定——自我认同”的反馈过程中培养自己的信心，找到自己的乐趣。从孩子们表现好得到的“小红花”，到“三好学生”，都可以看作是一种正向的激励。只有以实事求是的、正向的激励方式来“选优”“点赞”，才能让孩子形成正确的自我认知，从而真正达到评选的目的。

32. 问：关于网络投票活动，家长们的做法是什么？
33. 问：这段话中提到的调查的目的是什么？
34. 问：正向激励的作用是什么？
35. 问：这段话主要为了说明什么？

第四部分

答案及详解

模拟试题（一）

答案速查

1. C	2. D	3. C	4. C	5. A	6. D	7. D	8. B	9. C	10. C
11. A	12. C	13. A	14. A	15. A	16. C	17. A	18. B	19. C	20. C
21. D	22. D	23. B	24. A	25. D	26. B	27. B	28. A	29. D	30. A
31. C	32. A	33. B	34. C	35. D	36. D	37. A	38. A	39. C	40. B
41. D	42. A	43. D	44. B	45. B	46. D	47. D	48. C	49. B	50. C
51. C	52. D	53. B	54. D	55. A	56. C	57. B	58. B	59. B	60. D
61. B	62. D	63. D	64. C	65. D	66. D	67. B	68. D	69. D	70. C
71. D	72. A	73. D	74. D	75. D	76. A	77. D	78. A	79. C	80. D
81. 树立	82. 偶像	83. 经历	84. 即使	85. 彩霞					

【参考范文】

感　谢　信

尊敬的三中领导：

您好！

我们是李明的爷爷奶奶，非常感谢贵校王东同学和他的“学雷锋小组”一直以来对我们的帮助。

李明的父母常年在外面打工，我们年龄大了，身体也不太好，李明每天除了学习以外，还要照顾我们，压力很大。他们班的同学王东得知这些情况后，成立了专门负责帮助我们的“学雷锋小组”。

他们利用课余时间帮我们打扫房间、洗衣服和买菜，有时也陪我们出去散步，听我们讲过去那些有意思的事情，也会给我们讲学校里的新鲜事儿，我们每天都很开心。

感谢你们对孩子们的培养，希望他们能永远保持一颗善良的心，继续帮助那些生活中有困难的人，努力学习科学文化知识，将来为国家和社会多做贡献。

此致

敬礼！

李明的爷爷奶奶

5月30日

详细解析

一、听力理解

1. 正确答案是C。本题主要考查的是考生能否掌握对话中的关键信息。女的用了一个反问句式

“还有必要吗？”，表达的是否定的意思，即没必要买了。而不买的原因是“这种天气”，即天气凉快，所以选项 C 为正确答案。

2. 正确答案是 D。本题主要考查的是考生能否掌握对话中的关键信息。女的回答脸色不好的原因时说“赶论文”，所以D为正确答案。“开夜车”是惯用语，并不是夜里上班或开车，排除选项B、C。而“没什么”否定了不舒服，选项 A 也不对。
3. 正确答案是 C。本题主要考查的是考生能否掌握对话中的具体信息并进行推理判断。男的说“我是去发信”，由此判断他要去邮局，所以选项 C 为正确答案。
4. 正确答案是 C。本题主要考查的是考生能否掌握对话中的具体信息并进行推理判断。女的直接表明了自己的身份和与陈老师的关系，可以得知女的既不是老师也不认识陈老师，选项 C 为正确答案。
5. 正确答案是 A。本题主要考查的是考生能否掌握对话中的主要事实并进行推理判断。男的说“如果大家都准时的话，就不用着急了”，从这里可以判断出有人已经不准时了，与选项 A 的意思一致，排除选项 D。男的关注的是能否准时，故选项 B、C 也不对。
6. 正确答案是 D。本题主要考查的是考生能否掌握对话中的具体信息并进行推理判断。女的说“打了几次都没人接”，可以推出是打电话，而不是打车，所以选项 D 正确，选项 B 不正确。选项 A、C 的内容对话中没有提到。
7. 正确答案是 D。本题主要考查的是考生能否掌握对话中的具体信息并进行推理判断。女的说“等中考完一定好好玩儿玩儿”，说明现在学习太忙了，没有时间玩儿，所以选项D为正确答案。而选项 A、B、C 都与游玩儿有关，但不是女的要表达的意思。
8. 正确答案是 B。本题主要考查的是考生能否掌握对话中的具体信息并进行推理判断。女的说“咱们班得了第一名”，由此可以知道他们是同学关系，选项 B 正确。
9. 正确答案是 C。本题主要考查的是考生能否掌握对话中的具体信息并进行推理判断。男的说“听说您来采访”，可以知道女的是记者，选项 C 正确。
10. 正确答案是 C。本题主要考查的是考生能否领会说话人的观点和态度。男的说“当然不会”表示同意女的的看法，即男的和女的都认为锻炼身体更重要。因此选项 C 符合题意。
11. 正确答案是 A。本题主要考查的是考生能否掌握对话中的具体信息并进行推理判断。女的说“你当选咱班的团支部书记了”，说明男的和女的是同学关系，男的是学生，选项 A 正确。
12. 正确答案是 C。本题主要考查的是考生能否领会说话人的观点和态度。男的说“你也不比他好多少”，即男的认为女的跟小李一样，所以选项 C 正确。
13. 正确答案是 A。本题主要考查的是考生能否掌握对话中的具体信息并进行推理判断。女的说“我都准备好了”，意思是决定去，所以选项 A 正确。
14. 正确答案是 A。本题主要考查的是考生能否掌握对话中的具体信息并进行推理判断。男的说“希望如此吧，这次竞争很激烈”，意思是他希望能评上，但竞争激烈，能不能评上不一定，所以选项 A 正确。
15. 正确答案是 A。本题主要考查的是考生能否领会说话人的观点和态度。女的说“我妈说胖是福气”，由此可以得知，选项 A 为正确答案。

16. 正确答案是 C。本题主要考查的是考生能否掌握对话中的具体信息。男的说“祝贺你，作文比赛获得了一等奖！”，所以女的是在作文比赛中获的奖，选项 C 为正确答案。

17. 正确答案是 A。本题主要考查的是考生能否把握对话中的具体信息。女的说“读书不仅提高了我的写作水平，更重要的是给我带来了快乐”，“更”字说明女的认为给人带来快乐最重要，所以选项 A 正确。

18. 正确答案是 B。本题主要考查的是考生能否掌握对话中的具体信息并进行推理判断。女的提到“中考”“成绩”“老师”，然后还跟男的比成绩，说明两个人是同学，所以选项 B 为正确答案。

19. 正确答案是 C。本题主要考查的是考生能否掌握对话中的具体信息并进行推理判断。提到成绩，女的说“我哪能跟你比呀！”，说明女的认为自己不如男的，与选项 C 的意思一致，所以选项 C 为正确答案。

20. 正确答案是 C。本题主要考查的是考生能否掌握对话中的主要事实并进行推理判断。女的说“他又在课堂上偷偷玩儿游戏了”，所以选项 C 为正确答案。

21. 正确答案是 D。本题主要考查的是考生能否掌握对话中的具体信息并进行推理判断。女的说张磊“不服气，说我讲的内容他都会”，说明张磊是因为自己已经掌握了，所以才觉得没意思。所以选项 D 正确。

22. 正确答案是 D。本题主要考查的是考生能否掌握对话中的具体信息并进行推理判断。女的开头就说“你们班的张磊今天数学课上又违反课堂纪律了”，从这句话中可以推出男的和女的是同事，所以选项 D 正确。

23. 正确答案是 B。本题主要考查的是考生能否掌握听力材料中的关键信息。材料中提到“贵州省退役军人事务厅收到了一封寻亲信和一本小册子”，由此可知，杨宁把信寄到了贵州，所以选项 B 符合题意。

24. 正确答案是 A。本题主要考查的是考生能否掌握听力材料中的具体信息并进行推理判断。材料中提到“可对当时的杨宁来说，贵州太远了”，因此，“太远”是杨宁没有去的一个重要原因，其他选项材料中均没有提到。因此选项 A 符合题意。

25. 正确答案是 D。本题考查的是考生能否掌握听力材料中的关键信息。材料提到“这是我们第一次集中找到这么多烈士的家属，要感谢杨宁这样的志愿者”，因此选项 D 符合题意。选项 C 具有很强的干扰性，不是杨宁找到了烈士，而是找到了烈士的家属。选项 A 和 B 均与问题不符。

26. 正确答案是 B。本题主要考查的是考生能否领会听力材料的内容要点或大意。听力材料开头提到了“家庭成员之间态度的好坏，将对一个人一天的情绪产生很大的影响”，由此可以得知选项 B 符合题意。

27. 正确答案是 B。本题主要考查的是考生能否掌握听力材料中的关键信息。听力材料提到“如果夫妻早晨一起床就互相说一些不愉快的事……打不起精神，搞不好工作，甚至发生事故”，由此可以得知选项 B 符合题意，选项 A、C、D 均与原文相反，可以直接排除。

28. 正确答案是 A。本题主要考查的是考生能否掌握听力材料中的关键信息。听力材料中提到“对孩子也要多说些鼓励的话”，与选项 A 的内容一致，其他选项均不符合题意。

29. 正确答案是 D。本题主要考查的是考生能否掌握听力材料中的关键信息。听力材料中提到足球比赛时说，它“使在场的每一位观众像孩子一样陶醉、兴奋和激动不安”，所以选项 D 为正确答案。其他选项在材料中都没有提到。

30. 正确答案是 A。本题主要考查的是考生能否掌握听力材料中的关键信息。听力材料中提到“进球似乎是唯一的目的”，与选项 A 的意思一致，所以选项 A 正确。

31. 正确答案是 C。本题主要考查的是考生能否掌握听力材料中的关键信息。材料中提到“把足球送进对方球门中的运动员就变成了功臣和英雄”，由此可以得出选项 C 为正确答案。

32. 正确答案是 A。本题主要考查的是考生能否掌握听力材料中的关键信息。材料中第一句就说“儿子最大的爱好便是读书”，所以选项 A 为正确答案。

33. 正确答案是 B。本题主要考查的是考生能否掌握听力材料中的关键信息。材料中提到“每当他兴奋不已地跟我讲他选的书时，我的内心都会陷入矛盾”，由此可以得知选项 B 为正确答案。

34. 正确答案是 C。本题主要考查的是考生能否掌握听力材料中的关键信息。材料中说“读书都是提高做人品位的最佳途径”，所以选项 C 为正确答案。

35. 正确答案是 D。本题主要考查的是考生能否领会说话人的观点和态度。关于如何提高学习成绩，材料最后提到“良好的读书习惯可能更有助于学习成绩的提高”，从“更”字中可以得知选项 D 为正确答案。选项 A、B 都太片面。材料中直接说明了报辅导班不如帮助孩子养成良好的读书习惯更有效，所以选项 C 排除。

二、阅读理解

36. 正确答案是 D。本题主要考查的是考生能否掌握词语在句子中的含义和用法。具体来讲，原文要表达的意思是“没有刻苦的训练，就没有今天的成绩”。“没有……哪里有……”是一个反问句式，用来强调否定。选项 D 符合句义。

37. 正确答案是 A。本题主要考查的是考生能否掌握词语在句子中的含义和用法。从原句来看，句子要表达的意思应该是“你用这种方法处理事情”很有可能或一定会导致“误解”，形容词“必然”可以表示确定不移会发生的。因此选项 A 符合句义。

38. 正确答案是 A。本题主要考查的是考生能否掌握词语在句子中的含义和用法。从前半句“每天”可以判断“他”锻炼没停止过，“停歇”表示停止。“从来”表示“从过去到现在”，可与后半句“都不停歇”放在一起表示从过去到现在都不停歇，选项 A 符合句义。

39. 正确答案是 C。本题主要考查的是考生能否掌握词语在句子中的含义和用法。具体考查“与其……不如……”这个搭配。这一对关联词语用于有取舍关系的复句中，表示在两个当中做出选择，选择后一个比前一个要好。原句正是把“在街上闲逛”和“在家里看点儿书”二者进行比较，得出“在家里看点儿书”更好的结论。因此选项 C 符合句义。

40. 正确答案是 B。本题主要考查的是考生能否掌握词语在句子中的含义和用法。具体考查动词与名词的搭配。疫情通常属于病毒性传播，既不能限制，也不能停止和制止。一般我们只能通过一定的方法和措施来控制。因此只有选项 B 符合句义。

41. 正确答案是 D。本题主要考查的是考生能否掌握词语在句子中的含义和用法。具体考查形容词“牢固”的用法。表示两个人的关系好，可以用“牢固”，选项 C“硬朗”可以形容人的身体，不能形容两个人的关系。“确定”和“坚定”也不能形容两个人的关系。因此选项 D 符合句义。

42. 正确答案是 A。本题主要考查的是考生能否掌握词语在句子中的含义和用法。具体来讲，本题考查名词“方法”的用法。教育孩子需要的是“方法”，因此选项 A 符合句义。

43. 正确答案是 D。本题主要考查的是考生能否掌握词语在句子中的含义和用法。具体来讲，本题考查副词“一直”的用法。“一直”表示总是、始终的意思，整体来看，这个句子表达的是他从过去到现在始终坚持自己的主张，选项 D 符合句义。“从来”也可表示向来、历来、一直以来的意思，但“从来”一般与“不”搭配，表示否定的含义，用在这个句子中不恰当。

44. 正确答案是 B。本题主要考查的是考生能否掌握词语在句子中的含义和用法。具体来讲，本题考查形容词“严格”的用法。管教孩子可以用“严格”来形容，因此选项 B 符合句义。选项 A、C、D 都不能与“管教孩子”搭配使用。

45. 正确答案是 B。本题主要考查的是考生能否掌握词语在句子中的含义和用法。具体考查副词“一定”的用法。从“这么重要的比赛”可以得知比赛很重要，所以“一定”用在这里能表达这层含义。选项 B 符合句义，其他三个选项都不恰当。

46. 正确答案是 D。本题主要考查的是考生能否掌握词语在句子中的含义和用法。具体考查考生能否正确理解句义及掌握关联词语“因为……所以……”的意义及用法。题干想表示的是一种因果关系，选项 B 表示的是“不管条件怎样，结果都不会改变”，选项 A 和 C 表示条件关系，也不符合句义，因此只有选项 D 符合句义。

47. 正确答案是 D。本题主要考查的是考生能否掌握词语在句子中的含义和用法。具体考查考生能否正确理解句义及掌握“如果……就……”与动词“改变”的意义及用法。题干想表示的是一种假设关系，并且前面的词必须能和“就”连用，后面的词应能和“计划”搭配，因此只有选项 D 符合句义。

48. 正确答案是 C。本题主要考查的是考生能否掌握词语在句子中的含义和用法。具体考查考生能否正确理解句义及掌握“毕业”与“继续”的意义及用法。题干想表示的是大学毕业以后继续学习的愿望。选项 C 符合句义。

49. 正确答案是 B。本题主要考查的是考生能否掌握词语在句子中的含义和用法。具体考查考生能否正确理解句义及掌握“培养”与“特长”的意义及用法。看各个选项，只有“培养爱好”“发挥特长”的搭配是恰当的，所以选项 B 正确。

50. 正确答案是 C。本题主要考查的是考生能否掌握词语在句子中的含义和用法。具体考查考生能否正确理解句义及掌握“心理”的搭配情况和“不在乎”的意义及用法。选项中能与“心理”搭配的只有“负担”，所以选项 C 正确。

51. 正确答案是C。本题主要考查的是考生能否根据需要获取阅读材料的细节性信息并推理判断。文章开头说“郁钧剑的祖父……对诗词书画非常精通。受家庭的影响”，由此可以得知郁钧剑爱读书是受祖父影响，祖父就是爷爷，因此选项C正确。

52. 正确答案是D。本题主要考查的是考生能否根据需要获取阅读材料的细节性信息。文章提到“新中国成立后，祖父将书都运往了上海”，由此得知新中国成立后祖父在上海居住。因此选项D正确。

53. 正确答案是B。本题主要考查的是考生能否根据需要获取阅读材料的细节性信息。文章最后说“如今，最令他自豪的是，家中已有近40个书柜，藏书近万册”，这与选项B的意思一致，因此选项B正确。

54. 正确答案是D。本题主要考查的是考生能否领会阅读材料的主要内容和中心意思。文章第一段最后一句提到“人们对长相和地点的识别能力与遗传基因有关”，即影响记忆力的因素是“遗传基因”，因此选项D正确。

55. 正确答案是A。本题主要考查的是考生能否根据需要获取阅读材料的细节性信息。文章第二段最后一句提到“在回忆面部和地点的时候，同性双胞胎大脑活动模式的相似程度比异性双胞胎更高”，即在记忆面部和地点方面，同性双胞胎大脑活动模式的相似程度更高，选项A与之符合，是正确答案。

56. 正确答案是C。本题主要考查的是考生对文章细节内容的查找能力。根据第三段“与各种物体和生造词汇相比，人们更善于记忆长相和地点”可知选项C正确。

57. 正确答案是B。本题主要考查的是考生能否领会阅读材料的主要内容和中心意思。文章在第一段就提到了“扇子是人们常用的扇风工具……被称为艺术品”，恰好符合“实用性”和“艺术性”两个方面的特点。因此正确答案为B。

58. 正确答案是B。本题主要考查的是考生对文章细节内容的查找和理解能力。根据文章的最后一句话“著名的檀香扇、象牙扇，不但是我国扇子中的佳品，在世界上也很有名”，我们可以判断选项B正确。

59. 正确答案是D。本题主要考查考生对文章细节内容的查找和理解能力。文章最后一段说“除了竹子，杭州的折扇扇骨以前还常采用竹子、象牙、檀香木等珍贵的材料制作而成”，由此可以看出杭州折扇扇骨部分材料珍贵。所以选项D正确。

60. 正确答案是D。本题主要考查的是考生能否根据需要获取阅读材料的细节性信息。文章开头提到5G的出现“将满足全球对整个产业升级的期待，同时也会给各行各业创造前所未有的商机，从而加快经济的发展”，选项B、C与之意思相符。第三段提到“5G网络的出现，将会为物联网技术的发展提供有力支撑。”选项A与之意思相符。文中提到5G将使游戏过程更加顺利，但未提到会推出更多游戏，选项D不属于5G带来的变化。所以选项D正确。

61. 正确答案是B。本题主要考查的是考生能否根据需要获取阅读材料的细节性信息。文章提到“对游戏爱好者来说，5G的好处是……游戏过程更顺利”，因此选项B正确。

62. 正确答案是D。本题主要考查的是考生对文章主要内容的理解能力和查找信息的能力。文章第四段提到“随着移动性不再仅限于智能手机，5G 正在成为我们一生中可能见到的最具影响力的技术变革之一”，由此可以排除选项 A、B。选项 C 表述不当，5G“受益于通信……乘法效应”，不是带来“乘法效应”。因此只有选项 D 正确。

63. 正确答案是 D。本题主要考查的是考生查找细节的能力。文章最后一段提到 5G“将使万物互联，并与所有人相连”，这与选项 D 表达的意思一致，因此选项 D 正确。

64. 正确答案是 C。本题主要考查的是考生能否掌握词语在句子中的含义和用法。文章提到的“第一印象”一般指的就是第一次的印象，因此选项 C 正确。

65. 正确答案是 D。本题主要考查的是考生对文章细节内容的查找和理解能力。文章第二段提到了自我介绍的四种方式，选项 A、B、C 均提到了，选项 D“学习式”没有提到。

66. 正确答案是 D。本题主要考查的是考生能否根据需要获取阅读材料的细节性信息。谈到自我介绍，文章说“在不同场合，面对不同对象，自我介绍有不同的要求”，因此选项D正确。选项A、B 的内容不全面，选项 C 的内容与文章表达的意思是相反的。

67. 正确答案是 B。本题主要考查的是考生能否根据需要获取阅读材料的细节性信息。从“今后大家走出校门……”一句中即可得知这篇文章是写给学生看的，因此选项 B 正确。

68. 正确答案是 D。本题主要考查的是考生能否根据需要获取阅读材料的细节性信息。文章开头提到妈妈们最担心的就是自己的孩子考不上理想的学校，由此可以判断出阿勇妈妈是因为担心阿勇考不上好学校而着急，因此选项 D 正确。

69. 正确答案是 D。本题主要考查的是考生能否根据需要获取阅读材料的细节性信息。文章第二段开头提到“家长无时无刻不在盯着孩子学习……容易产生依赖和逆反心理”，由此可以判断选项 D 正确。

70. 正确答案是 C。本题主要考查的是考生对文章细节内容的查找能力。文章第二段提到“学习不是靠家长盯着就能完成的，而是靠孩子的积极性、主动性”，因此选项 C 正确。

71. 正确答案是 D。本题主要考查的是考生能否根据需要获取阅读材料的细节性信息。第二段最后提到知心姐姐对模拟考试的看法，她认为“平时模拟考试的目的是查缺补漏”，因此选项 D 正确。

72. 正确答案是 A。本题主要考查的是考生对文章细节内容的查找和理解能力。文章第一段提到“她只要一读书，就全身心地钻到书里”，这说明玛丽学习非常刻苦，因此选项 A 正确。

73. 正确答案是 D。本题主要考查的是考生对文章细节内容的查找能力。玛丽向姐姐解释搬出去的原因时说“这里一天到晚人来人往，没完没了的客人，太影响我的功课了”。由此可以得知选项 D 正确。

74. 正确答案是 D。本题主要考查的是考生能否领会阅读材料的主要内容和中心意思。文章第三段的开头说“在玛丽看来，时间就是知识”，这是第三段的中心句，接下来叙述的都是节约时间抓紧学习的事情，因此选项 D“玛丽懂得珍惜时间”正确。

75. 正确答案是 D。本题主要考查的是考生能否领会阅读材料的主要内容和中心意思。文章一直围绕玛丽抓紧时间刻苦学习展开，这是文章的主要内容和中心意思，因此选项 D 正确。选项 A、B、C 只是具体的事实。

三、书面表达

76. 正确答案是 A。本题主要考查的是考生能否掌握各种词语之间的搭配和修饰。选项 A 属于病句中的“搭配不当”类型。“鼓舞”表示使振作，而“鼓励”表示激发、勉励。“鼓励”常用于兼语句“鼓励某人做某事”，“鼓舞”不这么用。因此“鼓舞”用在此处不当。此句的正确表达应为“我们应该鼓励她好好学习”。

77. 正确答案是 D。本题主要考查的是考生对语法表达中成分残缺的掌握情况。选项 D 属于病句中的“缺失主语”类型。句子前后两个部分表达的内容都没有主语，正确表达应为“听了这段报告，我们懂得了许多道理”。

78. 正确答案是 A。本题主要考查的是考生能否掌握句子成分在句子中的正确位置。选项 A 属于病句中“语序不当”类型。这是一个“把”字句，状语“赶快”应放在“把”字前面，因此正确表达应为“请你们赶快把作业交给我”。

79. 正确答案是C。本题主要考查的是考生能否掌握句子成分在句子中的正确位置。选项C中的“两次”做补语，而不是状语，它应该放在谓语动词“看过”的后面，因此正确表达应为“我们班看过两次介绍长城的电影”。

80. 正确答案是 D。本题主要考查的是考生能否掌握各种词语之间的搭配和修饰。选项 D 中的“轻易”与“容易”混用。“轻易”表示简单容易、随随便便，“容易”表示做起来不费事，发生某种变化的可能性大。因此正确表达应为“王先生太忙了，你轻易找不到他”。

81. “树立”，二级词。本题主要考查的是考生能否结合上下文语境，根据给出的拼音，写出正确的字。既考查考生的书写能力，又在一定程度上考查考生的阅读理解能力。本题的难点是正确书写出左中右结构的“树”字。有的考生可能会写成同音字“竖”。

82. “偶像”，二级词。本题主要考查的是考生能否结合上下文语境，根据给出的拼音，写出正确的字。既考查考生的书写能力，又在一定程度上考查考生的阅读理解能力。本题的难点是正确书写出“像”。考生容易混淆“像”和“象”，教学中要结合语义、搭配进行区分。

83. “经历”，二级词。本题主要考查的是考生能否结合上下文语境，根据给出的拼音，写出正确的字。既考查考生的书写能力，又在一定程度上考查考生的阅读理解能力。本题词语属于常用词语，难点是正确区分“历”和“厉”。

84. “即使”，二级词。本题主要考查的是考生能否结合上下文语境，根据给出的拼音，写出正确的字。既考查考生的书写能力，又在一定程度上考查考生的阅读理解能力。“即使”是表示假设关系的关联词语，本题的难点是正确区分“即”和“既”。

85. “彩霞”，二级词。本题主要考查的是考生能否结合上下文语境，根据给出的拼音，写出正确的字。既考查考生的书写能力，又在一定程度上考查考生的阅读理解能力。本题的难点是正确书写偏旁“彡”。

模拟试题（二）

答案速查

1. C	2. B	3. A	4. B	5. C	6. C	7. C	8. D	9. C	10. B
11. B	12. A	13. C	14. B	15. C	16. B	17. C	18. B	19. A	20. B
21. C	22. A	23. B	24. D	25. A	26. B	27. A	28. B	29. D	30. C
31. C	32. B	33. C	34. D	35. C	36. D	37. B	38. C	39. C	40. A
41. B	42. C	43. B	44. C	45. D	46. D	47. A	48. B	49. D	50. A
51. D	52. C	53. C	54. C	55. B	56. D	57. C	58. C	59. B	60. D
61. B	62. A	63. A	64. C	65. B	66. B	67. A	68. B	69. B	70. B
71. D	72. C	73. D	74. C	75. C	76. C	77. D	78. D	79. A	80. C
81. 高潮	82. 核心	83. 标志	84. 诞生	85. 引导					

【参考范文】

幸福就在努力的过程中

读了这篇小短文，我深受启发。我觉得幸福是来源于内心的一种感受，只有内心得到满足才是幸福的，幸福就在努力的过程中。

上初一时，我很懒散，成绩非常差。那时，我很失落，也很烦。后来在老师和同学们的帮助下，我认真复习学过的知识，期末考试成绩有了一些提高，但还是不理想。这时，我突然明白，如果没有足够的实力，是无法在任何地方立足的。我知道，我现在开始努力还不算晚。

有了这样一个认识，我便开始努力了。我认真上好每一节课，做好笔记，下课回到家后一边整理笔记，一边复习当天学过的内容，还预习第二天要学的新内容。

经过努力，现在我的成绩提高了不少，我感觉心里暖暖的，这都是自己努力的结果啊！此时此刻，我觉得自己特别幸福。

我终于明白了一个道理：幸福是通过自己努力得来的。幸福就在努力的过程中。

详细解析

一、听力理解

1. 正确答案是 C。本题主要考查的是考生能否掌握对话中的具体信息并进行推理判断。从“学习”“高中”这些信息中就可以判断出说话人的身份是学生，选项 C 为正确答案。
2. 正确答案是 B。本题主要考查的是考生能否掌握对话中的具体信息并进行推理判断。女的说“我爷爷写，我就跟着写”，所以女的的毛笔字是跟爷爷学的，选项 B 为正确答案。
3. 正确答案是 A。本题主要考查的是考生能否领会对话中的观点和态度。女的说“要谦虚”，男的说:“你这话是什么意思啊？”这是个反问句式，表达的是男的的不满，所以选项A为正确答案。选项B、C与对话意思相反，选项D的程度太重了，排除。

4. 正确答案是B。本题主要考查的是考生能否掌握对话中的具体信息并进行推理判断。女的提到“咱们数学老师”，说明说话人是同学关系，所以选项B为正确答案。

5. 正确答案是C。本题主要考查的是考生能否领会对话中的观点和态度。男的说的“她的话你也信？”是反问句，意思是耿玲的话不可信，所以选项C为正确答案。

6. 正确答案是C。本题主要考查的是考生能否掌握对话中的关键信息。从“我从小就喜欢数学”和“兴趣才是最好的老师”可以得知，喜欢才能学好，所以选项C为正确答案。

7. 正确答案是C。本题主要考查的是考生能否掌握对话中的关键信息。女的告诉男的不要乱扔塑料袋，男的说“我以后一定注意保护我们的生活环境”。可见他们在讨论如何保护环境，所以选项C为正确答案。

8. 正确答案是D。本题主要考查的是考生能否掌握对话中的具体信息并进行推理判断。女的说“家庭作业只是对学校所学知识的简单重复”，即她认为家庭作业没有必要，所以选项D为正确答案。选项A、B、C分别说的是作业的多少、难易程度和完成状态等，不是女的要表达的重点，而且对话中也没有提到，因此选项A、B、C排除。

9. 正确答案是C。本题主要考查的是考生能否掌握对话中的具体信息并进行推理判断。从“师傅开快点儿好吗？”可以推断他们是在出租车上对话，所以选项C为正确答案。

10. 正确答案是B。本题主要考查的是考生能否掌握对话中的具体信息并进行推理判断。从“浑身上下都难受，所以我就来医院了”中我们可以判断，男的是来看医生了，所以选项B为正确答案。

11. 正确答案是B。本题主要考查的是考生能否掌握对话中的具体信息并进行推理判断。女的说“我叫上张华和杨丽”，即准备四个人去，可男的说“张华早就飞到云南去了，杨丽倒是没问题”，即只能约上一个人，所以选项B为正确答案。

12. 正确答案是A。本题主要考查的是考生能否掌握对话中的关键信息。女的说“今年夏天真舒服，太凉快了”，男的说“是啊”，即男的同意女的的说法，所以选项A为正确答案。

13. 正确答案是C。本题主要考查的是考生能否掌握对话中的具体信息并进行推理判断。从“还书”这个关键信息可以推测，对话发生在图书馆的可能性最大，所以选项C为正确答案。

14. 正确答案是B。本题主要考查的是考生能否掌握对话中的关键信息。女的说“你跑什么呀”，说明男的正在跑，所以选项B为正确答案。

15. 正确答案是C。本题主要考查的是考生能否掌握对话中的具体信息并进行推理判断。男的希望女的给他讲一下，说明男的不会做，排除选项A。女的说“我正准备做完最后一道题去问你呢”，说明女的也不会做，所以选项C为正确答案。

16. 正确答案是B。本题主要考查的是考生能否掌握对话中的具体信息并进行推理判断。男的问女的是哪个学校毕业的，女的说“清华大学”，男的说“咱俩是校友”，即男的也是清华大学毕业的，所以选项B为正确答案。

17. 正确答案是C。本题主要考查的是考生能否掌握对话中的具体信息并进行推理判断。男的说

“我是1986年毕业的”，女的说“我是83年毕业的”，女的比男的早毕业三年。所以选项C为正确答案。

18. 正确答案是B。本题主要考查的是考生能否掌握对话中的具体信息并进行推理判断。女的夸男的毛笔字写得好，男的说“你别忘了我的专业，书画同源嘛”，由此可以判断，男的是学画画儿的，所以选项B为正确答案。
19. 正确答案是A。本题主要考查的是考生能否掌握对话中的关键信息。女的说“你还挺多才多艺的”，所以选项A为正确答案。
20. 正确答案是B。本题主要考查的是考生能否掌握对话中的关键信息。女的说“我五点多钟就起来了”，所以选项B为正确答案。
21. 正确答案是C。本题主要考查的是考生能否掌握对话中的关键信息。女的说“六点半结束锻炼，去早市买菜”，所以选项C为正确答案。
22. 正确答案是A。本题主要考查的是考生能否掌握对话中的具体信息并进行推理判断。对话中提到女的“五点多钟就起来了”“六点半结束锻炼”，由此可以推断出她锻炼一个小时左右，所以选项A为正确答案。
23. 正确答案是B。本题主要考查的是考生能否掌握听力材料中的具体信息并进行推理判断。听力材料中提到“汽车大王不是一个吝啬的人，但他却很少捐款”，这里可以理解为他不喜欢捐款，所以选项B为正确答案。
24. 正确答案是D。本题主要考查的是考生能否掌握听力材料中的关键信息。听力材料中提到“校长为了扩建学校来请求他捐款”，所以选项D为正确答案。
25. 正确答案是A。本题主要考查的是考生能否掌握听力材料中的关键信息。听力材料中提到，校长第一次请求汽车大王捐款时，汽车大王买了一袋花生种子送给了校长，所以选项A为正确答案。“600万元”是汽车大王第二年给的，与问题不符，所以选项B不对。
26. 正确答案是B。本题主要考查的是考生能否掌握听力材料中的关键信息。听力材料说到赤足走路时提到“足底反射”学说，即赤足走路的理论依据是“足底反射”学说，所以选项B为正确答案。
27. 正确答案是A。本题主要考查的是考生能否掌握听力材料中的关键信息。听力材料说到后退着走的好处时说“对腰腿痛等病症有治疗作用”，所以选项A为正确答案。
28. 正确答案是B。本题主要考查的是考生能否掌握听力材料中的关键信息。听力材料说到爬行的好处时说“对血管系统疾病及各种脊椎、腰部疾病均有较好疗效”，所以选项B为正确答案。
29. 正确答案是D。本题主要考查的是考生能否掌握听力材料中的主要事实和具体信息。听力材料中说“见消防车驶来，杜秉泽立即打开手机手电筒举过头顶，跑着将消防车引导至事故现场”，所以选项D为正确答案。
30. 正确答案是C。本题主要考查的是考生能否掌握听力材料中的关键信息。听力材料说“消防员很快救出屋内4名被困人员”，所以选项C为正确答案。
31. 正确答案是C。本题主要考查的是考生能否掌握听力材料中的具体信息并进行推理判断。提到杜秉泽，网友们说“点赞！”“你奔跑的样子真好看！”“你又细心又有责任心”等，都是表示赞扬的话，所以选项 C 为正确答案。

32. 正确答案是 B。本题主要考查的是考生能否掌握听力材料中的主要事实并进行推理判断。听力材料中讲到年轻人上大学时向校长提意见，但没有被接受，于是他决定自己办学校，所以选项 B 为正确答案。
33. 正确答案是 C。本题主要考查的是考生能否掌握听力材料中的主要事实并进行推理判断。年轻人想办学，但没有钱，他想到了一个办法，即举办一个演讲会。听完他的演讲，一个商人给了他 100 万。所以选项 C 为正确答案。
34. 正确答案是 D。本题主要考查的是考生能否掌握听力材料中的具体信息并进行推理判断。听力材料中提到“有人说，敢想就成功了一半，那另一半就是去做”，所以选项 D 为正确答案。其他选项的内容都不全面。
35. 正确答案是 C。本题主要考查的是考生能否掌握听力材料中的关键信息。听力材料提到“这个年轻人后来成了备受人们爱戴的哲学家、教育家”，所以选项 C 为正确答案。

二、阅读理解

36. 正确答案是 D。本题主要考查的是考生能否掌握词语在句子中的含义和用法。从原句中可以看出，“好处”一般是获得、享受或得到。改革开放让人民的生活发生了很大的改善，因此可以说人们群众享受到了它带来的好处，其他选项放在这里都不恰当。因此选项 D 符合句义。
37. 正确答案是 B。本题主要考查的是考生能否掌握词语在句子中的含义和用法。从原句来看，句子要表达的意思是学校会尽最大努力去做一件事，只有选项 B“竭力”可以表达这个意思。因此选项 B 符合句义。
38. 正确答案是 C。本题主要考查的是考生能否掌握词语在句子中的含义和用法。具体考查对“不免”的掌握。题干要表达的是老同学聚会想起往事是难以避免的。选项 C“不免”就是难以避免的意思。因此选项 C 符合句义。
39. 正确答案是 C。本题主要考查的是考生能否掌握词语在句子中的含义和用法。具体考查形容词“不足”的用法。从题干中的“存在”和“改正”两个词可以得知，一般需要改正的是缺点或错误，选项 C“不足”可以表达此意。因此选项 C 符合句义。
40. 正确答案是 A。本题主要考查的是考生能否掌握词语在句子中的含义和用法。从前半句可以看出，我们玩儿得高兴。所填入的词应该可以修饰“高兴”并且可以加深“高兴”的程度。“这个”可以用在形容词、动词之前表示夸张。因此，选项 A 符合句义，B、C、D 三项都没有加深“高兴”程度的含义。
41. 正确答案是 B。本题主要考查的是考生能否掌握词语在句子中的含义和用法。具体考查副词“逐渐”的用法。“逐渐”表示慢慢、渐渐的意思，经过分析可以得知，句子是要表达他经过多年的磨炼正在慢慢成熟的意思。因此选项 B 符合句义。
42. 正确答案是 C。本题主要考查的是考生能否掌握词语在句子中的含义和用法。具体考查副词

“已经”的用法。“已经”表示事情结束了或时间过去了，用在这个句子中表示饭菜完成了从热到凉的过程，因此选项C符合句义。

43. 正确答案是B。本题主要考查的是考生能否掌握词语在句子中的含义和用法。具体考查副词“刚好”的用法。“刚好”是正好的意思，放在“合适”前表示不大不小，因此选项B符合句义。

44. 正确答案是C。本题主要考查的是考生能否掌握词语在句子中的含义和用法。具体考查“操心”的用法。“操心”是费心的意思，用在这里表示孩子从小就让家长费心，所以选项C符合句义。选项A和选项D用在句子中会导致前后矛盾。选项B不符合常理。

45. 正确答案是D。本题主要考查的是考生能否掌握词语在句子中的含义和用法。具体考查副词“实在”的用法。“实在”在这里表示确实、的确的意思，经过分析可以得知句子是要表达“确实想不出好的解决办法了”的意思，因此选项D符合句义。

46. 正确答案是D。本题主要考查的是考生能否掌握词语在句子中的含义和用法。具体考查考生能否掌握关联词语“只有……才……”的意义及用法。通过分析可以得知，题干想表示的是一种条件关系，选项D符合句义。

47. 正确答案是A。本题主要考查的是考生能否掌握词语在句子中的含义和用法。具体考查考生能否掌握“无论……都……”与形容词“温暖”的意义及用法。题干想表示的是一种条件关系，并且前面的词必须能和“都”连用，因此选项A符合句义；选项B前后也可以搭配，但是从逻辑的角度来看不太符合对家的描述。

48. 正确答案是B。本题主要考查的是考生能否掌握词语在句子中的含义和用法。具体考查考生能否正确理解句义及掌握“调皮”的意义及用法。题干想表示的是“孩子太调皮，怎么说都不听”。综上所述，选项B符合句义。

49. 正确答案是D。本题主要考查的是考生能否掌握词语在句子中的含义和用法。具体考查考生能否正确理解句义及掌握“加快”与“产品”的意义及用法。题干想表示的是“为了让顾客了解新产品，应该加快宣传工作”，选项D符合题意。“充分”“充足”一般不跟“进行”搭配，“应该”不与“一定”搭配，所以选项A、B、C不对。

50. 正确答案是A。本题主要考查的是考生能否掌握词语在句子中的含义和用法。具体考查考生能否正确理解句义及掌握“认真”与“无所谓”的意义及用法。经过分析题干可以得知，该句想表示的是“大事小事都要认真地去做，而不能做出一副无所谓的样子”，选项A符合题意。选项B“轻松”和C“乐观”与题干中的“不能做出一副无所谓的样子”句义不符，选项D中“怪不得”表示突然明白了原因，用在此处也与句义不符。

51. 正确答案是D。本题主要考查考生能否领会作者的观点、态度、情感、意图、倾向等。这篇文章始终围绕“尊老爱幼”展开，表现出作者对这一中华民族传统美德的赞美，从开头一段的“优良传统”和结尾一段都可以看出作者的态度倾向。因此选项D符合题意。

52. 正确答案是C。本题主要考查的是考生能否根据需要获取阅读材料的细节性信息。第二段说：“当时政府发给每位70岁以上的老人一种拐杖，用这种拐杖的老人，在社会上可以得到特殊的优待和照顾。”从这句话中我们可以看出，拐杖的作用不在于帮助老人走路，而在于它代表了“老人”这一身份，政府将给具有这一身份的老人特殊优待和照顾。因此选项 C 符合题意。

53. 正确答案是 C。本题主要考查的是考生的细节查找能力。此题的关键在于读懂题干要求。题干问的是哪一项可以反映出我国古代对子女的关爱与教育。A、B、D 都是现代社会的做法。因此选项 C 符合题意。

54. 正确答案是 C。本题主要考查的是考生的细节查找能力以及联系上下文理解句子意思的能力。文章第一段说孙康小时候从早晨一直到太阳落山都要帮家里干活儿，没有上学的机会，甚至连在家里挤点儿时间学习都不可能。这与选项 C 的意思一致，因此正确答案为 C。

55. 正确答案是 B。本题主要考查的是考生的细节查找能力。文章第二段说“晚上读书必须得点油灯，而以家里那样困难的经济条件，买不起这么多的灯油”，由此可以看出，孙康读书碰到的麻烦就是家庭经济困难。因此选项 B 符合题意。

56. 正确答案是 D。本题主要考查的是考生能否领会阅读材料的主要内容和中心意思。最后一段讲的是孙康借着积雪的光亮读书的故事，因此选项 D 符合题意。

57. 正确答案是 C。本题主要考查的是考生能否获取阅读材料的细节信息。文章第二段中祖父在分析蝗虫死亡的原因时提到“蝗虫性子太急躁”，因此选项 C 符合题意。

58. 正确答案是 C。本题主要考查的是考生对文章细节内容的查找能力。第三段讲青虫被放进去后仅仅几分钟，就一一从龙尾爬了出来。最后文章总结成功经验时说要耐心找准一个方向，一步步地向前，直到眼前出现新的洞天。这正是青虫成功的原因，因此选项 C 符合题意。

59. 正确答案是 B。本题主要考查的是考生能否根据需要获取阅读材料的细节性信息并进行推理判断。最后一段提到“命运其实一直藏在我们的思想里”，即思想决定命运，思想决定成败。所以选项 B 符合题意。

60. 正确答案是 D。本题主要考查的是考生能否根据需要获取阅读材料的细节性信息。文章第一段说“脚后跟上膛的射击技能是广州军区特战旅刘连长首创的动作”，“首创”者即是发明者，因此选项 D 符合题意。

61. 正确答案是 B。本题主要考查的是考生能否根据需要获取阅读材料的细节性信息。文章第二段说“吴京在拍摄期间决定把这个动作用到影片中”，“这个动作”指的就是“脚后跟上膛动作”，因此选项 B 符合题意。

62. 正确答案是 A。本题主要考查的是考生能否领会阅读材料的关键信息。文章第三段提到吴京为了向刘连长学习脚后跟上膛的射击技能，“反复解释他拍摄《战狼》是为了体现中国特种兵的硬汉形象”。因此选项 A 符合题意。

63. 正确答案是 A。本题主要考查的是考生能否领会阅读材料的主要内容和中心意思。文章的中心意思是吴京通过刻苦训练，最终掌握了脚后跟上膛的技能，运用于电影拍摄获得了成功。这与选项 A 表达的意思一致，因此选项 A 符合题意。

64. 正确答案是 C。本题主要考查的是考生能否根据需要获取阅读材料的细节性信息。文章提到“在‘晾水’的过程中，还需要注意防止水的二次污染”，因此选项 C 符合题意。

65. 正确答案是B。本题主要考查的是考生对文章内容大意的理解能力。文章主要讲的是小鸟的饮水、健康等问题，而这些又与人类的照顾有关，因此选项B符合题意。

66. 正确答案是B。本题主要考查的是考生的细节查找能力以及联系上下文理解词语意思的能力。第三自然段“它们”的前面两次提到“小鸟”，因此“它们”指代的就是“小鸟”，选项B符合题意。

67. 正确答案是A。本题主要考查的是考生对文章细节内容的查找能力和推理判断能力。文章第二段提到“放在饮水器里的水经常会被饲料或者小鸟的排泄物污染”，结合问题，只有选项A符合题意。

68. 正确答案是B。本题主要考查的是考生查找细节信息的能力。文章第一段叙述军训时说“从七点一直训练到十一点”，即七点开始训练。因此选项B符合题意。

69. 正确答案是B。本题主要考查的是考生能否领会阅读材料的主要内容和中心意思。第一段最后提到“人生何时没有苦？苦并不可怕，关键是坚持，坚持才能去克服”，这是对前面天气热、身体累、站军姿苦做的一个总结，实际是想告诉我们苦并不可怕，学会坚持并去克服才是最重要的。其他几个选项都是具体的事情，因此选项B符合题意。

70. 正确答案是B。本题主要考查的是考生能否根据需要获取阅读材料的细节性信息并进行推理判断。第二段开头说“军训有乐”，接着提到“雄壮的军歌”“幽默的小品”等娱乐活动让枯燥的军训变得有滋有味。因此选项B符合题意。

71. 正确答案是D。本题主要考查的是考生能否领会阅读材料的主要内容和中心意思。第三段作者总结军训时写到“多了份坚强……最重要的是我们懂得了自律、自爱和自强”，由此可以得知选项D符合题意。

72. 正确答案是C。本题主要考查的是考生能否根据需要获取阅读材料的细节性信息。文章开始就提到了“快递小哥汪勇”，结合问题，选项C“快递员”符合题意。汪勇下班后开网约车，这是他业余时间做的工作，不算他的正式职业，所以选项D不符合题意。

73. 正确答案是D。本题主要考查的是考生能否根据需要获取阅读材料的细节性信息。文章第四段提到“随着医护人员对车辆的需求越来越多，汪勇开始组织志愿者……”，这句话与选项D“需要车辆的医护人员增多”表达的意思一致，所以选项D符合题意。而选项B“为医护人员提供更多服务”是汪勇组织志愿者的目的，而不是原因，排除。

74. 正确答案是C。本题主要考查的是考生对文章细节内容的查找和理解能力。C选项“全球青年抗疫榜样”中的“全球”与问题中的“国际”表达的意思是一致的，结合问题，选项C符合题意。其他选项都是国内的奖项，与问题不符。

75. 正确答案是C。本题主要考查的是考生对文章细节内容的理解和概括能力。文章最后说“真正要感谢的是为患者拼命的医生和并肩作战的志愿者们”。这句话与C选项“医生和志愿者”表达的意思一致，具有概括性，所以选项C符合题意。选项A、B、D的内容都不全面，排除。

三、书面表达

76. 正确答案是 C。本题主要考查的是考生能否掌握各种词语之间的搭配和修饰。选项 C 属于病句中的“搭配不当”类型。“一点儿”多用在形容词或部分动词后做补语或用在名词前做定语,“有点儿”用在形容词或部分动词前做状语。此句的正确表达应为“今天的菜不错，就是有点儿淡了”。

77. 正确答案是 D。本题主要考查的是考生能否掌握句子成分在句子中的正确位置。选项 D 属于病句中的“句式杂糅”类型。“……目的是为了……”是一个典型的杂糅句式，正确表达可以是“我努力学习的目的是将来能做自己喜欢的事”或者“我努力学习是为了将来能做自己喜欢的事”。

78. 正确答案是 D。本题主要考查的是考生对语法表达中逻辑通顺的掌握情况。选项 D 属于病句中的“成分赘余”类型。“近三百名”的意思是不到三百名，“近三百多名”不合逻辑。因此正确表达应为“有近三百名学生参加了昨天的义务劳动”或者“有三百多名学生参加了昨天的义务劳动”。

79. 正确答案是 D。本题主要考查的是考生对语法表达中逻辑通顺的掌握情况。选项 D 缺宾语，正确表达应为“只要有勤奋、肯吃苦的决心，什么样的难题都难不倒你”。

80. 正确答案是C。本题主要考查的是考生能否掌握常用句型和固定格式。选项C属于病句中的“成分残缺”类型。“是……的”是表达强调的固定句型。句中少了和“是”搭配的语气助词“的”。正确表达应为“人类的自然寿命是根据生物学规律推算出来的”。

81. “高潮”，二级词。本题主要考查的是考生能否结合上下文语境，根据给出的拼音，正确写出对应的字。既考查考生的书写能力，又在一定程度上考查考生的阅读理解能力。本题的难点是正确写出“潮”字，考生易写成“朝”。

82. “核心”，二级词。本题主要考查的是考生能否结合上下文语境，根据给出的拼音，正确写出对应的字。既考查考生的书写能力，又在一定程度上考查考生的阅读理解能力。本题的难点是正确写出“核”字，考生容易将右边的“亥”写错。

83. “标志”，二级词。本题主要考查的是考生能否结合上下文语境，根据给出的拼音，正确写出对应的字。既考查考生的书写能力，又在一定程度上考查考生的阅读理解能力。本题词语属于常用词语，难点是正确写出“标”字。

84. “诞生”，二级词。本题主要考查的是考生能否结合上下文语境，根据给出的拼音，正确写出对应的字。既考查考生的书写能力，又在一定程度上考查考生的阅读理解能力。“诞生”常用于书面表达中，本题的难点是正确写出“诞”词，考生可能会写成“延”。

85. “引导”，二级词。本题主要考查的是考生能否结合上下文语境，根据给出的拼音，正确写出对应的字。既考查考生的书写能力，又在一定程度上考查考生的阅读理解能力。本题的难点是考生需要区分“导”与“异”的不同意义及不同写法。

模拟试题（三）

答案速查

1. D	2. C	3. D	4. B	5. D	6. C	7. A	8. A	9. D	10. C
11. D	12. D	13. B	14. C	15. B	16. B	17. C	18. A	19. A	20. B
21. C	22. A	23. B	24. C	25. C	26. B	27. C	28. D	29. D	30. B
31. A	32. D	33. B	34. C	35. C	36. B	37. D	38. A	39. A	40. C
41. B	42. C	43. A	44. D	45. B	46. C	47. B	48. B	49. A	50. D
51. A	52. D	53. D	54. C	55. C	56. C	57. B	58. A	59. C	60. B
61. B	62. A	63. D	64. B	65. B	66. D	67. A	68. D	69. A	70. C
71. D	72. D	73. A	74. B	75. A	76. B	77. D	78. D	79. D	80. D
81. 编辑	82. 严密	83. 阻止	84. 表明	85. 飞快					

【参考范文】

难忘的十一

终于等到了放假这一天，妈妈说今年的国庆长假我们要去郊外姥姥家过节。我感到格外兴奋。

一大早，爸爸妈妈就开始准备，把所有东西都装上车后，我们便高高兴兴地驱车前往姥姥家。路上我们经过了一个专门卖海鲜的地方——万兴市场。那里的海鲜种类非常丰富，尤其是大虾，格外吸引人。我们买了鱼、大虾，准备让姥姥和姥爷享受一下海鲜的美味。

到姥姥家后，妈妈就开始忙了起来，我主动提出要帮妈妈洗鱼和大虾。不一会儿我就完成了任务。一想到再过不久就可以吃到香喷喷的海鲜大餐，我的心里就像乐开了花一样。在大家的共同努力下，鱼和大虾先后出锅了。加上姥姥和姥爷准备的菜，一大桌丰盛的午餐展现在了我们的眼前，一家人便开始其乐融融地享用这美味可口的饭菜。

回家的路上，我特别高兴。因为今天的饭菜也有我的一份功劳，我觉得不仅帮长辈减轻了负担，自己也学到了一些做饭的知识，收获很大。真是一个难忘的十一啊！

详细解析

一、听力理解

1. 正确答案是 D。本题主要考查的是考生能否掌握对话中的具体信息并进行推理判断。女的说“我都去烦了”，意思是去了很多次了，不想再去了。所以选项 D 为正确答案
2. 正确答案是 C。本题主要考查的是考生能否掌握对话中的具体信息并进行推理判断。女的说

"你点的菜一点儿也不好吃"，点菜的地方一般就是饭馆，所以选项 C 为正确答案。

3. 正确答案是 D。本题主要考查的是考生能否掌握对话中的具体信息并进行推理判断。男的说"哪有这事啊"，表达的是否定，也就是说既没搬家，也没转学。因此选项 D 为正确答案。
4. 正确答案是 B。本题主要考查的是考生能否掌握对话中的具体信息并进行推理判断。男的说"正点是 11 点 20 分，不过今天可能会晚点 40 分钟左右"，因此到站时间就是 12 点左右，所以选项 B 为正确答案。
5. 正确答案是 D。本题主要考查的是考生能否领会对话的观点和态度。女的请男的帮忙，男的说"没问题"，所以选项 D 为正确答案。
6. 正确答案是 C。本题主要考查的是考生能否掌握对话中的具体信息并进行推理判断。男的提醒女的不要忘记明天参加活动，说明女的明天要参加活动，而男的要不要参加活动对话中并没有说。因此选项 C 符合题意。
7. 正确答案是 A。本题主要考查的是考生能否掌握对话中的具体信息并进行推理判断。根据对话我们可以得知，女的因为想家而盼望着放假，男的让女的再坚持一下。这样可以直接排除选项 D。B 和 C 都是说的男的，对话中没有提到，只有选项 A 符合题意。
8. 正确答案是 A。本题主要考查的是考生能否掌握对话中的具体信息并进行推理判断。女的问"座位有人吗"，男的说"没有了，刚才那个姑娘下车了"。根据对话信息判断，只有火车上存在这样的情况，所以选项 A 为正确答案。
9. 正确答案是 D。本题主要考查的是考生能否领会说话人的观点和态度。女的说"说好了的事又变卦"，"变卦"就是说话不算数，所以选项 D 为正确答案。
10. 正确答案是 C。本题主要考查的是考生能否掌握对话中的具体信息并进行推理判断。对话中提到"医生""药"，所以选项 C 为正确答案。
11. 正确答案是 D。本题主要考查的是考生能否掌握对话中的关键信息。问题是"男的回家前去做什么了"，男的说"下课后班干部开会，然后又打扫卫生，后来我到书店买了本书"，这说明男的回家前先去书店买了书。因此选项 D 符合题意。
12. 正确答案是 D。本题主要考查的是考生能否掌握对话中的具体信息并进行推理判断。女的说"同学们唱得太好听了，我都不敢唱了"，这是在表扬同学们唱得好，而"我都不敢唱了"不是真的害怕，只是一种谦虚的说法。因此只有选项 D 符合题意。
13. 正确答案是 B。本题主要考查的是考生能否掌握对话中的关键信息。男的说自己学习不是很用功，老想着玩儿，在班里也就一般水平，说明男的表现不太好，排除 A 和 C；对话中只是提到"老想着玩儿"，但并不能说明实际玩儿的时间很多，排除选项 D。因此选项 B 符合题意。
14. 正确答案是 C。本题主要考查的是考生能否掌握对话中的关键信息。男的说"只要你带一篇论文来就行"，说明参加研讨会的条件是要带一篇论文，因此只有选项 C 符合题意。
15. 正确答案是 B。本题主要考查的是考生能否掌握对话中的具体信息并进行推理判断。男的说困了，女的说"今天中午不是来客人了吗？"，这句话是回答男的困的原因，可以推断出男的是因为中午接待客人没休息好才感到困的。因此选项 B 符合题意。
16. 正确答案是 B。本题主要考查的是考生能否掌握对话中的关键信息。女的说要给她的导师过 80 岁的生日，不回家吃饭了，由此可以得知选项 B 为正确答案。

17. 正确答案是C。本题主要考查的是考生能否掌握对话中的具体信息并进行推理判断。说话人最后提到要一起锻炼，因此选项C符合题意。

18. 正确答案是A。本题主要考查的是考生能否掌握对话中的具体信息并进行推理判断。对话开头女的就跟爸爸说一起去挖野菜，期间两个人还讨论“地里的野菜还真不少”，由此可以判断他们去挖野菜了。因此选项A符合题意。

19. 正确答案是A。本题主要考查的是考生能否领会说话人的观点和态度。挖野菜时女的说“这可都是绿色食品啊”，男的说“是啊。吃这些东西肯定比大鱼大肉要香”，也就是同意女的的观点，认为野菜健康而且美味。所以选项A符合题意。

20. 正确答案是B。本题主要考查的是考生能否掌握对话中的具体信息并进行推理判断。男的说要看中文书，女的问他在国外待多久了，由此可以判断男的可能是中国人，所以选项B符合题意。

21. 正确答案是C。本题主要考查的是考生能否掌握对话中的关键信息。男的说“我是做小本生意的”，所以选项C符合题意。

22. 正确答案是A。本题主要考查的是考生能否掌握对话中的关键信息。女的说“我这里有几本中文杂志，都送给您吧”。由此可以得知，选项A符合题意。

23. 正确答案是B。本题主要考查的是考生能否掌握听力材料中的关键信息。听力材料中提到“低度近视的形成与儿童的睡眠时间有密切的关系，而跟遗传的关系不大”，由此可以得知，选项B符合题意。

24. 正确答案是C。本题主要考查的是考生能否掌握听力材料中的关键信息。听力材料中提到“青春早期是近视眼形成的高峰期”，因此选项C符合题意。

25. 正确答案是C。本题主要考查的是考生能否掌握听力材料中的具体信息并进行推理判断。材料中提到“中低度近视主要跟睡眠不足有关，其次是看电视时间过长、躺着看书和体内缺锌元素等”，由此可以得知，保证充足的睡眠对保护眼睛很重要。所以选项C符合题意。其他几个选项均与材料相反，排除。

26. 正确答案是B。本题主要考查的是考生能否掌握听力材料中的关键信息。我们听到“一妇女与丈夫生气，跑回娘家”，所以选项B符合题意。其他几个选项均没有提到。

27. 正确答案是C。本题主要考查的是考生能否掌握听力材料中的具体信息并进行推理判断。听力材料中提到“父亲在一张白纸上点了个黑点”，然后启发女儿转换看问题的角度，即以“白纸”“黑点”为例，给女儿讲道理进行劝说，所以选项C符合题意。

28. 正确答案是D。本题主要考查的是考生能否领会听力材料的内容要点或大意。材料中妇女的父亲以“白纸”“黑点”为例劝说女儿，最后说“遇到百思难解的问题时，记得换一个角度”。这就是听力材料的内容要点，所以选项D符合题意。

29. 正确答案是D。本题主要考查的是考生能否掌握听力材料中的关键信息并进行推理判断。从“守在电脑旁”“身不在操场”等信息可以推断出说话人是在家里参加开学典礼。所以选项D符合题意。

30. 正确答案是B。本题主要考查的是考生能否掌握听力材料中的关键信息。材料中说“我又听到了久违的李校长的声音”，说明李校长在讲话，所以选项B符合题意。

31. 正确答案是 A。本题主要考查的是考生能否掌握听力材料中的关键信息和领会听力材料的内容要点。材料开头就说“因为疫情的原因，我们上了一堂特别的‘开学第一课’”，接下来叙述了跟平时的开学典礼不一样的地方，所以只有选项 A 符合题意。
32. 正确答案是 D。本题主要考查的是考生能否掌握听力材料中的具体信息并进行推理判断。材料开头提到“全班同学都到了实验室”，接下来发生了打翻牛奶的事情，所以选项 D 符合题意。
33. 正确答案是 B。本题主要考查的是考生能否掌握听力材料中的关键信息。我们听到“老师突然站起来打碎了那瓶牛奶”，所以选项 B 符合题意。
34. 正确答案是 C。本题主要考查的是考生能否掌握听力材料中的主要事实并进行推理判断。老师通过打碎牛奶来告诉学生不要为打翻的牛奶而哭泣，显然老师这样做的目的是对学生进行教育，所以选项 C 符合题意。
35. 正确答案是 C。本题主要考查的是考生能否领会说话人的观点和态度。材料最后提到“学会从错误中得到教训，然后再把错误忘掉也非常重要”，这就是作者对待犯错误的态度，所以选项 C 符合题意。

二、阅读理解

36. 正确答案是 B。本题主要考查的是考生能否掌握词语在句子中的含义和用法。具体来讲，题干的意思是：五十多岁的人，做事应该很踏实，而不会像小孩子一样幼稚。“荒唐”表示（思想、言行）错误到使人觉得奇怪的程度。后一分句的句子是肯定的，但是表达的意思是否定的，即五十多岁的人不应该做让人感到奇怪的事。因此选项 B 符合句义。
37. 正确答案是 D。本题主要考查的是考生能否掌握词语在句子中的含义和用法。具体考查动词与名词的搭配。“加入……行列”是一个固定搭配，而其他选项均不可以和“行列”搭配，因此选项 D 符合句义。
38. 正确答案是 A。本题主要考查的是考生能否掌握词语在句子中的含义和用法。具体考查副词“正好”的用法。从“你想找工作”和“你到我们公司工作吧”中可以看出，由于“你想找工作”，并且“我们这儿缺人”，才可能有“你到我们公司工作吧”的结果。这是一件很凑巧的事。这里需要填入一个副词来修饰“缺”。“正好”表示“恰巧”“刚好”，完全符合句义；“刚刚”的一个意思是表示“刚才”，如果是“我们这儿刚才缺人，现在已经不缺人了”这就和后一句矛盾了；“偶尔”表示“有时候”“偶然发生的”，并没有“现在缺人”的意思，所以和“你到我们公司工作吧”没有必然联系。
39. 正确答案是 A。本题主要考查的是考生能否掌握词语在句子中的含义和用法。从后半句可以得知，作者不知道两人说话的内容，所以可以断定前半句表达的意思是“他们俩”说话的声音很低或者让人听不清，因此选项 A 符合句义；“安静”是“没有声音”的意思，既然句中有“说着什么”，就不能“安静”，排除选项 B；“大声”表示“声音很大”，这样就和后半句矛盾了；“清晰”是“清楚”的意思，也和后半句矛盾。
40. 正确答案是 C。本题主要考查的是考生能否掌握词语在句子中的含义和用法。具体考查关联词语的用法。此题包括两个分句，通过分析前一句，可以得知第二个分句应该承接第一个分句的意思，因此所选词语应该表示承接关系。A“所以”和B“结果”都表示因果关系，而不是顺承关系，排除。D“还是”表示选择关系，也不合适。所以选项C符合句义。

41. 正确答案是B。本题主要考查的是考生能否掌握词语在句子中的含义和用法。具体考查副词“到底”的用法。“到底”用在“多少”前表示强调不知道他多大岁数，符合题意。“竟然”表示出乎意料，“反而”表示相反的情况，“既然”表示因果关系，三者均不能和“多少”搭配，因此选项B符合句义。

42. 正确答案是C。本题主要考查的是考生能否掌握词语在句子中的含义和用法。具体考查名词“平时”的用法。“平时”表示平常的日子，代入句子中句义为平常的日子很少有时间出去旅游，符合题意。选项A“平均”后面一般跟数量，选项B和D都是表示频率的副词，后面一般直接跟动词，均与句义不符。

43. 正确答案是A。本题主要考查的是考生能否掌握词语在句子中的含义和用法。《感动中国》栏目组每年都会评选出感动中国的人物和团队。“感动中国十大人物”是一个固定的说法。因此选项A符合句义。

44. 正确答案是D。本题主要考查的是考生能否掌握词语在句子中的含义和用法。具体考查副词“马上”的用法。句中“一……就……”表示后一个动作或行为紧跟着前一个动作或行为，副词“马上”用在这里恰好可以表达这个意思，所以选项D符合题意。

45. 正确答案是B。本题主要考查的是考生能否掌握词语在句子中的含义和用法。通过分析前一分句我们可以得知，“追逐打闹”在教室里肯定是不被允许的，因此选项B符合题意。选项C和D与“不”搭配表示肯定，不符合常理。“提倡”相比“允许”语义更轻，用在这里显然不合适。

46. 正确答案是C。本题主要考查的是考生能否掌握词语在句子中的含义和用法。具体考查考生能否正确理解句义及掌握关联词语“即使……也……”的意义及用法。经分析可以得知，题干想表达的是一种假设关系，句义应该为哪怕遇到了再大的困难，也不能不管孩子。因此只有选项C符合句义。

47. 正确答案是B。本题主要考查的是考生能否掌握词语在句子中的含义和用法。具体考查考生能否正确理解句义及掌握“只有……才……”和“最好”的意义及用法。经分析可以得知，题干想表达的是一种条件关系，并且必须保证前面的词可以和“才”搭配，后面的词可以和“解决”搭配，因此只有选项B符合句义。

48. 正确答案是B。本题主要考查的是考生能否掌握词语在句子中的含义和用法。具体考查考生能否正确理解句义及掌握“有限”与“依靠”的意义及用法。题干想表达的是“一个人的能力有限，所以就要依靠大家的力量”。因此选项B符合句义。

49. 正确答案是A。本题主要考查的是考生能否掌握词语在句子中的含义和用法。具体考查考生能否正确理解句义及掌握“感谢”与“还要”的意义及用法。题干想表达的是“感谢老师对我的关心，所以明年还要来看望老师”，题干前一句表示原因，后一分句表示结果。所以选项A符合题意。“感恩”一般不加宾语，“感动”一般加表示人的宾语，“谢谢”不用程度副词修饰，所以选项B、C、D不对。

50. 正确答案是D。本题主要考查的是考生能否掌握词语在句子中的含义和用法。具体考查考生能否正确理解句义及掌握“充分”与“碰钉子”的意义及用法。题干想表达的是“虽然做好了充分的心理准备，工作中还是会遇到各种麻烦”，“碰钉子”一般比喻遭到拒绝或受到斥责。选项D符合题意。选项A“伤脑筋”与题干中的“到处”不搭配；选项B中的“发脾气”用在此处与句义不符；选项D中“怪不得”表示突然明白了原因，也与句义不符。

51. 正确答案是A。本题主要考查的是考生能否根据需要获取阅读材料的细节性信息。第一段提到了“在他去世以后，后人把这些文字加工整理为《徐霞客游记》”，由此可以判断选项A正确，排除选项B;《徐霞客游记》记录的是徐霞客游览名山大川过程中的所见所闻，因此它不仅仅是关于登黄山的游记，排除选项C;《徐霞客游记》是一部非常全面的著作，在地理学和文学上都有着重要的价值，选项D表述太片面。

52. 正确答案是D。本题主要考查的是考生能否根据需要获取阅读材料的细节性信息。文中只是提到了“一不小心就会滑倒”，并没有提到“滑倒了很多次”，排除选项A；文中只是提到“山上正覆盖着白雪”，但并没有说下雪的事，排除选项C；第二段最后说因为很艰难，他最终并没有成功登上天都峰，排除选项B；只有选项D符合题意。

53. 正确答案是D。本题主要考查的是考生能否根据需要获取阅读材料的细节性信息。最后一段话谈到了徐霞客对自己登天都峰经历的感受——“总是像喝了陈年的美酒一样，心里美滋滋的”。这表明徐霞客很开心。因此选项D符合题意。

54. 正确答案是C。本题主要考查的是考生对文章内容大意的理解能力。文章开头介绍了游泳越来越受到人们的欢迎这一现象，从而引出下文，后面一直在讲游泳对人体健康的好处。因此，综观全文，文章的主要内容是游泳对人体健康的益处，即选项C符合题意。

55. 正确答案是C。本题主要考查的是考生能否根据需要获取阅读材料的细节性信息。文章开头便提到了健身是一个热门话题，大家都喜欢谈论，游泳其实也是健身方式之一。因此选项C符合题意。

56. 正确答案是C。本题主要考查的是考生对文章细节内容的查找能力。文章中提到游泳可以扩大肺的容量，而不是让肺本身变大，排除选项A；游泳可以大大降低心脏病和动脉硬化等疾病的发生率，而不是治疗心脏病，排除选项B；游泳可以避免皮肤松弛和过早老化，而不是阻止皮肤老化，排除选项D。因此只有选项C符合题意。

57. 正确答案是B。本题主要考查的是考生能否根据需要获取阅读材料的细节性信息。文章第二段说“为了给他们准备一个惊喜”，因此选项B符合题意。

58. 正确答案是A。本题主要考查的是考生能否根据需要获取阅读材料的细节性信息。文章第二段说“因为除了炒鸡蛋不会炒别的菜”，因此选项A符合题意。

59. 正确答案是C。本题主要考查的是考生对文章细节内容的查找能力和理解能力。从文章第四段妈妈说的“好孩子，你真棒！”和爸爸说的“香，真香”可以看出，爸爸妈妈对“我”炒的菜持肯定、赞扬的态度。因此选项C符合题意。

60. 正确答案是B。本题主要考查的是考生对文章细节内容的查找能力和综合判断能力。文章说“近几年新建的5千米健身步道受到了市民的热烈欢迎，成为人们热捧的休闲游路线之一”。由“受到了市民的热烈欢迎”“热捧”等字句可知，最受欢迎的休闲旅游线路是“5千米健身步道”。因此选项B符合题意。

61. 正确答案是B。本题主要考查的是考生能否根据需要获取阅读材料的细节性信息。第三段中

"包括自行车骑行路线16条、徒步路线22条、登山旅游路线7条、跑步路线11条，总计56条"中的细节性信息是"总计"。因此选项B符合题意。

62. 正确答案是A。本题主要考查的是考生能否根据需要获取阅读材料的细节性信息。文章第四段"这个'宝藏'景点吸引了不少人前来尽情享受健身、露营之乐"中的细节性信息是"这个"，根据上下文的语境判断，"这个"指的是"10千米闭环式骑行道路"。因此选项A符合题意。
63. 正确答案是D。本题主要考查的是考生的细节查找能力以及联系上下文理解句子意思的能力。从第四段第一句话"在北京市大兴区北臧村镇的永定河绿色港湾，万亩森林之中，建有京南首个10千米闭环式骑行道路"可以得知，选项C不符合题意。选项A"永定河"范围太大。选项B"森林旁"表意不明。因此只有选项D符合题意。
64. 正确答案是B。本题主要考查的是考生能否根据需要获取阅读材料的细节性信息并进行推理判断。文章开头提到"离中考还有一年多的时间"，"中考"是初中升高中的考试，由此可以推断，目前的学习阶段是初二，因此选项B符合题意。
65. 正确答案是B。本题主要考查的是考生能否根据需要获取阅读材料的细节性信息并进行推理判断。谈到寒假的社会实践，文章提到了两个方面：在假期中搞一项社会调查和到社区做一些服务性的活动。这与选项B表达的意思一致。因此选项B符合题意。
66. 正确答案是D。本题主要考查的是考生能否根据需要获取阅读材料的细节性信息并进行归纳概括。文章第二段提到社区会举办乒乓球、演讲、朗诵、绘画、书法等活动，乒乓球属于体育类，而演讲、朗诵、绘画、书法属于艺术类。因此选项D符合题意。
67. 正确答案是A。本题主要考查的是考生能否领会阅读材料的主要内容和中心思想。文章主要讲的是假期参加社会实践和社会服务对人的提高和锻炼，结合问题，选项A"提高自己的综合素质"符合题意。B和D在文中没有提到，排除。选项C表述有误，比赛既有成功，也有失败。
68. 正确答案是D。本题主要考查的是考生能否根据需要获取阅读材料的细节性信息。文章开头提到老人招不到帮手是"因为海边的风暴经常会摧毁沿岸的建筑和庄稼"，因此选项D符合题意。
69. 正确答案是A。本题主要考查的是考生能否根据需要获取阅读材料的细节性信息。文章第三段提到老人虽然有点儿怀疑，但因为太需要人手了，最终还是聘用了这位中年男子。因此选项A符合题意。
70. 正确答案是C。本题主要考查的是考生能否根据需要获取阅读材料的细节性信息。最后一段交待了暴风雨来临时中年男子没有起来的原因——他已经为平安度过风暴做好了准备。因此选项C符合题意。
71. 正确答案是D。本题主要考查的是考生能否理解阅读材料的主要内容和中心意思。最后一段提到"如果你在精神、心理、身体等方面做好了准备，那么就没有什么东西可以令你害怕了"，这才是文章通过故事想要告诉我们的。因此选项D符合题意。
72. 正确答案是D。本题主要考查的是考生能否根据需要获取阅读材料的细节性信息。文章的第一段提到"心理压力过大……效率反倒越低"，因此选项D符合题意。
73. 正确答案是A。本题主要考查的是考生能否根据需要获取阅读材料的细节性信息。文章第二段提到妈妈给"我"打电话，告诉"我"这场大病让她看开了，她只希望"我"将来平安健康，因此选项A符合题意。

74. 正确答案是 B。本题主要考查的是考生能否根据需要获取阅读材料的细节性信息。文章第三段提到“我”听完母亲的话突然感觉从容与温暖，这与选项 B 表达的意思一致。因此选项 B 符合题意。

75. 正确答案是 A。本题主要考查的是考生能否领会阅读材料的主要内容和中心意思。文章讲的是母亲因为一场病对健康有了更深刻的认识，更注重“我”的健康和平安了，也不再给“我”太大压力了，“我”的心情变得放松，学习效果更好了。这让“我”明白了一个道理：当一个人存在的价值被认可、被接纳时，当他意识到自己并不是因为优秀才被爱时，他不但不会因此偷懒，反而会产生一种正向的力量。这就是本文要告诉我们的道理。因此选项 A 符合题意。

三、书面表达

76. 正确答案是 B。本题主要考查的是考生能否掌握各种词语之间的搭配和修饰。选项 B 属于病句中的“搭配不当”类型。“开玩笑”一般不能直接和宾语“她”一起用，而要用介词“跟”来引介。此句的正确表达应为“我跟她开玩笑，没想到她生气了”。

77. 正确答案是 D。本题主要考查的是考生对语法表达中逻辑通顺的掌握情况。选项 D 属于病句中的“前后矛盾”类型。句子前后两个部分表达的内容相互矛盾，正确表达应为“他们代表团不都是男士，还有一位女士”。

78. 正确答案是 D。本题主要考查的是考生能否掌握句子成分在句子中的正确位置。选项 D 属于病句中的“语序不当”类型。在表示比较的句子中，否定词“不”一般用在“比”的前边，表示比较的双方情况差不多。因此正确表达应为“老王每天的工作也很紧张，他不比我轻松”。

79. 正确答案是 D。本题主要考查的是考生能否掌握复句中的关联词语。“不仅……而且……”是固定搭配，表示递进关系。“不仅”和“而是”不可以放在一起，一般说“不是……而是……”，表示并列关系。因此正确表达应为“不仅产量增加了，而且质量也提高了”。

80. 正确答案是 D。本题主要考查的是考生能否掌握强调、比较的方式。选项 D 是反问句，表示强调意义，即“你不需要重新认识我”，这里应该用表示强调意义的副词“还”，而不是“再”。因此正确表达应为“我还是原来的我，你还需要重新认识我吗？”。

81. “编辑”，二级词。本题主要考查的是考生能否结合上下文语境，根据给出的拼音，正确写出对应的字。既考查考生的书写能力，又在一定程度上考查考生的阅读理解能力。本题的难点是正确写出“编辑”，考生容易将这两个字都写错，所以要注意其书写形式。

82. “严密”，二级词。本题主要考查的是考生能否结合上下文语境，根据给出的拼音，正确写出对应的字。既考查考生的书写能力，又在一定程度上考查考生的阅读理解能力。本题的难点是正确写出“密”字，考生容易将“密”与“蜜”混淆。

83. “阻止”，二级词。本题主要考查的是考生能否结合上下文语境，根据给出的拼音，正确写出对应的字。既考查考生的书写能力，又在一定程度上考查考生的阅读理解能力。本题词语属于常用词语，难点是正确写出“阻”字的“且”，有的考生可能会多加一横。

84. “表明”，二级词。本题主要考查的是考生能否结合上下文语境，根据给出的拼音，正确写出对应的字。既考查考生的书写能力，又在一定程度上考查考生的阅读理解能力。本题的难点是区分清楚“表明”和“表示”的意义，避免写成“表示”。

85. “飞快”，二级词。本题主要考查的是考生能否结合上下文语境，根据给出的拼音，正确写出对应的字。既考查考生的书写能力，又在一定程度上考查考生的阅读理解能力。本题难点是考生要正确写出“飞”字的笔画笔顺。

模拟试题（四）

答案速查

1. D	2. A	3. C	4. B	5. D	6. B	7. D	8. A	9. C	10. C
11. D	12. A	13. B	14. C	15. D	16. B	17. C	18. D	19. C	20. D
21. A	22. B	23. D	24. D	25. D	26. A	27. B	28. C	29. C	30. B
31. D	32. D	33. C	34. D	35. C	36. C	37. C	38. A	39. D	40. D
41. B	42. A	43. C	44. D	45. A	46. A	47. D	48. C	49. D	50. B
51. B	52. B	53. B	54. A	55. D	56. D	57. D	58. C	59. D	60. B
61. A	62. D	63. D	64. D	65. B	66. D	67. C	68. C	69. D	70. A
71. C	72. D	73. B	74. C	75. A	76. C	77. B	78. D	79. D	80. B
81. 举办	82. 精神	83. 活跃	84. 享受	85. 欢乐					

【参考范文】

李明：

你好！

最近上课你不好好听讲，总玩儿手机，上周的月考你的成绩下降了不少，我真的很担心你。你以前在课堂上表现非常好，认真听讲，积极发言。但现在你对手机游戏如此痴迷，以至于你对功课毫无兴趣，老师布置的作业总是不能按时上交，这样下去会对你非常不利。

凡事都有一个度，偶尔玩儿玩儿手机游戏是可以的，但不能不听课、不学习。也许手机游戏可以让你感到放松，但如果你在上面花费太多时间，你就没有多少时间去学习了。此外，天天不停地玩儿手机，还会严重影响你的视力，最终损害你的身体健康。

作为你的同桌、好同学、好朋友，我不愿意看到你因为玩儿手机而耽误自己的学业。我真心希望你还能像以前那样好好学习。你学累了或者有些烦躁时，可以和朋友聊聊天儿或参加一些户外活动，比如我们可以一起踢踢足球。外面的世界真的很精彩。

祝你学习愉快！

关心你的同桌

11月12日

详细解析

一、听力理解

1. 正确答案是 D。本题主要考查的是考生能否掌握对话中的具体信息并进行推理判断。男的说“衣服都晒了三天了，还没干透”。女的说“这几天阴天”，“这几天”指的是男的说的三天，因此选项 D 符合题意。
2. 正确答案是 A。本题主要考查的是考生能否掌握对话中的具体信息并进行推理判断。女的以为男的会生气不理她了，男的说“怎么会呢”，说明男的根本没有生气。因此选项 A 符合题意，同时排除选项 B。选项 C、D 不符合对话的意思。
3. 正确答案是 C。本题主要考查的是考生能否掌握对话中的具体信息并进行推理判断。男的说“我爸爸换工作了，所以我们家就搬到杭州来了”，说明男的是因为爸爸来杭州工作才来的杭州，因此选项 C 符合题意。
4. 正确答案是 B。本题主要考查的是考生能否掌握对话中的具体信息并进行推理判断。对话主要是讨论睡觉问题，所以排除选项 A、C。男的说前几天睡不着，昨天睡得好，女的说完成论文就放松了，即放松了才睡得好，与选项 B 的意思一致，因此选项 B 符合题意。选项 D 与选项 B 相反，排除。
5. 正确答案是 D。本题主要考查的是考生能否掌握对话中的具体信息并进行推理判断。女的问“今天一共有几位客人”，男的回答“刘明一家三口，李立两口子，还有小张”，加起来一共六位客人，因此选项 D 符合题意。
6. 正确答案是 B。本题主要考查的是考生能否掌握对话中的关键信息。男的说“我不仅要管你的生活、学习，还要关注你的思想情况，得保证你健康成长啊！”，即男的所做的一切都是为了女的的健康成长，所以选项 B 为正确答案。
7. 正确答案是 D。本题主要考查的是考生能否掌握对话中的关键信息。男的说“我写完作业想出去打一会儿篮球”，由此可知男的正在写作业，因此选项 D 符合题意。
8. 正确答案是 A。本题主要考查的是考生能否掌握对话中的具体信息并进行推理判断。男的说“这条是大号的，穿着有点儿长”。量词“条”可用于“裤子”和“围巾”，而“穿”只能与“裤子”搭配，因此选项 A 符合题意。
9. 正确答案是 C。本题主要考查的是考生能否掌握对话中的具体信息并进行推理判断。女的说今天的菜好吃，但跟妈妈做的不一样，男的说“爸爸亲手做的，能不好吃吗？”，由此可以得知，爸爸做的菜比妈妈做的好吃，排除 B、D，选项 A 没有提到，排除。因此选项 C 符合题意。
10. 正确答案是 C。本题主要考查的是考生能否掌握对话中的具体信息并进行推理判断。男的认为遇到问题一定有解决的办法，女的觉得这种事摊在谁头上也没办法，由此可以得知是女的遇到问题了，因此选项 C 符合题意，同时排除选项 D。选项 A、B 在对话中没有提到。
11. 正确答案是 D。本题主要考查的是考生能否掌握对话中的关键信息。男的认为孩子就应该从小锻炼，这里的锻炼并不是单纯为了锻炼身体，而是锻炼孩子做事的能力。因此选项 D 符合题意。

12. 正确答案是A。本题主要考查的是考生能否掌握对话中的具体信息并进行推理判断。女的说下午三点要去接机，排除选项B。男的说自己先看书，但并没有明确说自己喜欢看书，排除选项D。选项C没有提到，排除。因此只有选项A符合题意。

13. 正确答案是B。本题主要考查的是考生能否掌握对话中的具体信息并进行推理判断。材料中女的说吃饭不仅要吃好，还要有营养，男的表示赞同，因此选项B符合题意。

14. 正确答案是C。本题主要考查的是考生能否掌握对话中的关键信息。男的认为很多人之所以不按科学规律办事是因为不懂科学，也就是说懂科学规律的人会按规律办事。这与选项C的意思一致，因此选项C符合题意。

15. 正确答案是D。本题主要考查的是考生能否掌握对话中的关键信息。谈到放弃时，男的说“凡是多余的、次要的，都应该放弃”，所以直接排除选项A、B、C，只有选项D符合题意。

16. 正确答案是B。本题主要考查的是考生能否掌握对话中的具体信息。女的说她家小孩儿每节课45分钟，男的说这是一般情况。由此可知男的认为小孩儿上课一般每节课就是45分钟，因此选项B符合题意。

17. 正确答案是C。本题主要考查的是考生能否掌握对话中的关键信息。男的在材料最后提到，这所“挺怪的”学校在大连市，即不考试的学校是大连市的某一所学校，因此选项C符合题意。

18. 正确答案是D。本题主要考查的是考生能否掌握对话中的关键信息。女的说“今晚六点电视上会播放《小伙伴》节目，有我们表演的《小螺号》呢！”，即《小螺号》是在《小伙伴》节目里播放的，所以选项D符合题意。

19. 正确答案是C。本题主要考查的是考生能否掌握对话中的具体信息并进行推理判断。爷爷说“这可能说明你跳得好”，由此可以推断，女的表演的节目是舞蹈，其他几个选项都不能用“跳得好”来形容。因此选项C符合题意。

20. 正确答案是D。本题主要考查的是考生能否掌握对话中的关键信息。男的说自己感兴趣的是新闻、篮球和足球，这与选项D表述一致，因此选项D符合题意。

21. 正确答案是A。本题主要考查的是考生能否掌握对话中的具体信息并进行推理判断。从“每天写完作业都上一会儿”可以推断出男的是学生，女的站在同一个角度跟男的对话，因此选项A符合题意。

22. 正确答案是B。本题主要考查的是考生能否掌握对话中的关键信息。女的说“上网的时间也不多，平时也就看一些娱乐节目”，男的说“上网看点儿自己喜欢的东西可以放松一下”，所以选项B符合题意。

23. 正确答案是D。本题主要考查的是考生能否掌握听力材料中的具体信息并进行推理判断。材料开头就说到了“作为一位母亲，能够给予子女的最大礼物，莫过于培养他们的责任心和独立生活的能力”，所以选项D符合题意。

24. 正确答案是D。本题主要考查的是考生能否掌握听力材料中的关键信息。材料中提到要使孩子独立，首先是在生活上能自理。选项A、B、C均与原文相反，可以直接排除。因此只有选项D符合题意。

25. 正确答案是 D。本题主要考查的是考生能否掌握听力材料中的具体信息并进行推理判断。材料提到“在家有责任感的孩子，在学校也很努力，一般不需要别人督促”，由此可以推断出有责任感的孩子在学习上有计划，选项 D 符合题意。

26. 正确答案是 A。本题主要考查的是考生能否掌握听力材料中的关键信息。材料中提到“本来脾气很急躁的年轻人，随着年纪的增长，脾气渐渐变得温和了”，因此选项 A 符合题意。

27. 正确答案是 B。本题主要考查的是考生能否掌握听力材料中的关键信息。材料中提到“曾经胆小害羞的人，几年不见却变得落落大方”，“曾经”一般指的是年轻的时候，因此选项 B 符合题意。

28. 正确答案是 C。本题主要考查的是考生能否掌握听力材料中的具体信息并进行推理判断。材料提到人在二十岁、三十岁和老年三个阶段性格的变化，由此可以得知，选项 C 符合题意。

29. 正确答案是 C。本题主要考查的是考生能否掌握听力材料中的具体信息并进行推理判断。材料开始就提到“从初中开始”，后面又提到“刚刚进入初中的学生”，由此可以判断，这段话是给初一的学生讲的，因此选项 C 符合题意。

30. 正确答案是 B。本题主要考查的是考生能否掌握听力材料中的关键信息。材料中提到了“要求初中学生做到以下几点”，接着说了第一、第二和第三，因此选项 B 符合题意。

31. 正确答案是 D。本题主要考查的是考生能否掌握听力材料中的主要事实和关键信息。材料提到的几点要求，都是为了学生上初中以后能适应学习上的新变化，因此选项 D 符合题意。

32. 正确答案是 D。本题主要考查的是考生能否掌握听力材料中的具体信息并进行推理判断。听力材料只说了一等奖和三等奖，没有提到二等奖，因此选项 D 符合题意。

33. 正确答案是 C。本题主要考查的是考生能否掌握听力材料中的关键信息并进行推理判断。材料提到最后获得十万美金的是一位家庭主妇用铅笔画的漫画。由此可以得知，获一等奖的是一位家庭主妇，选项 C 符合题意。

34. 正确答案是 D。本题主要考查的是考生能否掌握听力材料中的具体信息并进行推理判断。材料除了提到家庭主妇和丈夫外，还提到了餐桌旁的地板上的两个小男孩儿，可以推算出一共有四个人，因此选项 D 符合题意。

35. 正确答案是 C。本题主要考查的是考生能否掌握听力材料中的关键信息。材料最后一段提到评委们对这一家人的平静感到震惊，赞扬他们真正理解了世界存在的意义和人类对幸福的最高追求，与选项 C 的内容表述一致，因此选项 C 符合题意。

二、阅读理解

36. 正确答案是 C。本题主要考查的是考生能否掌握词语在句子中的含义和用法。这是一个祈使句，不是疑问句，如果选 B，句子会变为一个疑问句，排除；根据原句，所选的词语必须能够修饰“三四本书”这个“数—量—名”结构，选项 A“那样”表示性质、状态、方式、程度，不能放在“三四本书”之前，一般说“三四本那样的书”，排除；选项 D 可以直接用在部分名词前，如“那个人”，但不可以用在“数—量—名”结构前，排除。选项 C 可以放在数量之前，表示估计，是大概、大约的意思，因此选项 C 符合句义。

37. 正确答案是 C。本题主要考查的是考生能否掌握词语在句子中的含义和用法。根据后半句“自己做错了事情还不承认”，我们可以推测说话人对“这个”态度很不满意。因此，所选的词要符合这一表达含义。四个选项中，只有 C 项“什么”可以表示“惊讶或不满”。选 A“怎样”和“怎么”泛指性质、状况或方式，在句中没有起到对“态度”的限定作用，不能表示出不满的意思，况且它不能直接放在“态度”前，如果修饰“态度”，应该用“怎样的态度”这种形式。D 项“如何”是“怎样、怎么样”的意思，同样不能修饰“态度”。因此只有选项 C 符合句义。

38. 正确答案是 A。本题主要考查的是考生能否掌握词语在句子中的含义和用法。具体考查的是副词“稍微”的用法。程度副词“稍微”与“一点儿”搭配使用，表示在原来的基础上再认真一点儿，就可以避免很多失误。而其他选项均不能和“一点儿”搭配。因此选项 A 符合句义。

39. 正确答案是 D。本题主要考查的是考生能否掌握词语在句子中的含义和用法。从句义来看，因为想帮爸爸妈妈减轻负担，但是又不想让他们知道，因此所选的词语需要表现出“他”做家务时的心理或行为特点。“静静”表示“没有声响”或者“不动”，“慢慢”表示“缓慢”，填入后均不能表现出“他”做家务时的行为和心理特点，排除 A、B；“恐怕”表示估计并担心，也不符合“他”做家务时的心理，而且“恐怕”后面不能加“地”，排除。“偷偷”表示“不让人发现”，因此只有选项 D 符合句义。

40. 正确答案是 D。本题主要考查的是考生能否掌握词语在句子中的含义和用法。句子想要表达的意思是：通过实地调研，我们达到了一定的目的。一般来说，实地调研可以搜集、获取或掌握很多信息和资料。因此选项D符合句义。选项A、B、C与“资料”既搭配不当，也不符合事实。

41. 正确答案是 B。本题主要考查的是考生能否掌握词语在句子中的含义和用法。具体考查形容词“不错”的用法。这句话需要补充一个词对“他能找到这么好的工作”这一事实进行评价。“真不错”是从客观的角度做出评价，符合句义。“满意”一般表达的是主观感受，不符合句义。“随便”“容易”从语义和逻辑上都不通。

42. 正确答案是 A。本题主要考查的是考生能否掌握词语在句子中的含义和用法。具体考查副词“从来”的用法。通过分析我们可以得知，题干空白处要表达的意思是“某行为从过去到现在一直都是那样”，选项 A“从来”符合句义。如果将选项 B 填入，一般表述为“他从此不再喜欢看书……”。选项 C 一般跟“但是”搭配使用，表示转折。选项 D 填入后不太符合常理，而且从形式上也需要加上表示变化、完成的“了”，即“他突然不喜欢看书了”。

43. 正确答案是 C。本题主要考查的是考生能否掌握词语在句子中的含义和用法。具体考查副词“往往”的用法。题干空白处要表达的意思是“通常、经常”，选项 C“往往”符合句义，其他三个选项均不能表达这个意思。

44. 正确答案是 D。本题主要考查的是考生能否掌握词语在句子中的含义和用法。具体考查副词“不必”的用法。我们通过分析可以得知，题干想表达的意思是先把最重要的学习搞好，其他不重要的事情不用担心太多，因此选项 D 符合句义。

45. 正确答案是 A。本题主要考查的是考生能否掌握词语在句子中的含义和用法。具体考查副词

“仅仅”的用法。我们通过分析可以得知，题干想表达的意思是“只见过一次面，所以不太认识或不太熟悉”，只有选项 A 符合句义。其他三个选项均不能表达这个意思。

46. 正确答案是 A。本题主要考查的是考生能否掌握词语在句子中的含义和用法。具体考查考生能否正确理解句义及掌握关联词语“即使……也……”的意义及用法。我们通过分析可以得知，题干想表示的是一种前后相背的假设关系，表示即使考完了也不会放松，还要请个老师给辅导一下，选项 A 符合句义。选项 B 表示的是前后一致的假设关系，选项 C 表示条件关系，选项 D 表示因果关系，均不符合句义。

47. 正确答案是 D。本题主要考查的是考生能否掌握词语在句子中的含义和用法。具体考查考生能否正确理解句义及掌握关联词语“虽然……但是……”与动词“感到”的意义及用法。我们通过分析可以得知，题干想表示的是一种转折关系，并且前面的词必须能和“但是”连用，后面的词应能和“感到”搭配，因此只有选项 D 符合句义。

48. 正确答案是 C。本题主要考查的是考生能否掌握词语在句子中的含义和用法。具体考查考生能否正确理解句义及掌握“充分”与“优秀”的意义及用法。我们通过分析可以得知，题干想表示的是“经过同学讨论，最终选出三名学生”。既然要讨论，正常情况下肯定是选出好的学生，因此只有选项 C 中的“优秀”与学生搭配符合句义。

49. 正确答案是 D。本题主要考查的是考生能否掌握词语在句子中的含义和用法。具体考查考生能否正确理解句义及掌握“坚持”与“放弃”的意义及用法。我们通过分析可以得知，只有坚持自己的主张，才不会放弃自己的努力，因此选项 D 符合句义。选项 A 填入后造成前后矛盾，选项 B“采取”和“主张”不搭配，选项 C“处理”与“努力”不搭配。

50. 正确答案是 B。本题主要考查的是考生能否掌握词语在句子中的含义和用法。具体考查考生能否正确理解句义及掌握“注意”与“无所谓”的意义及用法。我们通过分析可以得知，题干想表示的是“要注意形象，不能表现出无所谓的样子”，选项 B 符合句义。选项 A 中的“关爱”和选项 C 中的“追求”均不能与“形象”搭配，选项 D“怪不得”表示突然明白了原因，填入后也与句义不符。

51. 正确答案是 B。本题主要考查的是考生能否根据需要获取阅读材料的细节性信息。文章第一段提到，30 岁的年轻人在接到信后决定弃医从文，后来成为一位大名鼎鼎的作家，所以年轻人在 30 岁以后就当了一名作家，选项 B 符合题意。这位年轻人从小就喜欢写作，所以当作家对他来说是在从事自己喜欢的工作，排除 A 和 D。

52. 正确答案是 B。本题主要考查的是考生能否根据需要获取阅读材料的细节性信息。文章最后从一项针对科学家的调查结果中得出结论——“他们的成功，都与他们的兴趣紧紧联系在一起”，因此选项 B 符合题意。选项 C、D 本身是正确的判断，但不是对科学家进行调查的结果。由于文中提到很多人在从事自己并不喜欢的工作，所以兴趣和职业没有密切的关系，因此选项 A 也是错误的。

53. 正确答案是 B。本题主要考查的是考生能否根据需要获取阅读材料的细节性信息。看到老人的信后，年轻人果断听从了老人的建议，选择了弃医从文，排除选项 A；原文说“能下决心从自己不感兴趣的职业中脱离的人不足 3%”，而不是只有 3% 的人换工作，排除选项 C；原文表达的是人们因为对工作有兴趣才获得成功，而不是成功了以后才有兴趣，排除选项D。因此只有选项B符合题意。

54．正确答案是A。本题主要考查的是考生能否根据需要获取阅读材料的细节性信息。文章提到杨光的家长怕肖刚影响杨光的学习，让老师把杨光调到了离肖刚较远的位置。因此选项A符合题意。

55．正确答案是D。本题主要考查的是考生能否根据需要获取阅读材料的细节性信息。从“肖刚每天放学后第一件事就是把当天各个科目的学习笔记都带给杨光”可以得知，肖刚帮杨光记笔记。因此选项D符合题意。

56．正确答案是D。本题主要考查的是考生对文章主要内容和中心思想的理解能力。文章主要讲了肖刚作为杨光的好朋友，在杨光受伤且不能上学期间帮他补习功课的故事。这个故事告诉我们好朋友要互相帮助，这也是文章的中心思想。因此选项D符合题意。

57．正确答案是D。本题主要考查的是考生能否根据需要获取阅读材料的细节性信息。文章开头讲到了老师让“我”和马飞到教室前面来，并让我们分别说出观察到的球是什么颜色的。因此选项D符合题意。

58．正确答案是C。本题主要考查的是考生能否根据需要获取阅读材料的细节性信息。文章第三段讲到了“我”和马飞一起站到讲台上时看到球体上布满了黑色、白色与深紫色的小圆点。因此选项C符合题意。

59．正确答案是D。本题主要考查的是考生能否领会阅读材料的主要内容和中心意思。文章通过老师让“我”和马飞从不同的角度看球的颜色这一故事得出结论——“任何时候，我们都不能忽视从别人的角度来观察事物”，这就是文章要告诉我们的道理，因此选项D符合题意。

60．正确答案是B。本题主要考查的是考生能否根据需要获取阅读材料的细节性信息。文章第二段中说“不能结果的花更美丽，比如郁金香”，所以郁金香是“不能结果的花”。因此选项B符合题意。

61．正确答案是A。本题主要考查的是考生能否根据需要获取阅读材料的细节性信息。第二段中说“少年拉了帕格尼尼24首练习曲中的第三首”，可知他就拉了一首。因此选项A符合题意。

62．正确答案是D。本题主要考查的是考生的细节查找能力以及联系上下文理解句子意思的能力。文章中说少年的演奏“漏洞百出”，可见弹得并不好听，也没有什么天分，紧接着老琴师又跟少年说“何必非要成为帕格尼尼那样伟大的小提琴演奏家不可呢”，因此排除选项A、B、C。老琴师认为少年从拉琴中感到快乐就足够了，没有必要非成为伟大的演奏家不可，因此选项D符合题意。

63．正确答案是D。本题主要考查的是考生对文章细节内容的查找能力。文章中说，听了老琴师的话以后，少年“仍然常拉小提琴，但不再受困于他的帕格尼尼梦”，排除选项A。“常拉”不代表每天拉，排除选项B。“不再受困于他的帕格尼尼梦”不代表不再喜欢帕格尼尼了。文章最后说少年后来成了伟大的物理学家。因此选项D符合题意。

64．正确答案是D。本题主要考查的是考生能否根据需要获取阅读材料的关键信息并进行推理判断。文章开头说到“第一次看到明信片，我就被它那绚丽多彩的画面和所包含的广博知识深深地吸引了”，由此可以看出，这就是“我”喜欢收集明信片的原因，因此选项 D 符合题意。

65. 正确答案是 B。本题主要考查的是考生能否根据需要获取阅读材料的关键信息。文章第二段说：“看到他那书柜和纸箱里装得满满的明信片，我当时感到非常惊讶。”由此可知选项 B 符合题意。

66. 正确答案是 D。本题主要考查的是考生能否根据需要获取阅读材料的细节性信息。文章第二段最后说“有时为搞清楚一张明信片上图案的历史背景，我要翻阅许多书籍，有时还要向好几位朋友请教……”。结合问题可知，只有选项 D 符合题意。

67. 正确答案是 C。本题主要考查的是考生能否根据需要获取阅读材料的细节性信息。文章最后说“通过收藏明信片，我不仅积累了很多知识，同时也丰富了自己的业余生活”。这是收集明信片给“我”带来的收获。因此选项 C 符合题意。

68. 正确答案是 C。本题主要考查的是考生能否根据需要获取阅读材料的细节性信息。从“它的每一片大叶旁边的两片小叶从早到晚不停地跳着圆圈舞”可以得知，大叶不跳舞，两片小叶跳舞，这与选项 C 表述一致。因此选项 C 符合题意。

69. 正确答案是 D。本题主要考查的是考生能否领会阅读材料的主要内容和中心意思。第一段讲到植物的运动时，文章用了“例如”一词，接着提到“向日葵”“睡莲”“含羞草”。所以第一段主要是举例说明了几种会运动的植物，选项 D 符合题意。不是所有植物都会运动，排除选项 A；文章第二段和第三段提到了植物运动的原因，排除选项 B；植物运动的规律没有提到，排除选项 C。

70. 正确答案是 A。本题主要考查的是考生对文章细节内容的查找和理解能力。读懂题干是做本题的关键，问的是植物运动的内在原因。第二段谈到植物运动的原因时说“因为它们也和人一样有感觉”，即植物自身有感觉，这是植物运动的内在原因，与外界刺激无关。选项 C 和 D 都是外界的刺激，选项 B 没提到。因此只有选项 A 符合题意。

71. 正确答案是 C。本题主要考查的是考生能否根据需要获取阅读材料的细节性信息。文章提到“一种运动是由于震动或撞击所引起的，比如含羞草的运动”，即含羞草的运动是因为受到外界的震动或撞击引起的，因此选项 C 符合题意。

72. 正确答案是 D。本题主要考查的是考生对文章细节内容的查找和理解能力。第一段说“我们可以通过一个人对待生命的态度是否严肃认真来分析”一个人生命的意义，由此可以推断，我们应该严肃认真地对待生命。因此选项 D 符合题意。

73. 正确答案是 B。本题主要考查的是考生能否根据需要获取阅读材料的细节性信息。文章说“一切有成就的人……珍惜每一分、每一秒”。因此选项 B 符合题意。

74. 正确答案是 C。本题主要考查的是考生对文章细节内容的查找能力。第三段提到了晋平公、师旷、吕思礼三个人，因此选项 C 符合题意。

75. 正确答案是 A。本题主要考查的是考生能否领会阅读材料的主要内容和中心意思。文章第二段说有成就的人珍惜生命中的每一分、每一秒，第三段又举了政治家珍惜时间的例子，最后说古人的故事值得我们学习和思考。由此可以推断出作者的目的是“鼓励人们珍惜时间”。因此选项 A 符合题意。

三、书面表达

76. 正确答案是 C。本题主要考查的是考生能否掌握词语的意思和用法。选项 C 属于病句中的“搭配不当”类型。“适合”是动词，“合适”是形容词。此句的正确表达应为“这件衣服不大不小正合适”。

77. 正确答案是 B。本题主要考查的是考生对“是”字句的掌握情况。根据句义，这是一个表示判断的句子，判断词“是”不能少。因此正确表达应为“她是一个喜欢帮助别人的好学生”。

78. 正确答案是 D。本题主要考查的是考生能否掌握句子成分在句子中的正确位置。选项 D 中“三次”做补语，表示动作“检查”的数量，应当放在动词“检查”的后面。因此正确表达应为“上半年他检查过三次身体，这次就不用去了”。

79. 正确答案是D。本题主要考查的是考生能否准确表达意思，避免歧义。选项D属于病句中的“表意不明”类型。“还只是个七八岁的小孩子”既可以是说话人，也可以是对方。因此正确表达应为“记得当年我认识他的时候，他还只是个七八岁的小孩子”。

80. 正确答案是 B。本题主要考查的是考生能否掌握各种词语之间的搭配和修饰。选项 B 属于病句中的“成分残缺”类型。一般“推广”后面要跟一些好的或具有正面意义的东西，一般都是优秀的案例或经验。因此正确表达应为“县政府在全县推广了我们村科学种田的经验”。

81. “举办”，二级词。本题主要考查的是考生能否结合上下文语境，根据给出的拼音，正确写出对应的字。既考查考生的书写能力，又在一定程度上考查考生的阅读理解能力。本题需要考生注意“举”字的笔顺笔画。

82. “精神”，二级词。本题主要考查的是考生能否结合上下文语境，根据给出的拼音，正确写出对应的字。既考查考生的书写能力，又在一定程度上考查考生的阅读理解能力。本题的难点是正确写出“神”字的偏旁“礻”，不能写成“衤”。

83. “活跃”，二级词。本题主要考查的是考生能否结合上下文语境，根据给出的拼音，正确写出对应的字。既考查考生的书写能力，又在一定程度上考查考生的阅读理解能力。本题的难点是正确写出“跃”字右边的“夭”，最上面一笔不要写成一横，那样就写成了“天”。

84. “享受”，二级词。本题主要考查的是考生能否结合上下文语境，根据给出的拼音，正确写出对应的字。既考查考生的书写能力，又在一定程度上考查考生的阅读理解能力。本题的难点是区分形近字“享”和“亨”。

85. “欢乐”，二级词。本题主要考查的是考生能否结合上下文语境，根据给出的拼音，正确写出对应的字。既考查考生的书写能力，又在一定程度上考查考生的阅读理解能力。本题的难点是区分“欢”字的右边“欠”与“见”，部分考生可能会误将“欠”写成“见”。

模拟试题（五）

答案速查

1. A	2. B	3. C	4. A	5. C	6. D	7.D	8. D	9. A	10. A
11. B	12. B	13. B	14. A	15. C	16. C	17. B	18. D	19. D	20. A
21. C	22. D	23. A	24. B	25. B	26. B	27. A	28. D	29. A	30. C
31. C	32. C	33. C	34. D	35. A	36. B	37. B	38.C	39. D	40. A
41. B	42. D	43. C	44. A	45. C	46. C	47. B	48. D	49. C	50. D
51. D	52. D	53. A	54. A	55. B	56. A	57. B	58. D	59. C	60. C
61. D	62. B	63. B	64. D	65. B	66. A	67. D	68. B	69. C	70. C
71. C	72. C	73. C	74. D	75. A	76. C	77. C	78. C	79. C	80. C
81. 组成	82. 逻辑	83. 用途	84. 广泛	85. 控制					

【参考范文】

严师出高徒

墨子对弟子要求非常严格，即使是对最好的弟子也不例外。读了这篇小短文，我明白了一些道理。老师要求严，其实是为我们好。严师出高徒啊！

生活中我也经常遇到这样的事。我在班里学习比较好，老师总把我的作业当作范本给同学们讲解。有一次我周末出去玩儿，回来晚了，就匆忙地写完了作业，我觉得不会有什么问题，就没检查。老师讲课时发现我把“狠狠地”写成了“很很地”，就批评了我。一向都是受表扬的我觉得非常委屈，当场就哭了，心想：别的同学写错那么多，我偶尔错一次就对我这么凶。

现在读了这篇小短文，我心里一点儿也不难受了，我知道老师是为了我好，才那样严厉地批评我的。以后不管什么时候我都要认真完成作业，而且写完以后一定要认真检查。

详细解析

一、听力理解

1. 正确答案是 A。本题主要考查的是考生能否掌握对话中的具体信息。女的说“我什么都怕，就不怕考试”，说明女的不怕考试。因此选项 A 符合题意。
2. 正确答案是 B。本题主要考查的是考生能否掌握对话中的具体信息。男的让女的介绍学习方法，女的说上新课前先预习，有不懂的地方多问老师。所以选项 B 符合题意。
3. 正确答案是 C。本题主要考查的是考生能否掌握对话中的具体信息并进行推理判断。男的说商场快关门了，劝女的别去了，女的说她知道买什么，不会瞎逛。由此可以得知女的还是决定去，因此选项 C 符合题意。

4. 正确答案是 A。本题主要考查的是考生能否掌握对话中的具体信息并进行推理判断。男的说在演奏“锅碗瓢盆交响曲”，并让女的来尝尝手艺。结合起来判断，男的正在做饭，因此选项 A 符合题意。
5. 正确答案是 C。本题主要考查的是考生能否掌握对话中的具体信息并进行推理判断。女的建议男的带上雨衣，男的觉得天不太像有雨的样子，认为没必要带雨衣。所以选项 C 符合题意。
6. 正确答案是 D。本题主要考查的是考生能否掌握对话中的关键信息。从“争得脸红脖子粗”可以看出说话双方在吵架，女的说“都是因为你不讲道理”，也就是说女的认为男的不讲道理。因此选项 D 符合题意。
7. 正确答案是 D。本题主要考查的是考生能否掌握对话中的主要事实并进行推理判断。女的认为男的听了医生的话应该高兴，但男的却说“可我今年才 40 岁呀”。由此可以得知，大夫把男的的年龄说大了，所以他很不高兴，不高兴可以理解为生气，与“着急”和“吃惊”无关。因此选项 D 符合题意。
8. 正确答案是 D。本题主要考查的是考生能否掌握对话中的具体信息并进行推理判断。男的想帮女的洗菜，女的以厨房太小，转不开身为由拒绝了，并让男的去看电视休息一下，这里的“休息”是放松的意思，不是睡觉。因此选项 D 符合题意。
9. 正确答案是 A。本题主要考查的是考生能否掌握对话中的具体信息并进行推理判断。男的说“朋友有难咱们可不能不帮啊”，女的说“我这不正帮他想办法吗？”，即女的正在想办法帮朋友，所以选项 A 为正确答案。
10. 正确答案是 A。本题主要考查的是考生能否掌握对话中的具体信息并进行推理判断。“门外汉”是一个惯用语，意思是某一个领域里的外行，男的说自己是“门外汉”，因此选项 A 符合题意。
11. 正确答案是 B。本题主要考查的是考生能否掌握对话中的具体信息并进行推理判断。从“先考个理想的高中再说吧”可以得知，男的目前是一名初中生，因此选项 B 符合题意。
12. 正确答案是 B。本题主要考查的是考生能否掌握对话中的具体信息并进行推理判断。男的说自己的网球技术才刚刚入门，“刚刚入门”指才会一点儿，跟选项 B 表述一致。因此选项 B 符合题意。
13. 正确答案是 B。本题主要考查的是考生能否掌握对话中的具体信息并进行推理判断。说起钓鱼，男的说“一条没上钩”，这与选项 B 的意思一致。所以选项 B 为正确答案。
14. 正确答案是 A。本题主要考查的是考生能否掌握对话中的具体信息并进行推理判断。女的问男的去不去野游，男的说正在准备野游的物品，意思是要去野游，这与选项 A 表述一致。因此选项 A 符合题意。
15. 正确答案是 C。本题主要考查的是考生能否掌握对话中的具体信息。女的说“我是来帮你解决问题的”，即女的是来帮忙的。因此选项 C 符合题意。
16. 正确答案是 C。本题主要考查的是考生能否掌握对话中的具体信息并进行推理判断。从“长城、故宫、颐和园”等关键词可以推断，女的想去北京旅游。因此选项 C 符合题意。

17. 正确答案是 B。本题主要考查的是考生能否掌握对话中的具体信息并进行推理判断。男的想下车去站台上看看，只有火车和地铁有“站台”这一说法，而地铁又不可能下去看看再上来。因此选项 B 符合题意。

18. 正确答案是 D。本题主要考查的是考生能否掌握对话中的具体信息并进行推理判断。女的问男的是不是吃面条儿，男的回答“对，给我来一碗面条儿”，说明庄师傅每次去都是吃面条儿。因此选项 D 符合题意。

19. 正确答案是 D。本题主要考查的是考生能否掌握对话中的具体信息并进行推理判断。男的说“以前家里很穷”，女的说“现在您可以请她来吃面条儿了”，由此可以判断，现在庄师傅家的经济条件比以前好了。所以选项 D 符合题意。

20. 正确答案是 A。本题主要考查的是考生能否掌握对话中的关键信息。女的问男的是否和老伴儿办了一个校外辅导站，男的回答“对”。因此选项 A 符合题意。

21. 正确答案是 C。本题主要考查的是考生能否掌握对话中的具体信息并进行推理判断。女的对男的说“听说您和老伴儿办了一个校外辅导站？”，男的回答“对”。“老伴儿”是另一半的意思。由此可知，男的是跟妻子一起办的。选项 C 符合题意。

22. 正确答案是 D。本题主要考查的是考生能否掌握对话中的关键信息。材料开头男的就说“能为下一代做点儿事情是我晚年最大的愿望”。因此选项 D 符合题意。

23. 正确答案是 A。本题主要考查的是考生能否掌握听力材料中的关键信息。材料开头便提到了由于学校离家近，“我”可以走读，所以可以骑车上学。因此选项 A 符合题意。

24. 正确答案是 B。本题主要考查的是考生能否掌握听力材料中的具体信息并进行推理判断。下雨那天“我”提前到校了，老师看到“我”到了以后便说“那就肯定来得差不多了”。由此可以推断，在老师的印象中，“我”平时是经常迟到的。因此选项 B 符合题意。

25. 正确答案是 B。本题主要考查的是考生能否掌握听力材料中的关键信息。听力材料中说的是上高中时的事，所以“我”的身份肯定是高中生，选项 B 符合题意。

26. 正确答案是 B。本题主要考查的是考生能否掌握听力材料中的关键信息。材料开头便提到“5G 时代，人们的生活内容会更加丰富多彩”。因此选项 B 符合题意。

27. 正确答案是 A。本题主要考查的是考生能否掌握听力材料中的具体信息并进行推理判断。提到远程办公，材料提到 5G 下的远程办公给了员工更多和家人相处的机会，说明远程办公就是在家里办公。因此选项 A 符合题意。

28. 正确答案是 D。本题主要考查的是考生能否掌握听力材料中的具体信息。关于 5G 的智能产品，材料提到了智能车送快递。因此选项 D 符合题意。

29. 正确答案是 A。本题主要考查的是考生能否掌握听力材料中的关键信息。材料开头提到每天早上八点都有校车从东大门出发。因此选项 A 符合题意。

30. 正确答案是 C。本题主要考查的是考生能否掌握听力材料中的具体信息并进行推理判断。小白是坐上校车后闻到的香味，由此可知，小李是在校车上吃的鸡蛋饼。因此选项 C 符合题意。

31. 正确答案是 C。本题主要考查的是考生能否掌握听力材料中的关键信息。小白说“只好坐公交车了”，由此可知小白是坐公交车去学校的。因此选项 C 符合题意。

32. 正确答案是 C。本题主要考查的是考生能否掌握听力材料中的具体信息。材料开头提到科长因为工作太忙没时间写发言稿，让“我”去的目的显然就是帮科长写稿。因此选项 C 符合题意。
33. 正确答案是 C。本题主要考查的是考生能否领会听力材料的观点和态度。材料中提到科长只是在稿子上扫了几眼，这种看稿的态度是极其不认真的，也就是随便。因此选项 C 符合题意。
34. 正确答案是 D。本题主要考查的是考生能否掌握听力材料中的具体信息。科长先说“深刻一下、完善一下”，接着又说“补充一下、润色一下”，一共说了四个“一下”。因此选项 D 符合题意。
35. 正确答案是 A。本题主要考查的是考生能否掌握听力材料中的关键信息。材料提到“我”因为着急拿的是第一稿，害怕科长会批评“我”。因此选项 A 符合题意。

二、阅读理解

36. 正确答案是 B。本题主要考查的是考生能否掌握词语在句子中的含义和用法。具体来讲，这句话的意思是“我已经知道了这个词的意思，我想知道这个词‘其他的’或者‘另外的’意思”，选项 B 与“其他的”意思相同，因此选项 B 符合句义。
37. 正确答案是 B。本题主要考查的是考生能否掌握词语在句子中的含义和用法。具体来讲，因为这种啤酒“大家都喜欢”，所以它的“味道”应该是好的。选项 A“不足”是不够的意思，与原句意思相反。选项 C“不小”，只是说味道大小，不是说味道的好坏。选项 D“不比”，需要说明比较的对象，原句中并没有提到其他啤酒，因此也是不对的。选项 B“不错”是好的意思，因此选项 B 符合句义。
38. 正确答案是 C。本题主要考查的是考生能否掌握词语在句子中的含义和用法。具体考查考生能否正确理解句义及掌握动词“经历”的意义及用法。空白处需要填入一个可以和“失败”搭配的词。一个人一般都是亲身经历了很多事情之后才会明白一些道理。选项 C“经历”表示亲身做过或遇到过，可以和“失败”搭配。因此只有选项 C 符合句义。
39. 正确答案是 D。本题主要考查的是考生能否掌握词语在句子中的含义和用法。具体来讲，句子中需要一个副词修饰后面的“是”，选项 B“结果”是一个名词，不合语法。选项 C“看来”通常表示对别人情况的判断和估计，原句是对自己情况的判断，因此C是不合适的。选项A“正好”含有前面和后面相符合的意思，原句中只说明了自己的情况，没有说明别人的准确情况，因此 A 也是错误的。选项 D“反正”有“不论怎么样”的意思，因此选项 D 符合句义。
40. 正确答案是 A。本题主要考查的是考生能否掌握词语在句子中的含义和用法。具体来讲，前半句“实现考上大学的愿望”是后半句“坚持学习 10 个小时”的目的。选项 B“终于”表示结果，是已经实现愿望的意思，不对。选项 C“因为”表示原因，同时也含有动作已经完成的意思，也不对。选项 D“应该”通常用在句子的后半部分，表示建议，这也不符合原句意思。只有选项 A“为了”表示目的，因此选项 A 符合句义。
41. 正确答案是 B。本题主要考查的是考生能否掌握词语在句子中的含义和用法。具体来讲，选项 A“一向”表示从过去到现在长时间的状态，选项 C“一连”表示动作持续不断或情况连续发生，都是表示长时间。选项 D“一心”表示专心，与句义不符。“一时”表示短暂的时间，题干要表达的意思是：看到一桌饭菜短时间内不知说什么好了。因此选项 B 符合句义。

42. 正确答案是 D。本题主要考查的是考生能否掌握词语在句子中的含义和用法。具体考查考生能否正确理解句义及掌握“从……角度”的意义及用法。空白处需要填入一个可以和“看世界”搭配的词，从某种角度或从某个方面看世界是常用搭配。因此只有选项 D 符合句义。

43. 正确答案是 C。本题主要考查的是考生能否掌握词语在句子中的含义和用法。具体考查动词“提醒”的意义及用法。按照规定，建筑工人在工作时是一定要戴安全帽的，因此经理应该提醒才对。选项 A“苏醒”和选项 B“清醒”都表示从睡梦或昏迷中醒来，不符合题意。选项 D“提倡”意思是指出事物的优点鼓励大家使用或实行，戴安全帽是必须做的事情，用在这里不合适。

44. 正确答案是 A。本题主要考查的是考生能否掌握词语在句子中的含义和用法。从原句来看，空白处需要填入一个和“困难”意思相近而且可以和“遇到”搭配的词，只有选项 A“挫折”既能和“遇到”搭配，也和“困难”意思接近。因此只有选项 A 符合句义。

45. 正确答案是 C。本题主要考查的是考生能否掌握词语在句子中的含义和用法。具体来讲，句子要表达的意思是：人开心的时候周围的一切好像都变美丽了。选项 C“仿佛”就是好像的意思，符合句义。选项 D“格外”是个很强的干扰项，一般放在动词或形容词前。

46. 正确答案是 C。本题主要考查的是考生能否掌握词语在句子中的含义和用法。具体考查考生能否正确理解句义及掌握关联词语“如果……就……”的意义及用法。这句话想表达的是一种假设关系，选项 C 符合句义。选项 B 表示的是因果关系，选项 A 和 D 表示条件关系，均不符合句义。

47. 正确答案是 B。本题主要考查的是考生能否掌握词语在句子中的含义和用法。具体考查考生能否正确理解句义及掌握“虽然……但是……”与动词“把握”的意义及用法。这句话想表达的是一种转折关系，并且前面的词必须能和“但”连用，后面的词应能和“把握”搭配。因此只有选项 B 符合句义。

48. 正确答案是 D。本题主要考查的是考生能否掌握词语在句子中的含义和用法。具体考查考生能否正确理解句义及掌握“全面”与“详细”的意义及用法。这句话想表达的是“司令经过了全面的比较以后，制订了详细的作战计划”，前一句用“全面”、后一句用“详细”都合适。选项 A 中的“仔细”形容人的品质，不能形容事物。选项 B 中的“特别”和选项 C 中的“全部”与句子中的“比较”不能搭配。因此只有选项 D 符合句义。

49. 正确答案是 C。本题主要考查的是考生能否掌握词语在句子中的含义和用法。具体来讲，是考查考生能否正确理解句义及掌握“特别”与“计划”的意义及用法。这句话想表达的是“因为下雨，道路特别不好走，所以只能改变原来的计划”，选项 C 符合句义。前一分句表示原因，后一分句表示结果。选项 A、D 与句义不符；选项 B 中的“前进”与“改变”搭配不当，直接排除。

50. 正确答案是 D。本题主要考查的是考生能否掌握词语在句子中的含义和用法。具体考查考生能否正确理解句义及掌握“上当”与“伤脑筋”的意义及用法。这句话想表达的是“年龄不小了，买东西却总上当受骗，让人伤脑筋”。“伤脑筋”就是让人很烦恼的意思。选项 A 中的“伤心”与句义矛盾，选项 B 中的“糟糕”与前后不搭配，选项 C 中的“发脾气”用在此处与句义不符。因此只有选项 D 符合句义。

51. 正确答案是D。本题主要考查的是考生能否领会阅读材料的主要内容和中心意思。文章第一段提到“赵家璧……盛赞这幅画儿惹人喜爱，希望也能得到白石老人的一幅画儿”。“这幅画儿”指的是挂在老舍家的齐白石的画儿。由此可以得知，赵家璧喜欢齐白石的画儿，因此选项D符合题意。
52. 正确答案是D。本题主要考查的是考生对文章细节内容的查找能力。文章提到老舍答应赵家璧夫妇，抗战胜利后一定求白石老人赠画儿给他们。因此选项D符合题意。
53. 正确答案是A。本题主要考查的是考生能否根据需要获取阅读材料的细节性信息。文章最后提到赵家璧因为老舍二十年都没有忘记自己的承诺而感到激动。因此选项A符合题意。
54. 正确答案是A。本题主要考查的是考生能否根据需要获取阅读材料的细节性信息。文章按照时间顺序介绍了作者接触报纸的过程。第一段中说“上幼儿园的时候，我经常看报纸上那些由四幅漫画组成的短故事”，五岁正是上幼儿园的年龄。因此选项A符合题意。
55. 正确答案是B。本题主要考查的是考生对文章细节内容的查找能力。文章第一段提到“我”在小学阶段看报时常常看报纸上的电视广告栏，常常看的一定是最喜欢的，因此选项B符合题意。
56. 正确答案是A。本题主要考查的是考生能否根据需要获取阅读材料的细节性信息。第二段提到“一开始，这对我有点儿难”。“这”指代的就是前面的“读报笔记”。因此选项A符合题意。
57. 正确答案是B。本题主要考查的是考生能否领会阅读材料的主要内容和中心意思。第一段主要讲了我们的祖先用两根棍子从火堆中夹取食物，后来这两根棍子就成了我们用的筷子。这是在讲筷子的由来。因此选项B符合题意。
58. 正确答案是D。本题主要考查的是考生能否根据需要获取阅读材料的细节性信息并进行推理判断。文章最后提到西方人学习使用筷子会觉得比抬两根大木头还困难，由此可知，西方人不习惯使用筷子。因此选项D符合题意。
59. 正确答案是C。本题主要考查的是考生对文章细节内容的查找能力。文章第二段提到虽然现在人类的各种用具发生了很大变化，但筷子仍然是两根细棍子。由此可知古代的筷子和现代的筷子基本一样，选项C符合题意。选项A没有在文章中明确说明，而且也缺乏科学依据，排除；文中提到有人把筷子看作中国的“第五大发明”，但这种说法并没有被世界公认，排除选项B；选项D没有提到。因此只有选项C符合题意。
60. 正确答案是C。本题主要考查的是考生能否根据需要获取阅读材料的细节性信息。从“今天一家三口来图书馆，是我们早就商量好的”一句中可知，谭亮一家三口都来了。因此选项C符合题意。
61. 正确答案是D。本题主要考查的是考生能否根据需要获取阅读材料的细节性信息。文章第三段提到“一进馆，昊昊就拉着妈妈直奔图书馆二楼，寻找他最爱的科学漫画书”。由此可知，科学漫画书是昊昊的最爱。因此选项D符合题意。
62. 正确答案是B。本题主要考查的是考生能否根据需要获取阅读材料的细节性信息并进行推理判断。文章第三段提到“我是做外贸生意的”。做生意的一般指的是商人。因此选项B符合题意。
63. 正确答案是B。本题主要考查的是考生能否根据需要获取阅读材料的细节性信息。文章最后一段提到“科幻小说《三体》以及文学名著《围城》《平凡的世界》等都是借阅榜上较受欢迎的书”。由此可知，《围城》和《平凡的世界》是文学名著。因此选项B符合题意。

64. 正确答案是 D。本题主要考查的是考生能否根据需要获取阅读材料的细节性信息。“很不痛快”对应文章第二段。我们从第二段可以得知，孙思邈先后为唐太宗开了两服药都没有治好唐太宗的病，所以才感到很不痛快。因此选项 D 符合题意。

65. 正确答案是 B。本题主要考查的是考生能否领会阅读材料的主要内容和中心意思。第二段提到孙思邈给唐太宗开了两服药都不见效，由此可以得知，选项 B 符合题意。唐太宗没有责备孙思邈，所以选项 A 排除；两姐妹一开始并不知道来讨水喝的人是孙思邈，选项 C 排除；原文说的是“那些当官的把我们的药全都拿走，只给一点儿钱”，即是低价强买，不是“抢走”，排除选项 D。

66. 正确答案是 A。本题主要考查的是考生对文章细节内容的查找能力。从文章最后一段“‘药王’以金银花为‘君’，甘草、生地、桔梗为‘臣’，配制成‘甘桔汤’这方药”可以得出，是“药王”发明了“甘桔汤”，“药王”即孙思邈，因此选项 A 符合题意。

67. 正确答案是 D。本题主要考查的是考生能否领会阅读材料的主要内容和中心意思。文章第一段提到了孙思邈不仅医术高明，而且虚心好学，接下来的故事都在说明孙思邈的医术高明和虚心好学的品质。因此选项 D 符合题意。

68. 正确答案是 B。本题主要考查的是考生能否根据需要获取阅读材料的细节性信息。文章开头就提到了“记者”，记者的报道一般是发表在报纸上，因此选项 B 符合题意。

69. 正确答案是 C。本题主要考查的是考生对文章的理解能力和分析概括能力。“课上要抓重点”是段首句，其后的内容都在讲记笔记时如何抓住重点，即记笔记的方法，因此选项 C 符合题意。

70. 正确答案是 C。本题主要考查的是考生的细节查找能力以及联系上下文理解词语意思的能力。文章提到“对于可能漏掉的词语或观点，在笔记中要留出空位，课后马上请教老师或同学，把它们填满”。“它们”指代的是前面提到的“空位”，因此选项 C 符合题意。

71. 正确答案是 C。本题主要考查的是考生能否领会阅读材料的主要内容和中心意思。第四段主要讲的是分门别类，还说“这样的笔记结构清楚”，即第四段主要说明的是“笔记的结构”。因此选项 C 符合题意。

72. 正确答案是 C。本题主要考查的是考生能否根据需要获取阅读材料的细节性信息并进行推理判断。文章第二段说“以小组为单位的社区志愿服务”，即作者参加了社区志愿服务，由此可以判断作者的身份是志愿者。选项 C 符合题意。

73. 正确答案是 C。本题主要考查的是考生对文章细节内容的查找能力。文章第二段讲到去养老院的活动，最后说“虽然我们满头大汗，但我们很高兴，因为我们心里都有一股自豪感”。因此选项 C 符合题意。

74. 正确答案是 D。本题主要考查的是考生能否根据需要获取阅读材料的细节性信息并进行推理判断。文章第三段开头说“处于这个时代的我们，大多数都是独生子女”，文章中没有说到作者有什么特殊情况，由此判断，作者跟大多数人的情况一样，也是独生子女，选项 D 符合题意。文中并没有直接说明作者的学生阶段，因此排除 A、B、C。

75. 正确答案是 A。本题主要考查的是考生的细节查找能力以及联系上下文理解语句的能力。文章第二段说学校组织公益劳动，目的是引导我们去了解社会、感受社会。结合问题，选项 A 符合题意。

三、书面表达

76. 正确答案是C。本题主要考查的是考生能否掌握各种词语之间的搭配和修饰。选项C属于病句中的“搭配不当”类型。动词“变”表示变化意义，带宾语时，“变”的结果补语“成”不能省略。此句的正确表达应为“经过努力，他变成了一个爱学习的好学生”。
77. 正确答案是C。本题主要考查的是考生对语法表达中逻辑通顺的掌握情况。选项C属于病句中的“前后矛盾”类型，句子前后两个部分表达的内容相互矛盾。正确表达应为“我没去打听，不知道究竟是怎样的结果”。
78. 正确答案是C。本题主要考查的是考生能否掌握各种词语之间的搭配和修饰。选项B属于关联词“搭配不当”，“只要”表示充分条件时，一般和“就”搭配。因此正确表达应为“只要我们团结，就能完成好这个任务”。
79. 正确答案是C。本题主要考查的是考生能否掌握各种词语之间的搭配和修饰，重点考查“差不多”的搭配格式，即“……跟/和/同/与……差不多”。因此正确表达应为“最近一个阶段，西安的气温和上海差不多”。
80. 正确答案是C。本题主要考查的是考生能否掌握常用句型和固定格式。选项C中能愿动词“可以”的正反疑问形式是“可以不可以”或者“可不可以”，而不是“可以不可”。因此正确表达应为“目前我还不知道你可不可以提前回家”或者“目前我还不知道你可以不可以提前回家”。
81. “组成”，二级词。本题主要考查的是考生能否结合上下文语境，根据给出的拼音，正确写出对应的字。既考查考生的书写能力，又在一定程度上考查考生的阅读理解能力。本题的难点是区分“组”和“阻”这两个同音形近字。
82. “逻辑”，二级词。本题主要考查的是考生能否结合上下文语境，根据给出的拼音，正确写出对应的字。既考查考生的书写能力，又在一定程度上考查考生的阅读理解能力。本题的难点是正确书写“辑”的右半部分。
83. “用途”，二级词。本题主要考查的是考生能否结合上下文语境，根据给出的拼音，正确写出对应的字。既考查考生的书写能力，又在一定程度上考查考生的阅读理解能力。“用途”属于常用词语，本题的难点是正确写出“途”字。
84. “广泛”，二级词。本题主要考查的是考生能否结合上下文语境，根据给出的拼音，正确写出对应的字。既考查考生的书写能力，又在一定程度上考查考生的阅读理解能力。本题的难点是正确书写出“泛”字，考生易写成其他同音字。
85. “控制”，二级词。本题主要考查的是考生能否结合上下文语境，根据给出的拼音，正确写出对应的字。既考查考生的书写能力，又在一定程度上考查考生的阅读理解能力。本题的难点是区分清楚“制”与“止”，部分考生可能会误将“制”写成“止”。

模拟试题（六）

答案速查

1. D	2. C	3. D	4. C	5. B	6. A	7. D	8. B	9. D	10. C
11. A	12. D	13. D	14. B	15. C	16. C	17. D	18. C	19. D	20. B
21. A	22. D	23. C	24. C	25. D	26. D	27. B	28. C	29. D	30. D
31. D	32. C	33. B	34. D	35. A	36. D	37. C	38. D	39. D	40. C
41. A	42. B	43. C	44. A	45. C	46. B	47. C	48. D	49. B	50. B
51. A	52. A	53. A	54. D	55. D	56. B	57. D	58. D	59. D	60. D
61. A	62. C	63. D	64. D	65. B	66. D	67. A	68. B	69. C	70. B
71. B	72. C	73. C	74. C	75. D	76. C	77. D	78. D	79. D	80. D
81. 珍贵	82. 形象	83. 生存	84. 肩膀	85. 善于					

【参考范文】

给妈妈的一封感谢信

亲爱的妈妈：

您好！时间过得真快！一个学期的学习生活马上就要结束了，在这里，我有许多心里话要对您说。

妈妈，在您的辛苦培育下，我顺利地升入了初中。今天是您的生日，又正好是暑假的第一天，我想向您说一声："生日快乐！妈妈辛苦了。"这是我用自己的压岁钱给您买的花，希望您喜欢。

一直以来，您非常关心我的学习，每天晚上都会辅导我的功课，虽然我有点儿笨，但您从来都不说我，您还鼓励我去竞选班长的职位。在我遇到困难的时候，您马上出现帮我解决问题。您总是起早贪黑地工作，不管下午回家有多么疲惫，您都会做很多我和爸爸爱吃的菜。吃饭时，您常常教育我要多吃青菜，少吃肉，保持身体健康；我生病时，您会放下其他事情照顾我。您这么爱我，可我有时候还是会惹您生气，有时甚至会把您气哭。我真的非常惭愧。我想对您说一声："妈妈，谢谢您一直照顾我，我爱您！"

再一次祝妈妈生日快乐！

您的儿子：小林

7月8日

详细解析

一、听力理解

1. 正确答案是 D。本题主要考查的是考生能否掌握对话中的具体信息并进行推理判断。“马上”“考试”“交卷”是对话中的关键词，由此可以推断出对话发生的地点应该是在“学校”或“教室里”。选项 D“学校”符合题意，选项 A、B、C 均不是考试的地方。
2. 正确答案是 C。本题主要考查的是考生能否掌握对话中的主要事实并进行推理判断。男的说来补习班，女的问昨天做练习遇到的问题能不能问，由对话可知他们是在课堂上，由此可以判断对话的双方是师生关系。选项 C“师生”符合题意，选项 A、B、D 均与既定事实不符。
3. 正确答案是 D。本题主要考查的是考生能否领会听力材料的内容要点或大意。女的说自己开会，不能去接男的，让他自己去宾馆。选项 D“自己去宾馆”符合题意。选项 A、B、C 看似都来自对话，但都与说话人意图不符。
4. 正确答案是 C。本题主要考查的是考生能否领会听力材料的内容要点或大意。男的想出去呼吸新鲜空气，女的说算了吧，出去裤子和鞋容易脏，而且外边有点儿冷。由此可知，女的不愿意出门，而是想待在屋里。选项 C“不想出去”符合题意。
5. 正确答案是 B。本题主要考查的是考生能否领会听力材料的内容要点或大意。男的说为秋游准备了好多吃的，女的说“你秋游是为了吃啊”，这就排除了“赞扬”和“欣赏”的语气。而“批评”的语气又太重了，所以选项 B“讽刺”符合题意。
6. 正确答案是 A。本题主要考查的是考生能否领会听力材料中说话人的观点和态度。女的对男的说照顾好自己，打电话报平安。由此可知，女的是嘱咐的语气。选项 A“叮嘱”符合题意。
7. 正确答案是 D。本题主要考查的是考生能否领会听力材料的内容要点或大意。女的说自己睡觉不太好，不敢喝咖啡，意思是说喝咖啡影响睡眠。选项 D“担心影响休息”符合题意。
8. 正确答案是 B。本题主要考查的是考生能否领会听力材料中说话人的观点和态度。女的说父母培养男的付出了很多，让男的关心父母。男的反问女的做了什么，还说女的没有资格教育他。因此，男的是在表达自己的不满。选项 B“表达不满”符合题意。
9. 正确答案是 D。本题主要考查的是考生能否掌握听力材料中的主要事实并进行推理判断。女的说朱涛做事总是三天打鱼两天晒网的，靠不住。由此可以推断，朱涛做事不能坚持到底。因此选项 D“不能坚持”符合题意。
10. 正确答案是 C。本题主要考查的是考生能否领会听力材料中说话人的观点和态度。男的说接受不了中国队输给泰国队的事实，由“接受不了”可知男的对这件事感到很吃惊，无法接受。选项 C“吃惊”符合题意。
11. 正确答案是 A。本题主要考查的是考生能否掌握对话中的关键信息。对话中男的认为自己做饭营养又健康，不能每天去吃海鲜，由“你给钱啊？”可知男的觉得吃海鲜太贵。选项 A“嫌海鲜贵”符合题意。
12. 正确答案是 D。本题主要考查的是考生能否掌握对话中的关键信息。对话中女的说“稍等，这道题马上就写完了”。由此可知，女的是在写期中考试总结。因此选项 D“写总结”符合题意。

13. 正确答案是 D。本题主要考查的是考生能否掌握对话中的关键信息并进行推理判断。女的说航班因为雷雨晚点了，男的让继续等，并建议去楼上吃东西。由此可以判断，他们在机场接人。选项 D“接人”符合题意。

14. 正确答案是 B。本题主要考查的是考生能否领会听力材料的内容要点或大意。男的问为什么不过马路，女的回答约孙岚打球，正在等她。由此可知，女的打算去运动，选项 B“运动”符合题意。

15. 正确答案是 C。本题主要考查的是考生能否掌握对话中的具体信息并进行推理判断。女的说白色整洁，但洗衣服麻烦，黑色耐脏。男的认为夏天应该穿白色。由此可以推测，他们可能在买衣服。选项 C“买衣服”符合题意。

16. 正确答案是 C。本题主要考查的是考生能否掌握对话中的关键信息。从对话中可以知道，妈妈加班不在家，得由爸爸做饭，两人的对话围绕做什么进行。因此选项 C“做饭”符合题意。

17. 正确答案是 D。本题主要考查的是考生能否掌握对话中的关键信息。从对话中可以知道，爸爸提出吃剩饭或煮方便面，女儿都不同意，最后决定做西红柿炒鸡蛋、蒸米饭。因此选项 D“西红柿炒鸡蛋”符合题意。

18. 正确答案是 C。本题主要考查的是考生能否掌握对话中的关键信息。从对话中可以知道，男的说下雪不至于那么高兴，女的回答下第一场雪当然激动了，可见女的高兴的原因是看到下第一场雪。因此选项 C“这是第一场雪”符合题意，选项 A“下雪了”只是陈述事实，不是高兴的原因。

19. 正确答案是 D。本题主要考查的是考生能否掌握对话中的关键信息。从对话中可以知道，男的提议出去看雪，女的怕头发湿了难受就拒绝了，男的也发现雪化了，也就是认可了女的的意见——出去头发会湿。因此选项 D“避免弄湿头发”符合题意。

20. 正确答案是 B。本题主要考查的是考生能否掌握对话中的具体信息并进行推理判断。女的问为什么没关门，男的说没注意，表明不清楚谁没有关门。因此选项 B“有人忘关了”符合题意。

21. 正确答案是 A。本题主要考查的是考生能否掌握对话中的具体信息并进行推理判断。男的说看了一下午书也该休息休息，女的说想休息，但是明天考试。由此可知，女的想休息，但是因为要复习准备考试，没有时间休息，因此选项 A“想，但没时间休息”符合题意。“眯了半个小时”表示已经休息完了，不符合事实。

22. 正确答案是 D。本题主要考查的是考生能否掌握对话中的关键信息。男的建议女的出去散散步，还说小花园的花开得很漂亮。女的听了很高兴，说去拍照片。因此选项 D“拍照”符合题意。

23. 正确答案是 C。本题主要考查的是考生能否领会听力材料的内容要点或大意。听力材料中说，冒瑞林听到呼救声，看到一个女青年站在河中，边喊边指着水面，一个小女孩儿正一沉一浮地挣扎着。因此选项 C“指着水面呼救”符合题意。

24. 正确答案是 C。本题主要考查的是考生能否掌握听力材料中的关键信息。听力材料中说“筋疲力尽的冒瑞林深吸一口气后又扎到了水底，托着一个 3 岁男孩儿，拼尽最后一丝力气才游到河边”。因此选项 C“一个 3 岁男孩儿”符合题意。

25. 正确答案是 D。本题主要考查的是考生能否掌握听力材料中的关键信息。听力材料中说“村民耿国左骑电动三轮车接孩子放学，结果在路口转弯时车子失控冲入河中”。因此选项 D“电动三轮车失控掉进河里”符合题意。

26. 正确答案是 D。本题主要考查的是考生能否掌握听力材料中的具体信息并进行推理判断。听力材料中提到，孟轲小时候觉得学习太辛苦，于是产生了逃学的念头，所以“学习辛苦”才是孟轲逃学的主要原因。因此选项 D 符合题意。

27. 正确答案是 B。本题主要考查的是考生能否掌握听力材料中的具体信息。材料中提到，得知孟轲逃学，妈妈很生气，拿起剪刀，一下子把没织完的布剪断了。所以选项 B 为正确答案。

28. 正确答案是 C。本题主要考查的是考生能否掌握听力材料中的具体信息并进行推理判断。听力材料中谈到，看到孟轲逃学，妈妈生气地说“我辛辛苦苦织布供你读书，你却逃学，太没出息了！”，然后又剪断正在织的布说“你不好好读书，就像这剪断的布，还有什么用处！”。这些都是妈妈在教育孟轲，选项 C 符合题意。

29. 正确答案是 D。本题主要考查的是考生能否掌握听力材料中的关键信息。听力材料一开始就谈到，“如今他年近花甲，却依旧坚守在护林第一线”。选项 D“近 60 岁”与年近花甲的意义一致。

30. 正确答案是 D。本题主要考查的是考生能否掌握听力材料中的关键信息。听力材料一开始就说贾道尔吉是 2002 年度全国优秀护林员，植树近万亩，护林 6 万亩，20 世纪 70 年代末参加工作。由此可知，选项 D“他 20 世纪 70 年代末参加工作”符合题意。

31. 正确答案是 D。本题主要考查的是考生能否领会听力材料的内容要点或大意。这段话告诉人们，贾道尔吉一直坚守在林场，始终做着默默无闻的林场“凡人”，为林场奉献一生。选项 D“林场‘凡人’贾道尔吉”符合题意。

32. 正确答案是 C。本题主要考查的是考生能否掌握听力材料中的关键信息。听力材料一开始就谈到，万平先后获全国优秀教师、全国中小学优秀班主任、北京市金牌教师、国家“万人计划”教育名师称号。因此选项 C“四个”符合题意。

33. 正确答案是 B。本题主要考查的是考生能否掌握听力材料中的关键信息。听力材料一开始就谈到，万平获得了北京市金牌教师等荣誉称号。因此选项 B“是北京市金牌教师”符合题意。

34. 正确答案是 D。本题主要考查的是考生能否掌握听力材料中的关键信息。听力材料中谈到，小坤第一堂日记课上仅仅写了 26 个字，在老师启发下三个月写出了一万字的日记，后来还获得“春蕾杯”作文比赛大奖。因此选项 D“获得了‘春蕾杯’作文比赛大奖”符合题意。

35. 正确答案是 A。本题主要考查的是考生能否掌握听力材料中的关键信息。听力材料中谈到“她给孩子的日记写上有针对性的评语，在日记中给孩子讲做人、做事的道理，用温馨的话语化解孩子心头的阴霾，引导孩子观察周围事物”，由此可知，选项 A“评改日记”符合题意。

二、阅读理解

36. 正确答案是 D。本题主要考查的是考生能否掌握词语在句子中的含义和用法。该句是一个疑问句，因此这里需要填入的是一个疑问词。“别的”“其余”不是疑问词，排除。“怎么”通常询问原因，比如“他怎么还不来？”，或询问方式，比如“这个问题该怎么解决？”，但“怎么”不能做“差”的宾语，不能说“差怎么”。“多少”可以询问数量，可以做“差”的宾语。因此选项 D 符合句义。

37. 正确答案是 C。本题主要考查的是考生能否掌握词语在句子中的含义和用法。句中需要填入一个副词。“仅仅”表示限定某个范围，“渐渐”表示的是一种变化的状态，“单单”表示从一般的人或事物中指出个别的，均不符合句义。“往往”表示一种通常的情况，符合句义。

38. 正确答案是 D。本题主要考查的是考生能否掌握词语在句子中的含义和用法。具体考查副词“不止”的用法。“不止一次”是一个常用且固定的表达方式，表示多次。这句话要表达的意思是：老师多次提醒同学们要早睡早起。其他几个选项都不能与“一次”搭配使用，因此只有选项 D 符合句义。

39. 正确答案是 D。本题主要考查的是考生能否掌握词语在句子中的含义和用法。从“革命圣地”“接受教育”可以得知，同学们的心情应该是“崇敬”的。选项 A“刺激”和选项 C“纯净”与革命圣地都不符合，选项 B“悼念”和“心情”不能搭配。因此只有选项 D 符合句义。

40. 正确答案是 C。本题主要考查的是考生能否掌握词语在句子中的含义和用法。具体考查考生能否正确理解句义及掌握副词“陆续”的意义及用法。这句话的意思是：下课了，同学们先后走出了教室。所以选项 C 符合句义。

41. 正确答案是 A。本题主要考查的是考生能否掌握词语在句子中的含义和用法。具体考查考生能否正确理解句义及掌握形容词“动听”的意义及用法。这句话想表达的意思是：小姑娘的歌声好听。“动听”就是形容歌声好听的。选项 B、C、D 不能用来形容声音。因此只有选项 A 符合句义。

42. 正确答案是 B。本题主要考查的是考生能否掌握词语在句子中的含义和用法。具体考查考生能否正确理解句义及掌握介词“除了”的意义及用法。空白处想表示“排除他”的意思，“除了……都……”是固定搭配，选项 B 符合句义。

43. 正确答案是 C。本题主要考查的是考生能否掌握词语在句子中的含义和用法。具体考查考生能否正确理解句义及掌握介词“沿着”的意义及用法。这句话想表达“从这条路一直走下去”的意思，选项 C 符合句义。

44. 正确答案是 A。本题主要考查的是考生能否掌握词语在句子中的含义和用法。具体考查考生能否正确理解句义及掌握介词“由于”的意义及用法。这里应该填一个表示“原因”的词语，选项 A“由于”符合句义。

45. 正确答案是 C。本题主要考查的是考生能否掌握词语在句子中的含义和用法。具体考查考生能否正确理解句义及掌握介词“随着”的意义及用法。这句话中，前半句是后半句的情况发生所依赖的条件，因此选项 C“随着”符合句义。

46. 正确答案是B。本题主要考查的是考生能否掌握词语在句子中的含义和用法。具体考查考生能否正确理解句义及掌握关联词语“因为……所以……”的意义及用法。选项A表示转折关系，选项B表示因果关系，选项C表示递进关系，选项D表示假设关系，把四组词语代入句子中，只有选项B符合句义。

47. 正确答案是C。本题主要考查的是考生能否掌握词语在句子中的含义和用法。具体考查考生能否正确理解句义及掌握“虽然……但是……”与“成功”的意义及用法。这个句子表达的是一种转折关系，并且前面的词必须能和“但是”连用，后面的词应能和“获得”搭配，因此只有选项C符合句义。

48. 正确答案是D。本题主要考查的是考生能否掌握词语在句子中的含义和用法。具体考查考生能否正确理解句义及掌握“通过”与“建立”的意义及用法。这个句子表达的是“利用电子信箱这个媒介，我和他有了稳固的联系”。把四组词语代入句子，只有选项D符合句义。“发展”“建设”都不能跟“联系”搭配，“保持”不能加“起”做补语。

49. 正确答案是B。本题主要考查的是考生能否掌握词语在句子中的含义和用法。具体考查考生能否正确理解句义及掌握“一直”与“决定”的意义及用法。首先看第一个空。“想法”不能与“做出”搭配，所以排除选项C。再看第二个空。“住下去”意思是开始并继续住，只有“一直”能表示持续的意思。选项C中的“想法”与“做出”不搭配，也应排除。因此只有选项B符合句义。

50. 正确答案是B。本题主要考查的是考生能否掌握词语在句子中的含义和用法。具体考查考生能否正确理解句义及掌握“着急”与“了不得”的意义及用法。这个句子想表达的是“不要太着急，这件事没什么了不起的”，选项B符合句义。选项A“怪不得”表示明白了原因，对某种情况不再觉得奇怪；选项C中的“不见得”有“不一定”的意思；选项D中的“没关系”前面不能用否定词。

51. 正确答案是A。本题主要考查的是考生能否根据需要获取阅读材料的细节性信息。文章开头说观察力“要从人们对客观事物的反映开始谈起，每个人都有对客观事物的反映能力”，因此选项A符合题意。其他三个选项的内容都不全面。

52. 正确答案是A。本题主要考查的是考生能否根据需要获取阅读材料的细节性信息。文章提到“随着生命的成长，他的观察力也逐渐增强”。因此选项A符合题意。

53. 正确答案是A。本题主要考查的是考生能否根据需要获取阅读材料的细节性信息。文章最后提到“差生”的普遍特点就是观察能力较差。所以选项A符合题意。

54. 正确答案是D。本题主要考查的是考生能否根据需要获取阅读材料的细节性信息。文章第一段提到，进入青年时代后，在与人沟通的过程中，祖逖意识到了自己知识的贫乏，于是就发奋读起书来。因此选项D符合题意。

55. 正确答案是D。本题主要考查的是考生的细节查找能力以及联系上下文理解句子意思的能力。第一段提到祖逖拒绝了做官的推荐，继续努力读书。这与开头提到的他想读更多的书来报效国家表述一致。结合问题，选项D符合题意。

56. 正确答案是 B。本题主要考查的是考生能否领会阅读材料的主要内容和中心意思。文章最后一段讲的是祖逖闻鸡起舞的故事。祖逖的成功都与这个故事有关，闻鸡起舞概括了整篇文章的中心，因此选项 B 最适合做这篇文章的标题。

57. 正确答案是 D。本题主要考查的是考生能否领会阅读材料的主要内容和中心意思。文章开头告诉我们，有一群时刻在为百姓守卫安宁和服务的人，第二段通过玉树一位交通警察的故事，向我们介绍了交通警察的不容易，最后对交通警察这一职业表示了敬意。结合问题，选项 D 符合题意。

58. 正确答案是 D。本题主要考查的是考生能否根据需要获取阅读材料的细节性信息。第二段提到“他像往常一样坚守在自己的工作岗位上”，由此可知，节假日值班是经常发生的。选项 D 符合题意。

59. 正确答案是 D。本题主要考查的是考生能否根据需要获取阅读材料的细节性信息。文章最后一段提到“他们有一份责任，叫守护平安”，结合问题，选项 D 符合题意。其他三个选项都是交警的具体工作，不能算是主要责任。

60. 正确答案是 D。本题主要考查的是考生的细节查找能力。文章第二段提到陈佳佳和妈妈张雷几乎每天都在一起读书两个小时，并且已经成为她们的一种习惯。因此选项 D 符合题意。陈佳佳和妈妈一起读书，共同进步，但不只是为了妈妈，排除选项 A；文中只是提到了和妈妈一起读书，并没有提到她的爸爸，排除选项 B。

61. 正确答案是 A。本题主要考查的是考生能否根据需要获取阅读材料的细节性信息。第三段提到今年以来她已经读了 30 本，妈妈看完了 26 本，因此选项 A 符合题意。

62. 正确答案是 C。本题主要考查的是考生能否根据需要获取阅读材料的细节性信息。文章第五段开头提到激发阅读兴趣是引导孩子读书的重中之重，关键信息是“重中之重”，因此选项 C 符合题意。

63. 正确答案是 D。本题主要考查的是考生能否根据需要获取阅读材料的细节性信息。张雷一家只是今年的国庆假期没有计划出门旅游，并没有说从不出门，排除 A；第三段提到陈佳佳最近喜欢上了电子书，以前是否喜欢我们不清楚，排除 B；第三段提到《城南旧事》和《窗边的小豆豆》都是母女俩共同完成的，排除 C；综观全文，文章通过张雷一家的故事告诉了我们亲子阅读的重要性，最后提到越来越多的家长开始选择和孩子共享书香，共同进步，因此选项 D 符合题意。

64. 正确答案是 D。本题主要考查的是考生能否根据需要获取阅读材料的细节性信息。文章提到徐特立为了读书制订了一个 10 年“破产读书”的计划，把家里可以变卖的东西都卖了，即为了读书而卖掉东西。因此选项 D 符合题意。

65. 正确答案是 B。本题主要考查的是考生能否根据需要获取阅读材料的细节性信息。文中提到有人对他说“你这么大岁数了，学法文难免会有不少困难”，意思是岁数大的人，学外语肯定有很大困难，因此选项 B 符合题意。

66. 正确答案是 D。本题主要考查的是考生的细节查找能力以及联系上下文理解句子意思的能力。

徐特立谈到学法文，没有讲他具体的学习方法，只是举例说明虽然难，但可以慢慢学。因此选项D符合题意。

67. 正确答案是A。本题主要考查的是考生能否根据需要获取阅读材料的细节性信息。文章没有明确指出徐特立什么时候能看懂法文书了。文章提到1919年时徐特立43岁，由此推出他9岁时是1885年，排除选项C；文章没有提到英语，所以D也不正确。文章说“到18岁时，他便开始在乡村小学教书”，因此选项A符合题意。

68. 正确答案是B。本题主要考查的是考生能否领会阅读材料的主要内容和中心意思。第二段开头就说“丝瓜无论在什么环境下都能生长”，“丝瓜的生命力很强”是对第二段主要内容的概括。因此选项B符合题意。

69. 正确答案是C。本题主要考查的是考生能否领会阅读材料的主要内容和中心意思。选项A、B均与文章内容不符，选项D讲的是具体问题，不具有概括性，选项C概括了第三段的意思，即丝瓜是朴实谦虚的。因此选项C符合题意。

70. 正确答案是B。本题主要考查的是考生对文章细节内容的查找能力。文章第四段中提到老了的丝瓜还可以止咳祛痰，即老丝瓜有药用作用。因此选项B符合题意。

71. 正确答案是B。本题主要考查的是考生对文章内容大意的理解能力。文章介绍了丝瓜的生命力强、朴实谦虚、浑身是宝等特点，最后提到“丝瓜，多么可爱的植物啊！”，可以看出作者对丝瓜的态度是喜爱的。因此选项B符合题意。

72. 正确答案是C。本题主要考查的是考生的细节查找能力。文章第二段开头提到这位寿陵少年不愁吃不愁穿，长相也不错，但就是缺乏自信心。因此选项C符合题意。

73. 正确答案是C。本题主要考查的是考生能否根据需要获取阅读材料的细节性信息。文章第三段提到“亲戚、邻居说他是狗熊掰棒子”，“狗熊掰棒子”意为做事不坚持，边做边放弃，最后一事无成。因此选项C符合题意。

74. 正确答案是C。本题主要考查的是考生的细节查找能力。文章第五段提到“终于有一天，他瞒着家人，跑到遥远的邯郸学走路去了”。结合问题，选项C符合题意。

75. 正确答案是D。本题主要考查的是考生能否领会阅读材料的主要内容和中心意思。文章最后一段提到寿陵少年看到任何人走路都要学，最后什么也没学会。作者想通过这个故事告诉我们做事不能盲目向别人学习，要有自己的思考。因此选项D符合题意。

三、书面表达

76. 正确答案是C。本题主要考查的是考生能否掌握各种词语之间的搭配和修饰。选项C属于病句中的“搭配不当”类型。“冷淡”是形容词，不能带宾语，“我”要用介词“对”引介，组成介词短语做状语。此句的正确表达应为“昨天他对我很冷淡，一句话也没说就走了”。

77. 正确答案是D。本题主要考查的是考生能否掌握各种词语之间的搭配和修饰。选项D属于病句中的“搭配不当”类型。“发生了”后面应该是跟具体的事情或情况，而本句中后面是“地区”，一般是“发生在……地区”。因此正确表达应为“故事发生在青海省一个特别缺水的沙漠地区”。

78. 正确答案是 D。本题主要考查的是考生能否掌握常用短语和习用语。重点考查的是“跟”用作介词时的用法。选项 D 属于病句中的“成分残缺”类型，“跟某人过不去”是固定搭配，意思是“为难某人”，因此正确表达应为“老师批评你是为了你好，并不是要跟你过不去”。

79. 正确答案是 D。本题主要考查的是考生能否掌握各种词语之间的搭配和修饰，重点考查使用“关系”时前后两部分的搭配是否得当。选项 D 中的“有关”与“关系”都表示人或事物互相关联，不过“关系”做动词时可以直接带宾语，而“有关”要与介词“跟/和/同/与”搭配使用。因此正确表达应为“这件事关系许多人的安全，可不是开玩笑的事情”或者“这件事跟许多人的安全有关，可不是开玩笑的事情”。

80. 正确答案是 D。本题主要考查的是考生能否掌握强调的方式。选项 D 有两种分析方式。一种是成分残缺，即缺少了“是……的”句式中和“是”搭配的语气助词“的”，要补在句末。另一种是成分冗余。“有好处”可以直接做谓语，不需要加“是”。因此正确表达应为“据专家说，饭后散散步对身体是非常有好处的”或“据专家说，饭后散散步对身体非常有好处”。

81. “珍贵”，二级词。本题主要考查的是考生能否结合上下文语境，根据给出的拼音，正确写出对应的字。既考查考生的书写能力，又在一定程度上考查考生的阅读理解能力。本题的难点是正确写出“珍”字右半部分。

82. “形象”，二级词。本题主要考查的是考生能否结合上下文语境，根据给出的拼音，正确写出对应的字。既考查考生的书写能力，又在一定程度上考查考生的阅读理解能力。本题的难点是正确书写出“形”字右边的斜三撇“彡”，考生容易错写成斜三捺。

83. “生存”，二级词。本题主要考查的是考生能否结合上下文语境，根据给出的拼音，正确写出对应的字。既考查考生的书写能力，又在一定程度上考查考生的阅读理解能力。本题的难点是区分“存”与“在”写法的不同。

84. “肩膀”，二级词。本题主要考查的是考生能否结合上下文语境，根据给出的拼音，正确写出对应的字。既考查考生的书写能力，又在一定程度上考查考生的阅读理解能力。本题的难点是正确写出“肩”字，考生易将“户”字头的第四笔“丿”写成“丨”。

85. “善于”，二级词。本题主要考查的是考生能否结合上下文语境，根据给出的拼音，正确写出对应的字。既考查考生的书写能力，又在一定程度上考查考生的阅读理解能力。本题的难点是正确写出“善”字，尤其是中间部分。

模拟试题（七）

答案速查

1. B	2. A	3. C	4. B	5. C	6. C	7. A	8. B	9. C	10. A
11. C	12. A	13. D	14. B	15. A	16. C	17. B	18. D	19. C	20. A
21. D	22. D	23. A	24. A	25. B	26. A	27. A	28. C	29. B	30. D
31. B	32. A	33. B	34. D	35. A	36. D	37. B	38. D	39. D	40. C
41. B	42. D	43. D	44. D	45. A	46. B	47. D	48. C	49. D	50. A
51. D	52. D	53. D	54. B	55. A	56. B	57. C	58. D	59. D	60. D
61. B	62. D	63. B	64. C	65. C	66. A	67. D	68. D	69. D	70. C
71. D	72. D	73. A	74. C	75. C	76. B	77. C	78. B	79. C	80. B
81. 永恒	82. 漫长	83. 爆发	84. 特征	85. 土壤					

【参考范文】

申 请 书

写作兴趣小组负责人：

您好！得知写作兴趣小组荣获“优秀学社”荣誉称号，在此我向小组表示衷心的祝贺，也希望能加入小组，成为其中一员。

我是初二（2）班的一名学生，我叫李泽泽，平时特别喜欢文学，喜欢写作，曾经获得过年级作文大赛三等奖。但因为平时与同学们交流少，我总感觉自己进步不快，因此提出申请，希望能加入写作兴趣小组，通过这个平台进一步开阔自己的文学视野，并通过与大家的交流，不断提高自己分析、理解和鉴赏文学作品的能力以及写作水平。

一滴水只有融入大海才能显示自己的力量，而写作兴趣小组就是大海。在这个集体中，我相信经过自己的努力我一定会取得好成绩的。

如果能加入写作兴趣小组，我一定遵守小组章程，履行组员应尽的义务，更加努力学习，争取写出更多更好的作品，为写作兴趣小组增添光彩。

恳请批准！

此致

敬礼！

申请人：李泽泽

2020年5月12日

详细解析

一、听力理解

1. 正确答案是 B。本题主要考查的是考生能否掌握对话中的具体信息并进行推理判断。"脚""一双""卖光"是对话中的关键词，由此可以得知，对话发生的地点应该是在"商城"或"商店"。选项 B"商城"符合题意，选项 A、C、D 均不是卖鞋的地方。
2. 正确答案是 A。本题主要考查的是考生能否掌握对话中的主要事实并进行推理判断。男的问为什么还不上米饭，女的回答客人太多，新蒸的一锅米饭马上就好，这一般是饭馆里的场景。由此可以判断对话的双方是服务员与顾客。选项 A"服务员与顾客"符合题意。
3. 正确答案是 C。本题主要考查的是考生能否领会听力材料的内容要点或大意。女的说自己的钥匙可能在风衣口袋里，让男的帮忙翻一翻。"翻一翻"在这里的意思是找一下。选项 C"找钥匙"符合题意。
4. 正确答案是 B。本题主要考查的是考生能否领会听力材料的内容要点或大意。男的提议去峨眉山，女的说别凑热闹，她太累，想好好休息。由此可知，女的不愿意节日期间旅游，而是想休息。选项 B"不想旅游"符合题意。
5. 正确答案是 C。本题主要考查的是考生能否领会听力材料的内容要点或大意。对话中提到了"摔裂""新手机"，并且谈到了换屏幕可以去解放路，由对话可以得知，说话双方要先去换手机屏幕。选项 C"修手机"符合题意。
6. 正确答案是 C。本题主要考查的是考生能否领会听力材料中说话人的观点和态度。女的说要迟到了，让男的帮她想办法，男的劝她不要着急。由此可知，女的说话时比较着急。选项 C"焦急"符合题意。
7. 正确答案是 A。本题主要考查的是考生能否掌握听力材料中的具体信息并进行推理判断。女的说因为舞蹈比赛占了活动室，合唱团只好去 126 房间，那个房间太小，容不下那么多人，她就回来了。因此选项 A"房间太小"符合题意。
8. 正确答案是 B。本题主要考查的是考生能否领会听力材料中说话人的观点和态度。女的让男的坐自己的车，男的说没事，10 分钟能走到。因此，男的是在推辞。选项 B"推辞"符合题意。
9. 正确答案是 C。本题主要考查的是考生能否掌握听力材料中的主要事实并进行推理判断。王星看见老人摔倒后，为老人做了很多事情，由此可以推断出王星是善良热心的人。因此选项 C"善良热心"符合题意。
10. 正确答案是 A。本题主要考查的是考生能否领会听力材料中说话人的观点和态度。女的向男的借字典，男的说"别客气，你随时拿就可以"，即同意借给她，所以选项 A"同意"符合题意。
11. 正确答案是 C。本题主要考查的是考生能否掌握对话中的关键信息。对话中男的说 4 点才是自己做实验的时间，由"我去了也得等着"可知，男的在等待自己的实验时间。选项 C"等待做实验"符合题意。
12. 正确答案是 A。本题主要考查的是考生能否掌握对话中的关键信息并进行推理判断。对话中女的说全家要去葡萄酒庄园玩儿，由“说不准”可知女的不确定能否去看比赛，因此女的打算游玩，不是看比赛。选项A“去庄园游玩”符合题意。

13. 正确答案是D。本题主要考查的是考生能否掌握对话中的关键信息并进行推理判断。女的说不做热身运动下水容易受伤或抽筋儿，男的同意女的的看法，提出了热身的几项活动。由此可知，他们谈论的是游泳前的热身。选项D“游泳前的热身”符合题意。

14. 正确答案是B。本题主要考查的是考生能否领会听力材料中说话人的观点和态度。男的听说社区的老年服装模特儿队走红了，问是不是真的。女的说全世界都知道了，由此可知，女的的语气是夸张。选项B“夸张”符合题意。

15. 正确答案是A。本题主要考查的是考生能否领会听力材料的内容要点或大意。女的问李大爷为什么站在雪地里，李大爷说刘大伯找不到他家门，所以他出来接刘大伯。由此可知，李大爷在等刘大伯。选项A“等人”符合题意。

16. 正确答案是C。本题主要考查的是考生能否掌握对话中的关键信息并进行推理判断。女的问去青少年活动中心在哪里下车，男的说了下车地点、换乘车站怎么走和坐几站，可见男的非常熟悉公交路线，由此推测出男的可能是工作人员。因此选项C符合题意。

17. 正确答案是B。本题主要考查的是考生能否掌握对话中的关键信息并进行推理判断。从“在哪儿下车”可以推测女的在公交车上。选项B“公交车上”是正确的。

18. 正确答案是D。本题主要考查的是考生能否掌握对话中的关键信息并进行推理判断。女的说想爬山的人很多，参加比赛的不多。男的说要鼓励大家参加，参赛者都有纪念品。由此可以知道周末他们有爬山活动，而且还有比赛。因此选项D符合题意。

19. 正确答案是C。本题主要考查的是考生能否掌握对话中的关键信息并进行推理判断。男的说参赛者都有纪念品，一等奖是一个平板电脑，女的听完后感到很吃惊。由此可知，女的认为平板电脑对大家很有吸引力。因此选项C符合题意。

20. 正确答案是A。本题主要考查的是考生能否掌握对话中的关键信息。女的问男的晚回来的原因，猜测是老师补课。男的说有篮球比赛，他看了两场。因此选项A符合题意。

21. 正确答案是D。本题主要考查的是考生能否掌握对话中的关键信息。女的听到男的说嗓子哑了，建议他吃西瓜去去火，男的说赶快去吃点儿。由此可知，男的要吃西瓜。因此选项D符合题意。

22. 正确答案是D。本题主要考查的是考生能否掌握对话中的关键信息。男的说比赛一直很激烈，他们在场边喊加油，嗓子都喊哑了。因此选项D符合题意。

23. 正确答案是A。本题主要考查的是考生能否领会听力材料中的关键信息并进行推理判断。听力材料一开始就谈到“‘亲情中华’走进北京丰台——华裔青少年国学、冬奥体验之旅夏令营近日举行”，因此选项A“体验国学、冬奥”符合题意。选项B、C、D都是夏令营的活动内容，与主题无关。

24. 正确答案是A。本题主要考查的是考生能否领会听力材料中的关键信息。听力材料中谈到“随后他们又去张家口参观了冬奥场地和冰雪博物馆，了解了冬奥文化”，因此选项A“了解冬奥文化”概括说明了去张家口的目的，符合题意。选项B、C是参观的具体内容，选项D是在北京的活动。

25. 正确答案是 B。本题主要考查的是考生能否领会听力材料中的关键信息。听力材料中谈到“他们在北京、张家口市开展了为期 14 天的学习及参观活动”，因此选项 B“共学习参观 14 天”符合题意。

26. 正确答案是 A。本题主要考查的是考生能否领会听力材料中的具体信息。材料中提到，贵州英语教师袁艳看到黑板上学生写的“教师节快乐”几个字时感受到了他们的心意，感受到了教育的力量和价值所在，即袁老师在黑板上看到的是“教师节快乐”。因此选项 A 为正确答案。

27. 正确答案是 A。本题主要考查的是考生能否掌握听力材料中的关键信息。焦敏园长说：“一句问候或一句老师辛苦了，是老师最盼望的。”由此可知，选项 A 符合题意。选项 B、C、D 说的是教师的满足感，均不符合题意。

28. 正确答案是 C。本题主要考查的是考生能否掌握听力材料中的具体信息。从“郑州的一位小学老师陈丽”可以得知，陈老师在郑州工作，因此选项 C 符合题意。

29. 正确答案是 B。本题主要考查的是考生能否掌握听力材料中的具体信息。听力材料开头就谈到“北京市城市管理委员会组织政务开放日主题活动”，由此可知选项 B“政务开放日主题活动”符合题意。选项 A、C、D 均是政务开放日主题活动的具体内容。

30. 正确答案是 D。本题主要考查的是考生能否掌握听力材料中的关键信息。听力材料中谈到“朝阳循环经济产业园区中的垃圾焚烧发电厂每天可以处理 3400 吨左右”，由此可知选项 D“每天可处理 3400 吨左右垃圾”符合题意。

31. 正确答案是 B。本题主要考查的是考生能否掌握听力材料中的关键信息。听力材料中谈到“虽然图案不同”，由此可知，三种设计方案的区别就是图案不同。因此选项 B 正确。

32. 正确答案是 A。本题主要考查的是考生能否掌握听力材料中的关键信息并进行推理判断。听力材料开头提到“敬爱的黄老师：您好！”，结尾是“学生：张明”。由此可以判断这是一篇书信，所以选项 A 符合题意。

33. 正确答案是 B。本题主要考查的是考生能否掌握听力材料中的具体信息。听力材料中提到“您最大的期待是我们能考上重点高中……”，由此可知选项 B 符合题意。

34. 正确答案是 D。本题主要考查的是考生能否掌握听力材料中的关键信息。听力材料中谈到“您教我们测量图形……但我还是听不明白”，选项 D 与听力材料的内容一致，符合题意。

35. 正确答案是 A。本题主要考查的是考生能否掌握听力材料中的关键信息。听力材料开头就说“敬爱的黄老师”，因此选项 A 符合题意。

二、阅读理解

36. 正确答案是 D。本题主要考查的是考生能否掌握词语在句子中的含义和用法。具体考查考生能否正确理解句义及掌握词语“成立”的意义及用法。“起立”一般后面不跟宾语，排除；“独立”做动词时后面也不带宾语，排除；“树立”一般是“树立……观念 / 榜样”，多用于抽象的好的事情，排除。“成立兴趣小组”可以搭配使用，因此选项 D 符合句义。

37. 正确答案是 B。本题主要考查的是考生能否掌握词语在句子中的含义和用法。具体考查考生能否正确理解句义及掌握词语“大家”的意义及用法。题干空白处要表达的意思是“所有人”，因此选项 B 符合句义。

38. 正确答案是 D。本题主要考查的是考生能否掌握词语在句子中的含义和用法。具体考查考生能否正确理解句义及掌握词语“多少”的意义及用法。题干空白处要表达的意思是“尽量想，能想起来多少算多少”。因此选项 D 符合句义。

39. 正确答案是 D。本题主要考查的是考生能否掌握词语在句子中的含义和用法。具体考查考生能否正确理解句义及掌握介词“对于”的意义及用法。“对于”在这里引进了涉及的对象——“我们的计划”，选项A和B不能表达这层意思，选项C“关于”表示相关联的事物，且一般用于句首。因此选项 D 符合句义。

40. 正确答案是 C。本题主要考查的是考生能否掌握词语在句子中的含义和用法。具体来讲，题干要表达的意思是“雷锋同志的形象是高大的，我们常常想起他”，选项 C“光辉”可以表示这个意思。选项 A、B、D 均不能和“形象”搭配。因此只有选项 C 符合句义。

41. 正确答案是 B。本题主要考查的是考生能否掌握词语在句子中的含义和用法。具体考查考生能否正确理解句义及掌握代词“各自”的意义及用法。题干空白处要表达的意思是“个人”，选项 B“各自”就是个人、自己的意思，符合句义。

42. 正确答案是 D。本题主要考查的是考生能否掌握词语在句子中的含义和用法。具体来讲，题干要表达的意思是“想法或事情一直在脑子里转”，“盘旋”可以表达这个意思。因此只有选项 D 符合句义。

43. 正确答案是 D。本题主要考查的是考生能否掌握词语在句子中的含义和用法。具体考查考生能否正确理解句义及掌握副词“往往”的意义及用法。题干要表达的意思是“休息时他们经常去公园散步”，选项中只有“往往”可以表示经常的意思。因此选项 D 符合句义。

44. 正确答案是 D。本题主要考查的是考生能否掌握词语在句子中的含义和用法。具体考查考生能否正确理解句义及掌握词语“那么”的意义及用法。“既然……那么……”表示因果关系，前后可以搭配使用。因此选项 D 符合句义。

45. 正确答案是 A。本题主要考查的是考生能否掌握词语在句子中的含义和用法。从后一句“各厂商均收到了不少订单”可以得知，这次展览会取得了很好的结果。选项中只有“效果”跟“结果”相近。因此选项 A 符合句义。

46. 正确答案是 B。本题主要考查的是考生能否掌握词语在句子中的含义和用法。具体考查考生能否正确理解句义及掌握关联词语“只要……就……”的意义及用法。题干想表示的是一种条件关系，选项 B 符合句义。

47. 正确答案是 D。本题主要考查的是考生能否掌握词语在句子中的含义和用法。具体考查考生能否正确理解句义及掌握“不但……反而……”与动词“交谈”的意义及用法。题干想表示的是一种递进关系，并且前面的词必须能和“反而”连用，后面的词应能和“起来”搭配，因此只有选项 D 符合句义。

48. 正确答案是 C。本题主要考查的是考生能否掌握词语在句子中的含义和用法。具体考查考生能否正确理解句义及掌握“尽管”与“不用”的意义及用法。题干表示的是“有问题可以随便问，不用客气”，前一个空用“尽管”，后一个空用“不用”，符合句义，因此选项C正确。而A中“不管”与“问”不搭配，B中的“没用”不能与“客气”搭配，D中的“不曾”用于过去的事情。

49. 正确答案是 D。本题主要考查的是考生能否掌握词语在句子中的含义和用法。具体考查考生能否正确理解句义及掌握“检查”与“发现”的意义及用法。题干想表示的是“检查后才发现工作中出现的问题”，选项 D 符合句义。选项 A、B 和 C 既不符合句义，也不能搭配。

50. 正确答案是 A。本题主要考查的是考生能否掌握词语在句子中的含义和用法。具体考查考生能否正确理解句义及掌握“多穿”与“穿多”的区别以及“有点儿”和“一点儿”的区别。“多穿”中的“多”是状语，事情还未发生；而“穿多”中的“多”是结果补语，已经发生了。题干要表示的应该是还未发生。因此选项 A 符合句义。

51. 正确答案是 D。本题主要考查的是考生能否根据需要获取阅读材料的细节性信息。文章开头就提到《蒙娜丽莎》是有史以来最著名的作品之一，它采用一种流行的肖像画形式，并赋予人物一种神秘的环境。这句话就概括了《蒙娜丽莎》的特点。选项A、B、C提到的都是具体的内容，选项 D 概括得最全面。因此选项 D 符合题意。

52. 正确答案是 A。本题主要考查的是考生对文章细节内容的查找能力以及联系上下文理解句子意思的能力。根据第二段“有人说《蒙娜丽莎》的微笑……，还有人说……”可知是在讨论被画者的微笑之谜。因此选项 A 符合题意。

53. 正确答案是 D。 本题主要考查的是考生能否领会阅读材料作者的观点和态度。文章提到“这幅肖像画在许多方面都是卓越的，尤其是绘画风格方面。与以前传统的肖像画格外不同的是……”。后文介绍的都是与传统绘画风格具体的不同之处。因此选项 D 符合题意。

54. 正确答案是 B。本题主要考查的是考生对文章内容大意的理解能力。文章通过数据普及“天高地厚”的常识，因此选项 B“科普文章”符合题意。

55. 正确答案是 A。本题主要考查的是考生的细节查找能力。文章最后说：“在这种情形下，哪里是天？哪里又是地？如果连天和地都分不清，又怎么知道‘天高地厚’呢？”，“这种情形”指的是前面提到的登上火星看。因此选项 A 符合题意。

56. 正确答案是 B。本题主要考查的是考生的细节查找能力以及联系上下文理解句子意思的能力。文章最后提到如果站在火星上看，根本分不清天和地，所以不能确定天有多高和地有多厚，直接排除选项 A、C、D；第二段最后一句提到我们常说的蓝天的高度仅为 10 千米左右，因此选项 B 符合题意。

57. 正确答案是 C。本题主要考查的是考生能否获取阅读材料的细节性信息并根据上下文的内容理解语句的含义。讲到李白小时候，文章说“李白小时候不喜欢念书，常常逃学到街上闲逛”。第二段还提到李白逃学后感叹“这么好的天气，如果整天在屋里读书多没意思？”。由此判断，李白小时候觉得玩耍更重要。因此选项 C 符合题意。

58. 正确答案是 D。本题主要考查的是考生能否领会阅读材料的主要内容并进行归纳和概括。文章讲了李白小时候逃学，因为看到老婆婆磨铁杵而深受启发，从而刻苦学习，最终成为诗仙。结合问题，选项 D 符合题意。

59. 正确答案是 D。本题主要考查的是考生能否领会阅读材料的主要内容和中心意思。文章讲的是铁杵磨成针的故事。从生活经验来讲这是个难以完成的事情，可老婆婆坚信，只要不间断地磨，最后一定能成功。这就是文章的中心意思。因此选项 D 符合题意。

60. 正确答案是 D。本题主要考查的是考生能否根据需要获取阅读材料的细节性信息。第一段提到由于华罗庚的学识和天才，他在国外得到了优越的工作条件和优厚的生活待遇，所以不少人以为他会在国外定居。因此选项 D 符合题意。

61. 正确答案是 B。本题主要考查的是考生对文章细节内容的查找能力。文章第二段提到华罗庚从报纸上看到新中国成立的特大喜讯，他再也抑制不住内心的激动。因此选项 B 符合题意。

62. 正确答案是 D。本题主要考查的是考生能否根据需要获取阅读材料的细节性信息。当有人问华罗庚回国是否后悔时，他说回国是要用自己的力量为祖国做些事情，并不是为了图舒服。因此选项 D 符合题意。

63. 正确答案是 B。本题主要考查的是考生对文章内容大意的理解能力。文章谈到华罗庚在国外有优越的生活和工作条件，然而新中国成立后，他毅然回国，想为自己的祖国做点儿事情。由此可知华罗庚是个热爱祖国的人。选项 B 符合题意。

64. 正确答案是 C。本题主要考查的是考生能否根据需要获取阅读材料的细节性信息。文章提到德国邮政当局也不甘心落后，于 1870 年 7 月 1 日发行了明信片。因此选项 C 符合题意。

65. 正确答案是 C。本题主要考查的是考生能否根据需要获取阅读材料的细节性信息。文章说第一个建议邮政部门发行明信片的是德国邮政局的一位官员。因此选项 C 符合题意。

66. 正确答案是 A。本题主要考查的是考生能否根据需要获取阅读材料的细节性信息。文章提到，提建议的官员认为明信片可以减少邮寄的手续，降低邮寄的费用。因此选项 A 符合题意。

67. 正确答案是 D。本题主要考查的是考生能否领会阅读材料的主要内容和中心意思。文章提到，奥地利邮政当局接受了一名教授的建议，正式发行了印有邮寄资费的明信片，这就是世界上第一张邮资明信片，然后各国纷纷效仿，从此明信片风靡世界。可见本文介绍了明信片问世的过程。因此选项 D 符合题意。

68. 正确答案是 D。本题主要考查的是考生对文章细节内容的查找能力。关于"我"成绩不好的原因，选项 A、B、C 都提到了，只有选项 D 没有提到。因此选项 D 符合题意。

69. 正确答案是 D。本题主要考查的是能否根据需要获取阅读材料的细节性信息。文章讲到初三的模拟考试时提到了第四个月连初三教过的一起考，即第四个月考从初一到初三学过的所有内容。因此选项 D 符合题意。

70. 正确答案是 C。本题主要考查的是考生能否根据需要获取阅读材料的细节性信息。当"我"的模拟考试常常失败的时候，"我"并不害怕同学嘲笑，也不在乎老师的责骂，"我"自己有计划好的进度。这说明面对失败时，"我"很有信心。因此选项 C 符合题意。

71. 正确答案是 D。本题主要考查的是考生能否根据需要获取阅读材料的细节性信息并进行推理判断。文章说“我”参加学校的模拟考试，从来没上过榜，这句话与选项D“‘我’的模拟考试成绩一直很差”的意思一致，因此选项D符合题意。选项C是干扰项，原文说的是那些天天上补习班、成绩比较好的同学中有很多失败了，并不是都没考上大学。

72. 正确答案是D。本题主要考查的是考生能否领会阅读材料的主要内容和中心意思。第一段中说“网络上有大量的信息，为我们提供了丰富的阅读素材”，这与选项D表述一致；网络媒体有优点，但是没有说会完全代替纸质媒体，排除选项A；“屡见不鲜”意思是很多，而不是不太多，排除选项B；第一段开头说城市中75%以上的学生玩儿过网络游戏，不是所有人，排除选项C。因此选项D符合题意。

73. 正确答案是A。本题主要考查的是考生对文章中语句的理解能力。“兴趣是最好的老师”这句话与选项A“学生的兴趣比老师的指导重要”表达的意思一致，其他三个选项说得太绝对了。因此选项A符合题意。

74. 正确答案是C。本题主要考查的是考生对文章内容大意的理解能力。第二段提到“在网上阅读，孩子们就像看动画片一样开心，这比单纯的文字阅读不知要鲜活多少倍”。因此选项C符合题意。

75. 正确答案是C。本题主要考查的是考生对文章细节内容的查找能力和推理能力。文章第三段提到“网络就像一个万能的魔术师，能在一瞬间把古今中外的相似文章呈现出来，给学生提供具体可感的语言材料……”。由此可以得知，选项C符合题意。

三、书面表达

76. 正确答案是B。本题主要考查的是考生能否掌握句子成分在句子中的正确位置。选项B属于病句中的“语序不当”类型。“很广泛地”是状语，应该用在谓语动词“应用”之前。此句的正确表达应为“电在中国工农业中很广泛地应用着”。

77. 正确答案是C。本题主要考查的是考生对语法表达中逻辑通顺的掌握情况。“从来”一般用于否定句，组成“从来不”结构；用于肯定句时，一般组成“从来都”结构。此句的正确表达应为“他从来不考虑自己的行为会不会让别人生气”。

78. 正确答案是B。本题主要考查的是考生能否掌握介词短语做补语的用法。句中有时间词语“每天”，所以动词“坐”后不能用“了”，而应该用介词“在”组成介词短语“在公园里”，用在“坐”的后面做补语，表示处所。此句的正确表达应为“这几位老人每天坐在公园里开心地聊天儿”。

79. 正确答案是C。本题主要考查的是考生能否掌握各种词语之间的搭配和修饰。重点考查使用“失去”时前后两部分的搭配是否得当。选项C中“笑容和信心”是人们应该具备的，用“不要失去”比较合适。此句的正确表达应为“生活中有再多的烦恼和困难，也不要失去笑容和信心”。

80. 正确答案是B。本题主要考查的是考生能否掌握强调的表述方式。选项B属于病句中的“成分残缺”类型，缺少了强调相反意义的“却”。此句的正确表达应为“水是一种容易被我们忽略却有着很大作用的营养物质”。

81. “永恒”，二级词。本题主要考查的是考生能否结合上下文语境，根据给出的拼音，正确写出对应的字。既考查考生的书写能力，又在一定程度上考查考生的阅读理解能力。本题的难点是正确书写“永”字的笔画笔顺，另外，考生容易把“恒”与“桓”相混，要注意区分。
82. “漫长”，二级词。本题主要考查的是考生能否结合上下文语境，根据给出的拼音，正确写出对应的字。既考查考生的书写能力，又在一定程度上考查考生的阅读理解能力。本题的难点是正确写出“漫”字，考生容易将“漫”与“慢”相混，要结合偏旁意义加以区分。
83. “爆发”，二级词。本题主要考查的是考生能否结合上下文语境，根据给出的拼音，正确写出对应的字。既考查考生的书写能力，又在一定程度上考查考生的阅读理解能力。本题的难点是正确书写“发”字的笔画笔顺，另外，考生容易把“爆”写成“暴”。
84. “特征”，二级词。本题主要考查的是考生能否结合上下文语境，根据给出的拼音，正确写出对应的字。既考查考生的书写能力，又在一定程度上考查考生的阅读理解能力。本题词语属于常用词语，难点是正确写出“征”字的偏旁。
85. “土壤”，二级词。本题主要考查的是考生能否结合上下文语境，根据给出的拼音，正确写出对应的字。既考查考生的书写能力，又在一定程度上考查考生的阅读理解能力。本题的难点是正确书写“壤”字。“壤”的笔画多，结构复杂，考生容易少写右半边中间的横或下方的撇。

模拟试题（八）

答案速查

1. C	2. C	3. C	4. B	5. C	6. D	7. A	8. D	9. C	10. B
11. A	12. C	13. C	14. D	15. D	16. D	17. A	18. D	19. D	20. A
21. A	22. D	23. B	24. D	25. C	26. D	27. D	28. D	29. A	30. A
31. B	32. C	33. B	34. C	35. D	36. C	37. D	38. D	39. D	40. C
41. C	42. C	43. C	44. B	45. B	46. B	47. A	48. A	49. D	50. C
51. D	52. C	53. A	54. B	55. C	56. C	57. C	58. D	59. C	60. C
61. D	62. D	63. C	64. D	65. C	66. D	67. C	68. B	69. C	70. D
71. D	72. A	73. B	74. D	75. B	76. D	77. B	78. B	79. B	80. B
81. 激动	82. 渴望	83. 忽视	84. 恰好	85. 无穷					

【参考范文】

有意义的班会活动

3月4日，我们班组织了一次“学雷锋，做好事”班会活动。我们手拿小铲子，肩背垃圾袋，来到了学校南门附近的小街上。

我们的主要任务是刮掉墙壁上的小广告，让我们生活的城市看起来更整洁。我的眼力还不错，刚走几步就看到了小广告。说干就干，我用铁尺使劲刮，可是怎么也刮不下来，干着急。"你用手轻轻地撕下来，这样会好些。"一旁的张利给我提建议。我半信半疑地看着她，张利自信地向我点点头，好像在说："你不试怎么就知道不行呢？"我按她说的方法试了试，果然，不出三分钟的时间，讨厌的小广告就被我消灭了。就这样，我们按照张利的办法，很快就清理干净了那些乱贴的小广告，我们不但完成了自己的任务，还帮助了其他组的同学，路人纷纷称赞我们："你们了不起！真是小雷锋啊！"

满脸灰尘的我们回到了学校，虽然很累，但大家都觉得今天的活动是一个非常难忘且有意义的班会活动。

详细解析

一、听力理解

1. 正确答案是 C。本题主要考查的是考生能否掌握对话中的具体信息并进行推理判断。"标准间""单间""押金"是对话中的关键词，由此可以推断出对话发生的地点应该是在宾馆或酒店。选项 C"酒店"符合题意。
2. 正确答案是 C。本题主要考查的是考生能否掌握对话中的主要事实并进行推理判断。男的说不允许摩托车进去，女的说马上要上课了。由对话可知，他们是在学校门口，由此可以判断对话的双方一个是门卫，一个是老师或学生。选项 C"门卫与学生"符合题意。
3. 正确答案是 C。本题主要考查的是考生能否领会听力材料的内容要点或大意。女的说孩子正在长身体，不能老熬夜，让男的去跟老师说说。"说说"在这里的意思就是让男的向老师反映存在的问题，选项 C 符合题意。
4. 正确答案是 B。本题主要考查的是考生能否领会听力材料的内容要点或大意。男的做了早餐，问女的的看法，女的说"还行吧"。由此可知，女的对早餐不太满意，女的希望早餐既要有营养又要健康。选项 B 符合题意。
5. 正确答案是 C。本题主要考查的是考生能否掌握对话中的主要事实并进行推理判断。对话中提到了"借""书""借阅处""阅览室"，还说"回去找一下"，由此可以得知，他们要去图书馆。选项 C 符合题意。
6. 正确答案是 D。本题主要考查的是考生能否领会听力材料中说话人的观点和态度。女的说全市数学竞赛能得一等奖非常厉害了，男的用"您别这么说"表示谦虚。由此可知，女的是夸奖的语气。选项 D 符合题意。
7. 正确答案是 A。本题主要考查的是考生能否领会听力材料的内容要点或大意。女的说看话剧和坐出租车都是自己交的钱，意思是告诉对方钱去哪里了。"买票"花掉了大部分钱，选项 A 符合题意。

8. 正确答案是D。本题主要考查的是考生能否领会听力材料中说话人的观点和态度。女的要给男的倒茶、洗水果，男的说想安静一会儿，还说女的影响了他。因此选项D符合题意。

9. 正确答案是C。本题主要考查的是考生能否掌握听力材料中的主要事实并进行推理判断。女的说买东西要讲价，认为讨价还价也是一种乐趣，男的说不会讲价，由此可以推断出讲价不是每个人都会的，也是一种技巧。因此选项C符合题意。

10. 正确答案是B。本题主要考查的是考生能否领会听力材料中说话人的观点和态度。由“啊？”可知男的对女的没有收到资料感到吃惊。选项B“吃惊”符合题意。

11. 正确答案是A。本题主要考查的是考生能否掌握对话中的关键信息。对话中男的说想去看当代书画展，但因为已经答应带儿子去动物园了，所以不能去了。因此，男的周末打算带儿子去动物园。选项A符合题意。

12. 正确答案是C。本题主要考查的是考生能否掌握对话中的关键信息。由对话可知杨蓉接到值班室的电话后下去取东西了。因此，杨蓉不在办公室的原因是她下楼取东西了。选项C符合题意。

13. 正确答案是C。本题主要考查的是考生能否掌握对话中的关键信息并进行推理判断。男的说徐老师去读研究生了，不回来了，女的明白了三班换班主任的原因。由此可以判断，徐老师不再当班主任了。选项C符合题意。

14. 正确答案是D。本题主要考查的是考生能否掌握对话中的具体信息并进行推理判断。男的问什么时候可以吃饭，女的说“米饭已经煮好了，菜也洗好了，我炒两个菜就可以吃饭了”。由此可以判断，女的将要炒菜。选项D符合题意。

15. 正确答案是D。本题主要考查的是考生能否领会听力材料的内容要点或大意。女的问男的为什么不去找工作，男的回答已经收到面试通知，正在做面试准备。由此可知，男的不去找工作是在准备面试。选项D符合题意。

16. 正确答案是D。本题主要考查的是考生能否掌握对话中的关键信息。女的说网球场那里，9号楼西边，靠路边那棵就是丁香。选项D正确。

17. 正确答案是A。本题主要考查的是考生能否掌握对话中的关键信息并进行推理判断。男的闻到了辣子鸡的味道，还说中午就没吃饭，所以没有心思看花。由此可知，男的饿了，没有心思看花，选项A正确。

18. 正确答案是D。本题主要考查的是考生能否掌握对话中的关键信息并进行推理判断。女的说15元是一点二五升的，两升的18元。男的说两升喝不完，想要小一点儿的。由此判断，小一点儿的指一点二五升的，选项D正确。

19. 正确答案是D。本题主要考查的是考生能否掌握对话中的关键信息并进行推理判断。女的说吃火锅还是点大的合适，三听小的也便宜不了几块。由此可推测对话发生的地点可能是火锅店，选项D符合题意。

20. 正确答案是A。本题主要考查的是考生能否掌握对话中的关键信息。男的让女的按会员给他打折，还说16本够多了。由此可知，男的买了16本书，选项A符合题意。

21. 正确答案是A。本题主要考查的是考生能否掌握对话中的关键信息。男的说让女的算算，女的先让男的交600元，余下的给打八五折。由此可以判断，先交600是按照满300元减60计算的，其余的钱打了折，选项A符合题意。

22．正确答案是D。本题主要考查的是考生能否掌握对话中的关键信息并进行推理判断。男的因为售货员替顾客着想而感动，随后同意了办卡的请求。由此可知，男的办卡的原因是女的替顾客着想，选项D符合题意。

23．正确答案是B。本题主要考查的是考生能否掌握听力材料中的具体信息。听力材料中谈到“从去年到今天，它数次光临当地村民种植的竹林偷笋子”，因此选项B符合题意。

24．正确答案是D。本题主要考查的是考生能否掌握听力材料中的关键信息。听力材料中谈到，熊猫光临当地村民种植的竹林偷笋子，由此可知，熊猫光顾村子是为了吃笋子，选项D符合题意。

25．正确答案是C。本题主要考查的是考生能否掌握听力材料中的关键信息。听力材料中谈到“张学良赶到小河子芹菜坪区域”，由此可知，熊猫在小河子芹菜坪区域，选项C符合题意。

26．正确答案是D。本题主要考查的是考生能否掌握听力材料中的关键信息。听力材料中谈到“貘在地球上已经存在了4000万年”，因此选项D符合题意。

27．正确答案是D。本题主要考查的是考生能否掌握听力材料中的关键信息。听力材料中谈到“它们一生都爱吃素，食物以水生植物、树叶和果实为主”，由此可知，选项D符合题意。

28．正确答案是D。本题主要考查的是考生能否掌握听力材料中的关键信息。听力材料中谈到“貘一般身长两米，体重为220～300千克”，由此可知，选项D符合题意。

29．正确答案是A。本题主要考查的是考生能否掌握听力材料中的关键信息。听力材料中谈到“在海南期间，他第一次接触铁人三项运动”，因此选项A符合题意。

30．正确答案是A。本题主要考查的是考生能否掌握听力材料中的关键信息。听力材料中谈到“2007年，仅备战了一个月，他就夺得了杭州一个铁人三项比赛的冠军”，因此选项A符合题意。

31．正确答案是B。本题主要考查的是考生能否掌握听力材料中的关键信息。听力材料中谈到“如今他已是中国“铁三”项目的代表人物”，由此可知，选项B符合题意。

32．正确答案是C。本题主要考查的是考生能否掌握听力材料中的关键信息。听力材料中谈到“头发和眉毛已经被风霜粘成了雪白色，脸蛋通红”，由此可知，选项C符合题意。

33．正确答案是B。本题主要考查的是考生能否掌握听力材料中的关键信息。听力材料中谈到“照片是班级老师在1月8日8：50左右拍的”，由此可知，选项B符合题意。

34．正确答案是C。本题主要考查的是考生能否掌握听力材料中的关键信息。听力材料中谈到“小孩子比较可爱，到班里后做了个怪怪的鬼脸，引起同学大笑”，由此可知，选项C符合题意。

35．正确答案是D。本题主要考查的是考生能否掌握听力材料中的关键信息。听力材料中谈到“‘冰花’是因当天气温较低，男孩儿家离学校4.5公里，他走了一个多小时来上学沾染冰霜导致”，由此可知，选项D符合题意。

二、阅读理解

36．正确答案是C。本题主要考查的是考生能否掌握词语在句子中的含义和用法。具体考查考生能否正确理解句义及掌握词语“任何”的意义及用法。题干空白处要表达的是“所有的”。因此选项C符合句义。

37. 正确答案是D。本题主要考查的是考生能否掌握词语在句子中的含义和用法。具体考查考生能否正确理解句义及掌握副词“随手”的意义及用法。通过分析题干可以得知，这是一道常识题。用完及时关闭水龙头是每一个人都应该做的。只有“随手”可以表示“及时”或“立刻”的意思。因此选项D符合句义。

38. 正确答案是D。本题主要考查的是考生能否掌握词语在句子中的含义和用法。具体考查考生能否正确理解句义及掌握词语“什么”的意义及用法。题干空白处要表达的是疑问的意思，选项D“什么”符合句义；选项A用来问数量，选项B不能表达疑问，选项C“怎么”不能与题干的动词“看”搭配。

39. 正确答案是D。本题主要考查的是考生能否掌握词语在句子中的含义和用法。具体考查考生能否正确理解句义及掌握词语“一切”的意义及用法。题干空白处要表达的意思是“所有的”，选项D“一切”符合句义。

40. 正确答案是C。本题主要考查的是考生能否掌握词语在句子中的含义和用法。从后一句可以得知，一个人在生病时一般身体和记忆力会变差，题干要表达的意思是：娜娜虽然生病了，但对妈妈照顾她的细节仍然记得很清楚。“清晰”就是“清楚”的意思，其他三个选项用在这里都不恰当。因此选项C符合句义。

41. 正确答案是C。本题主要考查的是考生能否掌握词语在句子中的含义和用法。具体考查考生能否正确理解句义及掌握词语“大多”的意义及用法。题干空白处要表达的是“多数”的意思，因此选项C“大多”符合句义。

42. 正确答案是C。本题主要考查的是考生能否掌握词语在句子中的含义和用法。具体考查考生能否正确理解句义及掌握词语“也许”的意义及用法。题干空白处要表达的意思是“可能，说不定”，爸爸下个月可能来北京出差。因此选项C“也许”符合句义。

43. 正确答案是C。本题主要考查的是考生能否掌握词语在句子中的含义和用法。具体考查考生能否正确理解句义及掌握词语“对于”的意义及用法。“对于……来说”是固定搭配，用来引进对象，意思是后面的内容是针对这个对象说的，选项C符合句义；其他三个选项都不能与“来说”搭配。

44. 正确答案是B。本题主要考查的是考生能否掌握词语在句子中的含义和用法。具体考查考生能否正确理解句义及掌握代词“那样”的意义及用法。在“他怎么就高兴成那样？”中，“那样”做补语，补充说明高兴的程度，选项B符合句义；其他三个选项都不能做补语，用在这里都不恰当。

45. 正确答案是B。本题主要考查的是考生能否掌握词语在句子中的含义和用法。题干要表达的意思是：我选专业时爸爸参与并帮我出了主意。经分析，“参谋”可以表达这个意思，选项A“思维”一般不和“着”搭配，选专业和数学与算术无关，所以选项C、D也不合适。因此只有选项B符合句义。

46. 正确答案是B。本题主要考查的是考生能否掌握词语在句子中的含义和用法。具体考查考生能否正确理解句义及掌握关联词语“只有……才……”的意义及用法。题干想表示的是一种条件关系。选项A表示的是“不管条件怎样，结果都不会改变”；选项C表示转折关系，不符合句义；选项 D 表示因果关系。因此只有选项 B 符合句义。

47. 正确答案是 A。本题主要考查的是考生能否掌握词语在句子中的含义和用法。具体考查考生能否正确理解句义及掌握“即使……也……”与“打算”的意义及用法。题干要表示的是一种假设关系，并且前面的词必须能和“也”连用，后面的词应能和“做好”搭配。因此只有选项 A 符合句义。

48. 正确答案是 A。本题主要考查的是考生能否掌握词语在句子中的含义和用法。具体考查考生能否正确理解句义及掌握“大好”与“发展”的意义及用法。题干表示的是“西部大开发机会好，所以家乡就有了发展的空间”，前一句用“大好”，后一句用“发展”，既符合题意，搭配也合适。因此选项 A 符合句义。

49. 正确答案是 D。本题主要考查的是考生能否掌握词语在句子中的含义和用法。具体考查考生能否正确理解句义及掌握“帮助”与“关系”的意义及用法。题干前一句表示条件，后一分句表示结果。由此可推断出“恢复友好关系”的前提是“大家帮助”。“提供”和“帮忙”不能出现在“在……下”结构中，“联系”不与“友好”搭配，所以选项 A、B、C 不合适。因此只有 D 符合句义。

50. 正确答案是 C。本题主要考查的是考生能否掌握词语在句子中的含义和用法。具体考查考生能否正确理解句义及掌握“突然”与“怪不得”的意义及用法。题干想表示的是“领导突然回来了，所以明白为什么要改变原来的计划了”，选项 C 中的“怪不得”就有突然明白了的意思，符合句义。

51. 正确答案是 D。本题主要考查的是考生的细节查找能力。文章第一段说“我刻意地躲了一下”，即“我”不喜欢女售票员，文中提到她穿着很一般，一脸的疲劳，声音沙哑，面无表情。因此选项 D 符合题意。其他三个选项都不全面。

52. 正确答案是 C。本题主要考查的是考生的细节查找能力。从“女孩儿很不情愿地起了身”可知，是那位染着黄色头发的女孩儿让了座。因此选项 C 符合题意。

53. 正确答案是 A。本题主要考查的是考生对文章内容大意的理解能力。文章最后说，因为女售票员不断重复“哪位同志给这位抱小孩儿的让个座”，“我”改变了对女售票员的印象。由此可以看出，女售票员是个工作认真的人。因此选项 A 符合题意。

54. 正确答案是 B。本题主要考查的是考生能否领会阅读材料的主要内容和中心意思。第一段第一句话“狗为什么爱我们人类呢？”点明了这一段的主旨，接下来展开论述这个问题，即狗和人类友好的原因。因此选项 B 符合题意。

55. 正确答案是 C。本题主要考查的是考生能否根据需要获取阅读材料的细节性信息。文章提到狗总会在家里找到这么一个角色，一般会是家里的男主人。因此选项 C 符合题意。

56. 正确答案是 C。本题主要考查的是考生能否根据需要获取阅读材料的细节性信息。文章说“与人交往是狗天生的习性，……而这天生的习性常取决于出生三周到七周时与人接触的程度”，因此选项 C 符合题意。

57. 正确答案是 B。 本题主要考查的是考生对文章细节内容的查找能力。文章第二段提到，在本来就干燥的冬天，使用空调取暖，在产生热的同时就好像用火烤空气。所以不是“温度太低”，而是“温度高”造成的。

58. 正确答案是B。本题主要考查的是考生对文章细节内容的查找能力。文中第三段提到“最好有一只湿度计，如果相对湿度低了，可向地上洒些水，或用湿布擦擦地板，或者在空调周围的地上放盆水，以增加湿度……”，“用湿布擦地板”正是其中的一种方法。文中说的是在地上洒水，而不是在门口，排除选项A。原文提到的是养水仙花而不是各种花，排除选项C。文中说的是最好有一只“湿度计”而不是“温度计”，排除选项D。因此选项B符合题意。

59. 正确答案是D。本题主要考查的是考生能否领会阅读材料的主要内容和中心意思。通读全文可知，本文是围绕“冬天湿度过低对人的危害”“如何提高湿度”等话题展开的，并且给出了一些调节房间湿度的方法。因此选项D“冬天房间内要保持一定的湿度”符合题意。

60. 正确答案是D。本题主要考查的是考生能否根据需要获取阅读材料的细节性信息。第一段提到“我”很小的时候就喜欢茶，可惜外公从来不让“我”喝一口。因此选项C符合题意。

61. 正确答案是D。本题主要考查的是考生能否根据需要获取阅读材料的细节性信息。文章中提到小学三年级时，“我”泡茶并不只是为了喝，更没有提天天喝，所以选项A不对；选项B正好与原文相反，泡茶的整个过程对当时的“我”来说是一种享受；茉莉花茶是“我”最喜欢的，不是只喜欢闻茉莉花茶的香味，选项C错误。因此只有选项D符合题意。

62. 正确答案是D。本题主要考查的是考生对文章细节内容的查找能力。选项A、B、C的内容文章都提到了，但每一项只代表一个方面，只有三项加在一起，才能回答所问的问题。因此选项D符合题意。

63. 正确答案是C。本题主要考查的是考生能否领会阅读材料的主要内容和中心意思。文章中提到“如果做人能够像茶那样”，其后面提到的都是茶的优点，显然作者认为茶具有优良品质。因此选项C是作者所要表达的意思，符合题意。

64. 正确答案是D。本题主要考查的是考生对细节的查找能力和分析理解能力。文章第二段谈到女孩儿成功时，有这样一句话：“在我内心深处，始终隐藏着对眼病的恐惧。为了克服它，我选择了快乐的生活态度。”即她获得成功的主要原因是她选择了快乐的生活态度，因此选项D符合题意。

65. 正确答案是C。本题主要考查的是考生对细节的查找能力以及联系上下文理解句子意思的能力。女孩儿在自己的书中写道：“在我内心深处，始终隐藏着对眼病的恐惧。为了克服它，我选择了快乐的生活态度。”“它”指前句的“对眼病的恐惧”。因此选项C符合题意。

66. 正确答案是D。本题主要考查的是考生对细节的查找能力以及联系上下文理解句子意思的能力。文中提到女孩儿“一直坚持读书”“选择了快乐的生活态度”“她是快乐的”，由此可以判断女孩儿读书是为了获得快乐，而“获得了学位，做了教授”只是她读书的结果，并不是她读书的目的。因此选项D符合题意。

67. 正确答案是C。本题主要考查的是考生能否领会阅读材料的主要内容和中心意思。最后一段开头说“她是快乐的”，后面又说“和她比起来，我们大多数人都是幸运的”，即女孩儿是不幸的，但是她是快乐的。因此选项C符合题意。

68. 正确答案是B。本题主要考查的是考生能否根据需要获取阅读材料的细节性信息。文章提到父亲与女儿的对话，父亲告诉女儿除了干活儿以此获得自己应得的收入外，不要跟别人抱怨。由此可以推出，她打工的目的是为自己挣钱。因此选项 B 符合题意。

69. 正确答案是 C。本题主要考查的是考生能否根据需要获取阅读材料的细节性信息。文中提到女孩儿从父亲的话中领悟到，无论什么工作都要做好，因为那是为自己。因此选项 C 符合题意。

70. 正确答案是 D。本题主要考查的是考生能否根据需要获取阅读材料的细节性信息。文中提到女孩儿从那以后为形形色色的人工作过，无论老板如何，她从未抱怨过。因此选项 D 符合题意。

71. 正确答案是 D。本题主要考查的是考生能否根据需要获取阅读材料的细节性信息并进行推理判断。女孩儿从父亲的话中领悟到了四条人生经验，她从那以后转变了工作态度。选项 D 是其中一条重要的经验，也可以说是让女孩儿转变工作态度的原因。因此选项 D 符合题意。

72. 正确答案是 A。本题主要考查的是考生对文章细节内容的查找能力。文章第一段提到白求恩 1935 年被选为美国胸外科学会会员、理事，他的胸外科医术在加拿大、英国和美国医学界享有盛名。因此选项 A 符合题意。

73. 正确答案是 B。本题主要考查的是考生对文章细节内容的查找能力。文章第二段提到白求恩在中国抗日战争爆发后来到了中国，他的目的是援助中国人民的解放事业。因此选项 B 符合题意。

74. 正确答案是 D。本题主要考查的是考生对文章细节内容的查找能力和分析能力。文章第二段提到“他拒绝了很多特殊的照顾，他的牺牲精神、工作热忱和责任心，堪称模范”。从这句话中我们可以看出，白求恩的精神是牺牲精神，即救死扶伤、舍己为人的牺牲精神。因此选项 D 符合题意。

75. 正确答案是 B。本题主要考查的是考生能否领会阅读材料的主要内容和中心意思。文章介绍了白求恩的出生、学习、工作、逝世等各方面的情况，是对白求恩一生的简单介绍，因此选项 B 符合题意。

三、书面表达

76. 正确答案是 D。本题主要考查的是考生能否掌握各种词语之间的搭配和修饰。选项 D 属于病句中的“搭配不当”类型。这个句子的主干是“劳动是一天”，搭配不当。此句的正确表达应为“劳动的最后一天是同学们最紧张、最愉快、最有意义的一天”。

77. 正确答案是 B。本题主要考查的是考生能否掌握表示强调的句式。选项 B 属于病句中的“成分残缺”类型。“是……的”是一个固定搭配。因此正确表达应为“大家对某件事的想法都会是一样的吗？”。也可以不用“是……的”句式，改为“大家对某件事的想法都会一样吗？”。

78. 正确答案是 B。本题主要考查的是考生能否掌握比较句式以及“一点儿”用作补语时的用法。比较句的一种表达方式是：A 比 B+ 形容词 / 动词 + 补语。“有点儿”是副词，常常用在形容词或动词前做状语，并且带有不满意的语气，不能做补语。“一点儿”是数量短语，表示数量少而不确定，一般用在形容词后做补语或在名词性词语前做定语。因此正确表达应为“路上堵车，我可能比你们晚一点儿到”。

79. 正确答案是 B。本题主要考查的是考生对语法表达中逻辑通顺的掌握情况。选项 C 属于病句中的“成分残缺”类型，缺少了表示排除意义的词语“除了”。如果省略“除了”这个词语，整个句子也显得逻辑不通顺。因此正确表达应为“全班除了小张和小李，其他人都及格了”。

80. 正确答案是 B。本题主要考查的是考生对语法表达中逻辑通顺的掌握情况。“非是”搭配不当，使整个句子逻辑混乱，不知所云。正确表达应为“张大爷所交的朋友，无非是一些种地的老实农民”。

81. “激动”，二级词。本题主要考查的是考生能否结合上下文语境，根据给出的拼音，正确写出对应的字。既考查考生的书写能力，又在一定程度上考查考生的阅读理解能力。本题词语属于常用词语，要注意“激”字的笔画笔顺。

82. “渴望”，二级词。本题主要考查的是考生能否结合上下文语境，根据给出的拼音，正确写出对应的字。既考查考生的书写能力，又在一定程度上考查考生的阅读理解能力。本题的难点是正确书写“渴望”的笔画笔顺，写完“望”字的第三画不要再加一个点。

83. “忽视”，二级词。本题主要考查的是考生能否结合上下文语境，根据给出的拼音，正确写出对应的字。既考查考生的书写能力，又在一定程度上考查考生的阅读理解能力。本题词语属于常用词语，要正确书写“忽”字的笔画笔顺，注意“忽”的上半部分是“勿”，不要写成“匆”。

84. “恰好”，二级词。本题主要考查的是考生能否结合上下文语境，根据给出的拼音，正确写出对应的字。既考查考生的书写能力，又在一定程度上考查考生的阅读理解能力。本题词语属于常用词语，要注意“恰”不要写成“洽”。

85. “无穷”，二级词。本题主要考查的是考生能否结合上下文语境，根据给出的拼音，正确写出对应的字。既考查考生的书写能力，又在一定程度上考查考生的阅读理解能力。本题词语属于常用词语，要注意“穷”与“究”写法的不同。

模拟试题（九）

答案速查

1. B	2. C	3. B	4. B	5. D	6. A	7. D	8. C	9. D	10. D
11. B	12. A	13. D	14. B	15. A	16. D	17. C	18. C	19. A	20. B
21. A	22. D	23. C	24. C	25. B	26. D	27. A	28. C	29. D	30. D
31. B	32. C	33. C	34. A	35. C	36. B	37. D	38. D	39. B	40. D
41. B	42. C	43. B	44. C	45. C	46. B	47. D	48. D	49. C	50. D
51. C	52. D	53. D	54. D	55. D	56. C	57. C	58. B	59. D	60. A
61. C	62. D	63. D	64. C	65. D	66. C	67. A	68. C	69. D	70. D
71. A	72. C	73. C	74. A	75. C	76. A	77. B	78. B	79. B	80. D
81. 满意	82. 值得	83. 联系	84. 经历	85. 建议					

【参考范文】

给爸爸妈妈的一封信

亲爱的爸爸妈妈：

你们好！

当我得知你们不想让我参加舞蹈队时，我感到很伤心。因为我一直都很喜欢跳舞，所以特别想参加学校的舞蹈队。

舞蹈是一种融音乐、美术、文学、肢体语言和表演于一体的综合性艺术。一个舞蹈一般不超过4～5分钟，但就在这短短的几分钟里舞者能引领观众带着他所需要的情绪进入到故事中去。我现在已经把舞蹈当成了我生活中不可缺少的一部分，我想通过跳舞提高我其他方面的素质。

爸爸妈妈，参加舞蹈队，只要安排好时间，处理好学习和跳舞的关系，我觉得不但不会影响学习，反而会促进我的学习呢。舞蹈队有很多志趣相投的朋友，在一起进步得也会更快。我一定会安排好时间，不耽误学习，给自己同时也给你们一个满意的交代。

爸爸妈妈，希望你们能理解，也请你们放心。

此致

敬礼！

爱你们的女儿：丽丽

8月22日

详细解析

一、听力理解

1. 正确答案是B。本题主要考查的是考生能否掌握对话中的具体信息并进行推理判断。"行李""航班""安检"是对话中的关键词，由此可以推断出对话发生的地点应该是在机场。选项B符合题意。
2. 正确答案是C。本题主要考查的是考生能否掌握对话中的主要事实并进行推理判断。女的称呼男的"大夫"，由对话可知，他们是在谈论吃药的事，由此可以判断对话的双方是医生与病人的关系。选项C符合题意。
3. 正确答案是B。本题主要考查的是考生能否掌握对话中的主要事实并进行推理判断。女的夸男的跑得快，并说"又为咱班得了好几分"，"咱班"说明对话人是同学关系，所以选项B为正确答案。
4. 正确答案是B。本题主要考查的是考生能否领会听力材料的内容要点或大意。男的让女的开始锻炼身体，女的说开始慢跑了，目标是减十斤。由此可知，女的锻炼身体是为了减肥，以便夏天穿裙子。选项B符合题意。
5. 正确答案是D。本题主要考查的是考生能否领会听力材料的内容要点或大意。由对话可以得知，说话双方要跟朋友一起去百旺山看红叶。选项D"赏红叶"就是对去百旺山活动的概括，符合题意。选项 A、B、C 对话中谈到了，但都仅仅是活动的一部分，不全面。

6. 正确答案是 A。本题主要考查的是考生能否领会听力材料中说话人的观点和态度。女的说买新的太贵，修理时间长。这表示女的在两种方案中难以选择。由此可知，女的是为难的语气。选项 A 符合题意。

7. 正确答案是 D。本题主要考查的是考生能否领会听力材料的内容要点或大意。女的说自己的手机静音了，忘了打开声音了，意思是说手机一直都是静音，没听到铃声。选项 D “没听到铃声”与手机静音了意思一致，符合题意。

8. 正确答案是 C。本题主要考查的是考生能否领会听力材料的内容要点或大意。女的问男的为什么来晚了，男的说睡过头了，最近太累了。因此，男的是在说明迟到的原因。选项 C “解释迟到的原因”符合题意。

9. 正确答案是 D。本题主要考查的是考生能否掌握对话中的主要事实并进行推理判断。女的问钱包里有什么东西，男的一一回答出来，而且记得在超市买了多少钱的东西。由此可以推断男的去超市买东西后丢了钱包。因此选项 D 符合题意。

10. 正确答案是 D。本题主要考查的是考生能否领会听力材料中说话人的观点和态度。男的说别埋怨了，赶快送钥匙过来，由“赶快”可知男的很着急，催促女的快一点儿来。选项 D “催促”符合题意。

11. 正确答案是 B。本题主要考查的是考生能否掌握对话中的主要事实并进行推理判断。男的说“这几天院子里少了几分热闹”，女的说“孩子们这一开学，一个个早出晚归的”，意思是前些天孩子们放假了，在院子里玩儿，很热闹，现在开学了，早出晚归，白天院子里没孩子玩儿了，所以“少了几分热闹”。选项 B 符合题意。

12. 正确答案是 A。本题主要考查的是考生能否掌握对话中的关键信息。由对话可知，女的看到妈妈去广场锻炼身体，担心妈妈没有带伞。因此，女的打算去给妈妈送伞并接她回家。选项 A 符合题意。

13. 正确答案是 D。本题主要考查的是考生能否掌握对话中的关键信息并进行推理判断。从女的说的“喂，小勇，你好点儿了吗？我想去看看你”可以判断出女的在打电话。小勇在跟女的对话，说明小勇也在打电话。选项 D 符合题意。

14. 正确答案是 B。本题主要考查的是考生能否掌握对话中的具体信息并进行推理判断。男的说张强去参加全国机器人设计大赛了，下个星期回来。女的决定取消明天的模拟考试，要求大家再复习复习。由此可知，女的取消模拟考试是想等张强回来，选项 B 符合题意。

15. 正确答案是 A。本题主要考查的是考生能否领会听力材料的内容要点或大意。女的让男的不要等电梯了，走下楼去。男的回答自己刚上来，家里没人。由“弟弟马上就上来”可知男的在等弟弟开门。选项 A 符合题意。

16. 正确答案是 D。本题主要考查的是考生能否掌握对话中的关键信息。女的说楼下张大爷每天五点多就去公园打太极拳。由此可知，选项 D 符合题意。

17. 正确答案是 C。本题主要考查的是考生能否掌握对话中的关键信息并进行推理判断。女的担心男的走路声音大吵到邻居，男的说离十一点早着呢，接下来又说到了楼下张大爷和旁边小董两口子早睡的情况。由此可以判断，男的经常晚睡。因此选项C符合题意。

18. 正确答案是C。本题主要考查的是考生能否掌握对话中的关键信息。我们听到女的说“爸爸，您不能忘”，说明说话人是父女关系。因此选项C符合题意。

19. 正确答案是A。本题主要考查的是考生能否掌握对话中的关键信息并进行推理判断。男的赞扬女的环保意识强，女的说“那是，保护环境，人人有责嘛”，表明女的接受了赞扬，感到自豪。所以选项A为正确答案。

20. 正确答案是B。本题主要考查的是考生能否掌握对话中的关键信息。女的以为爷俩要去旅游，男的说儿子去贵州支教，他送儿子去车站。因此选项B符合题意

21. 正确答案是A。本题主要考查的是考生能否掌握对话中的关键信息。女的问是去贵阳支教，还是要去山区，男的说去罗甸县的小学，具体去哪所小学，到了那里再分配。由此可知，男的的儿子去罗甸县的某所小学支教，选项A符合题意。

22. 正确答案是D。本题主要考查的是考生能否掌握对话中的关键信息并进行推理判断。女的说“好孩子。照顾好自己，阿姨祝你一路平安”，由此可知，女的是熟人，选项D符合题意。

23. 正确答案是C。本题主要考查的是考生能否掌握听力材料中的关键信息。听力材料开头就说“初一时我去了一趟北戴河”，由此可知，选项C符合题意。

24. 正确答案是C。本题主要考查的是考生能否掌握听力材料中的关键信息。材料中提到，在北戴河看日出是必不可少的，接着叙述的就是看日出的过程。由此可知，选项C符合题意。

25. 正确答案是B。本题主要考查的是考生能否掌握听力材料中的具体信息。听力材料中谈到“而初升的太阳可以把人们内心深处的感动和热情引发出来，带给人们无穷的勇气”。因此选项B符合题意。

26. 正确答案是D。本题主要考查的是考生能否掌握听力材料中的关键信息。听力材料中谈到，运动时或运动后出现的疼痛感是由乳酸堆积所造成的，因此选项D符合题意。

27. 正确答案是A。本题主要考查的是考生能否掌握听力材料中的具体信息。听力材料中谈到，避免迟发性肌肉酸痛最好的方式是跑步结束五至十分钟后进行针对性的肌肉牵引拉伸。因此选项A符合题意。

28. 正确答案是C。本题主要考查的是考生能否领会听力材料的内容要点或大意。听力材料中谈到了肌肉酸痛的种类和原因、避免肌肉酸痛的方法和拉伸的好处，这些都是关于运动的基本知识。因此选项C符合题意。

29. 正确答案是D。本题主要考查的是考生能否掌握听力材料中的关键信息。听力材料中谈到，中秋节这天晚上他们要边赏月边吃月饼，这与选项D的意思一致，所以正确答案为D。

30. 正确答案是D。本题主要考查的是考生能否掌握听力材料中的关键信息。听力材料中说“今年中秋也不例外，我们一家四口带着精心准备的礼物去了奶奶家”，这与选项D的意思一致，所以正确答案为D。

31. 正确答案是 B。本题主要考查的是考生能否掌握听力材料中的具体信息。听力材料中谈到，今年中秋节晚上下起了雨，看不到月亮，弟弟很不开心，然后说话人想出了一个让弟弟开心的好主意，于是便有了这场吃月饼比赛。因此选项 B 符合题意。

32. 正确答案是 C。本题主要考查的是考生能否掌握听力材料中的关键信息。说起寒假安排，听力材料中说“首先，同学们应该把老师布置的寒假作业做完”，这与选项 C 的内容一致。因此选项 C 符合题意。

33. 正确答案是 C。本题主要考查的是考生能否掌握听力材料中的关键信息。谈到建立错题本时，听力材料中说“这样方便对症下药，进行有针对性的复习”，因此选项 C 符合题意。

34. 正确答案是 A。本题主要考查的是考生能否掌握听力材料中的关键信息并进行推理判断。谈到预习这个环节时，听力材料中说可以让自己心里有个准备，为下学期做好计划，这与选项 A 的意思一致。因此选项 A 符合题意。

35. 正确答案是 C。本题主要考查的是考生能否掌握听力材料中的关键信息。听力材料中谈到查漏补缺时说“补补自己的弱科”，因此选项 C 符合题意。

二、阅读理解

36. 正确答案是 B。本题主要考查的是考生能否掌握词语在句子中的含义和用法。具体考查考生能否正确理解句义及掌握代词“大家”的意义及用法。题干空白处要表达的意思是“我们”，“大家”与“我们”在这个句子中是同位的。因此选项 B 符合句义。

37. 正确答案是 D。本题主要考查的是考生能否掌握词语在句子中的含义和用法。具体考查考生能否正确理解句义及掌握词语“胡说”的意义及用法。题干空白处要表达的意思是“随便说的或说着玩儿的”。选项 D 符合句义。

38. 正确答案是 D。本题主要考查的是考生能否掌握词语在句子中的含义和用法。具体考查考生能否正确理解句义及辨析名词“差别”和“差距”。“差别”一般表示形式或内容上的不同，而“差距”一般表示人或事物之间的差别程度，也指距离某种标准的差别程度。题干空白处要表达的意思是“差别的程度”，而不是“差别”本身。此外，“类型”和“长短”都不能跟“缩短”搭配。因此选项 D 符合句义。

39. 正确答案是 B。本题主要考查的是考生能否掌握词语在句子中的含义和用法。具体考查考生能否正确理解句义及把握词语“喜爱”的意义及用法。题干空白处要表达的意思是“爱她、喜欢她”。因此选项 B 符合句义。

40. 正确答案是 D。本题主要考查的是考生能否掌握词语在句子中的含义和用法。从词义来看，人们一般是被一个人或一件事感动才会流泪，从词语搭配的角度来看，只有选项“感动”可以与“被”搭配使用，且符合事实。其他几个选项都不能与“被”搭配。因此选项 D 符合句义。

41. 正确答案是 B。本题主要考查的是考生能否掌握词语在句子中的含义和用法。具体考查考生能否正确理解句义及掌握副词“成天”的意义及用法。题干空白处要表达的意思“整天、长时间”。“成天”就是一天到晚的意思。因此选项 B 符合句义。

42. 正确答案是 C。本题主要考查的是考生能否掌握词语在句子中的含义和用法。具体考查考生能否正确理解句义及掌握词语“什么”的意义及用法。题干空白处要表达疑问的意思，而且填入的词还要做“怕”的宾语。因此选项 C 符合句义。

43. 正确答案是 B。本题主要考查的是考生能否掌握词语在句子中的含义和用法。具体来讲，题干空白处要表达的意思是“不得闲”，即机器转得快，工人们要做的事情也很多，选项 B “忙碌”符合句义。其他三个选项都有贬义的意思，用在这个句子中都不合适。

44. 正确答案是 C。本题主要考查的是考生能否掌握词语在句子中的含义和用法。具体考查考生能否正确理解句义及掌握词语“不行”的意义及用法。“不行”用在“哭”的后面，表示哭的程度，可以理解为哭得无法控制。因此选项 C 符合句义。选项 D 是干扰项，我们一般说“哭个不停”，所以排除。

45. 正确答案是 C。本题主要考查的是考生能否掌握词语在句子中的含义和用法。具体来讲，题干要表达的意思是“课间休息时间短，阿里抓紧时间去取字典”。“赶忙”可以形容当时匆忙的那种状态。因此选项 C 符合句义。

46. 正确答案是 B。本题主要考查的是考生能否掌握词语在句子中的含义和用法。具体考查考生能否正确理解句义及掌握关联词语“即使……也……”的意义及用法。题干想表示的是一种相背的假设关系，选项 B 符合句义。选项 C 虽然也表示假设关系，但前后两个分句意义一致，不合逻辑。选项 D 表示因果关系，选项 A 表示转折关系，都不符合句义。因此只有选项 B 符合句义。

47. 正确答案是 D。本题主要考查的是考生能否掌握词语在句子中的含义和用法。具体考查考生能否正确理解句义及掌握“如果……就……”与“必然”的意义及用法。题干想表示的是一种假设关系，并且前面的词必须能和“就”连用，后面的词应能和“会”搭配。因此只有选项 D 符合句义。

48. 正确答案是 D。本题主要考查的是考生能否掌握词语在句子中的含义和用法。具体考查考生能否正确理解句义及掌握“容易”与“考试”的意义及用法。题干表示的是“课文内容都比较容易，所以就不怕考试了”，前一句用“容易”，后一句用“考试”，既符合句义，搭配也合适。而其他三个选项中都存在选项中的前一个词合适，后一个词却不合适，或后一个词合适，前一个词不合适的情况。综上所述，选项 D 符合句义。

49. 正确答案是 C。本题主要考查的是考生能否掌握词语在句子中的含义和用法。具体考查考生能否正确理解句义及掌握“仔细”与“决定”的意义及用法。题干前一句表示原因，后一分句表示结果，由此可以推断，有“仔细考虑”这样的前提，才会有“做出重要的决定”这样的结果。而选项 A 中的“充足”、选项 B 中的“充分”都不能与“考虑”搭配，选项 D 中的“结果”与“做出”不搭配，所以这三个选项都应排除。因此只有选项 C 符合句义。

50. 正确答案是 D。本题主要考查的是考生能否掌握词语在句子中的含义和用法。具体考查考生能否正确理解句义及掌握“好看”与“不在乎”的意义及用法。题干想表示的是“冰雕特别好看，所以即使天气再冷，也无所谓”，选项 D 符合句义。选项 A 中的“少不了”用在此处与句义不符；选项 B 中的“怪不得”表示突然明白了原因，用在此处也与句义不符；选项 C 中的“凉爽”

用在这里不合适，“凉爽”一般用来形容天气。

51. 正确答案是C。本题主要考查的是考生能否根据需要获取阅读材料的细节性信息。文章最后提到了一个关键词“爸爸”，由此可知，这篇文章是写给自己的孩子的。因此选项C符合题意。

52. 正确答案是D。本题主要考查的是考生对文章细节内容的查找能力。谈到学习时间与效果的关系，文中说“先让孩子睡九十分钟，孩子凌晨一点才上床；她如果不让孩子先睡，孩子十二点半就上床了”。前面睡了九十分钟，才晚了半小时睡觉。由此可见，先睡一会儿，学习时间会更短，且学习效果会更好。因此只有选项D符合题意。

53. 正确答案是D。本题主要考查的是考生能否领会阅读材料的主要内容和中心意思。文章最后一句话点明主旨，即作者觉得自己的孩子恐怕也得为自己做个睡眠和学习计划了。因此选项D符合题意。

54. 正确答案是D。本题主要考查的是考生的细节查找能力以及联系上下文理解句子意思的能力。文章叙述越野比赛时提到一条路是军官跑的，另一条路是士兵跑的，说明军官和士兵跑的路线是不同的。因此选项D符合题意。

55. 正确答案是D。本题主要考查的是考生的细节查找能力以及联系上下文理解句子意思的能力。士兵跑到岔路口时按照标识朝着士兵跑的小路跑去，最后拿到了第一名。这说明这个士兵是按照规则跑的。而文章最后提到了大家的醒悟，由此可知他们都没按照规定的路线跑。因此选项D符合题意。

56. 正确答案是C。本题主要考查的是考生能否领会阅读材料的主要内容和中心意思。这篇文章叙述的主要事实就是获胜的士兵是因为遵守规则而取胜，而其他人是因为不遵守规则而失败。所以本文要告诉我们的是诚实守信的重要性。因此选项C符合题意。

57. 正确答案是C。本题主要考查的是考生的细节查找能力。文章第二段提到“这一段时间是小鸟在生理和心理上最脆弱的时期”。“这段时间”指的就是南北方小鸟的换羽时间。因此选项C符合题意。

58. 正确答案是B。本题主要考查的是考生能否根据需要获取阅读材料的细节性信息。文章最后说“多给小鸟吃一些蔬菜和水果，这样小鸟长出来的新毛才会更鲜明、艳丽”。因此选项B符合题意。

59. 正确答案是D。本题主要考查的是考生能否领会阅读材料的主要内容和中心意思。文章介绍了小鸟换羽的时间、环境、营养等，概括起来就是小鸟换羽时的注意事项。因此选项D符合题意。

60. 正确答案是A。本题主要考查的是考生能否根据需要获取阅读材料的细节性信息。文章第一段最后提到，人类之所以一刻也不能忍受氧气的缺乏，是因为人体没有储存氧气的功能。因此选项A符合题意。

61. 正确答案是C。本题主要考查的是考生对文章细节内容的查找能力。文章第二段提到“脑细胞缺氧，人的记忆力便会减退”。由此可知，选项C符合题意。

62. 正确答案是D。本题主要考查的是考生能否根据需要获取阅读材料的细节性信息。文章说“多食用蛋黄、大豆、胡萝卜、鱼、肉等食物，能使大脑的活动机能增强”，因此选项 D 符合题意。

63. 正确答案是 D。本题主要考查的是考生对文章内容大意的理解能力。这篇文章说明了“氧气比食物和水更重要”，因此属于说明文。选项 D 符合题意。

64. 正确答案是 C。本题主要考查的是考生能否根据需要获取阅读材料的细节性信息。年轻人跟总经理解释来应聘的原因时说“碰巧路过这里，就贸然进来了”。这与选项 C 的意思一致。因此选项 C 符合题意。

65. 正确答案是 D。本题主要考查的是考生能否根据需要获取阅读材料的细节性信息。文章说“总经理感觉很新鲜，破例让他试一试”。“感觉很新鲜”就是觉得好奇，因此选项 D 符合题意。

66. 正确答案是 C。本题主要考查的是考生能否根据需要获取阅读材料的细节性信息。文章说年轻人第二次面试依然没有成功，但比起第一次，他的表现要好得多。虽然第二次比第一次好很多，但是结果仍然是没有被录用，也就是表现得不理想。因此选项 C 符合题意。

67. 正确答案是 A。本题主要考查的是考生能否领会阅读材料的主要内容和中心意思。文章讲述的是一位年轻人先后 5 次去微软公司应聘最终被录用的故事，这是年轻人坚信自己会成功并不断努力的结果。因此选项 A 符合题意。

68. 正确答案是 C。本题主要考查的是考生对文章细节内容的查找能力。朋友家两岁的小孩子自己给自己洗澡，小张先是大吃一惊，后来又担心洗不干净。因此选项 C 符合题意。

69. 正确答案是 D。本题主要考查的是考生的细节查找能力以及联系上下文理解句子意思的能力。关于小孩儿洗澡，朋友的妻子认为大人不必担心洗不干净，多练几次，准能行。这与选项 D 的意思一致。因此选项 D 符合题意。

70. 正确答案是 D。本题主要考查的是考生能否根据需要获取阅读材料的细节性信息。小张想帮老太太修车，老太太认为自己能修好，坚持自己修。因此选项 D 符合题意。

71. 正确答案是 A。本题主要考查的是考生能否领会阅读材料的主要内容和中心意思。文章通过小孩儿自己洗澡和老太太自己修车的事，告诉我们无论年龄大小，自己的事情应该自己学着做，不会做的事多练几次就会了。因此选项 A 符合题意。

72. 正确答案是 C。本题主要考查的是考生的细节查找能力以及联系上下文理解句子意思的能力。文章提到迟到不但自己的考评分要扣，而且所在的整个年级部也会被扣分，即全年级的老师都要被连累，这是真正的原因。因此选项 C 符合题意。

73. 正确答案是 C。本题主要考查的是考生的细节查找能力以及联系上下文理解句子意思的能力。文章最后一段说班级要是有人迟到，“我”只是低声询问一下迟到的原因，并提醒他们以后注意合理安排时间。这不是忍受、鼓励和可怜，而是同情。本段最后的“将心比心”也是这个意思。因此选项 C 符合题意。

74. 正确答案是 A。本题主要考查的是考生的细节查找能力以及联系上下文理解句子意思的能力。文章最后一句提到每当别的老师询问“我”怎么对付老迟到的学生的时候，“我”总会道出那次迟到的经历，并对他们说出一个词——将心比心。“他们”是前面提到的“别的老师”。因此选项 A 符合题意。

75. 正确答案是C。本题主要考查的是考生能否领会阅读材料的主要内容和中心意思。对于学生迟到，作者的看法是：将心比心。前面叙述的是作者曾经的迟到经历，说明迟到是有原因的，因此应以宽容的态度对待学生的迟到问题。选项C符合题意。

三、书面表达

76. 正确答案是A。本题主要考查的是考生能否掌握各种词语之间的搭配和修饰。选项A属于病句中的“搭配不当”类型。“一带”泛指某处及其附近的地方，根据句义应该用“一带”，而“地方”用在此处不符合句义。此句的正确表达应为“这种植物东北一带很多，南方很少见”。

77. 正确答案是B。本题主要考查的是考生对语法表达中逻辑通顺的掌握情况。选项B属于病句中的“前后矛盾”类型，句子前后两个部分表达的意思相互矛盾。正确表达应为“这个问题不难，没有谁回答不上来”。

78. 正确答案是B。本题主要考查的是助词“得”的用法。选项B属于“地”“得”混用。“地”用在状语后动词前，“得”用在动词后补语前。因此正确表达应为“医生们抢救病人的故事，感动得我直流眼泪”。

79. 正确答案是B。本题主要考查的是考生能否掌握常用短语和习用语。重点考查是否掌握“之一”的意义和用法。选项B属于病句中的“成分残缺”类型。根据句义，北京大学是北京有名的大学中的一个，“之一”不能省略。因此正确表达应为“北京有很多有名的大学，北京大学是其中之一”。

80. 正确答案是D。本题主要考查的是考生能否掌握常用短语和习用语。选项D属于病句中的“成分残缺”类型。“在……下”是固定搭配，强调条件、情况、原因等，其中的“下”不能省略。因此正确表达应为“在这样艰苦的条件下，他们仍然出色地完成了任务”。

81. “满意”，二级词。本题主要考查的是考生能否结合上下文语境，根据给出的拼音，正确写出对应的字。既考查考生的书写能力，又在一定程度上考查考生的阅读理解能力。本题词语属于常用词语，注意“满”字左边是三点水。

82. “值得”，二级词。本题主要考查的是考生能否结合上下文语境，根据给出的拼音，正确写出对应的字。既考查考生的书写能力，又在一定程度上考查考生的阅读理解能力。本题的难点是正确书写出“值”字，考生易写成同音字“植”。

83. “联系”，二级词。本题主要考查的是考生能否结合上下文语境，根据给出的拼音，正确写出对应的字。既考查考生的书写能力，又在一定程度上考查考生的阅读理解能力。本题的难点是正确书写出“系”字，注意上面有一撇。

84. “经历”，二级词。本题主要考查的是考生能否结合上下文语境，根据给出的拼音，正确写出对应的字。既考查考生的书写能力，又在一定程度上考查考生的阅读理解能力。本题的难点是正确书写出“经”字，考生易写成形近字“轻”。

85. “建议”，二级词。本题主要考查的是考生能否结合上下文语境，根据给出的拼音，正确写出对应的字。既考查考生的书写能力，又在一定程度上考查考生的阅读理解能力。本题的难点是正确书写出“建”字，注意“建”字的左下方是“廴”，不要写成走之旁“辶”。

模拟试题（十）

答案速查

1. A	2. C	3. D	4. B	5. A	6. D	7. A	8. B	9. B	10. A
11. B	12. C	13. C	14. C	15. A	16. C	17. D	18. D	19. C	20. B
21. C	22. B	23. D	24. C	25. A	26. A	27. D	28. D	29. A	30. D
31. B	32. C	33. C	34. C	35. D	36. D	37. D	38. C	39. C	40. D
41. C	42. D	43. C	44. B	45. D	46. B	47. B	48. A	49. B	50. B
51. C	52. A	53. D	54. B	55. C	56. C	57. D	58. C	59. D	60. C
61. A	62. B	63. D	64. C	65. B	66. B	67. D	68. C	69. A	70. B
71. A	72. C	73. C	74. A	75. A	76. A	77. C	78. C	79. B	80. C
81. 好奇	82. 往往	83. 鼓励	84. 奉献	85. 科技					

【参考范文】

勇敢面对困难

读完这篇小短文，我深有感触：困难就是欺软怕硬。你软它就硬，你硬它就软。想到这里，我不由得想起了我学骑自行车的那段时光。因为它让我学会了勇敢面对困难。

那天阳光明媚，晴空万里，我的心情特别好。因此当同学建议我学骑自行车时，我忘记了自己平衡感不好，就一口答应了。

一回家，我把自行车搬了出来，准备开始练习。没想到刚把脚放在车上，车子就往一边斜了过去，不管我怎样努力，车子总会倒下去。最终，车子和我重重地摔在了地上，疼得我直掉眼泪。可是，我怎么能放弃呢？失败乃成功之母嘛！

"再来一次，我一定能行的！"我暗暗为自己加油打气，强忍着疼痛，继续骑了起来。有了刚才的教训，再次骑上去，我小心了许多。"不错不错，我居然骑了三四米。"结果刚说完，我又摔了下来……

整个下午，我一直在为自己加油，最后我终于成功了，能和同学一起骑车了。更重要的是，我学会了勇敢面对困难。

详细解析

一、听力理解

1. 正确答案是A。本题主要考查的是考生能否掌握对话中的具体信息并进行推理判断。"演出"是对话中的关键词，由此可以推断出对话发生的地点应该是在"剧场"或"剧院"。选项A"剧场"

符合题意。

2. 正确答案是C。本题主要考查的是考生能否掌握对话中的主要事实并进行推理判断。男的说水龙头换好了，女的称呼他师傅，由对话可知，他们是在修水龙头，由此可以判断，对话的双方是修理工与顾客。选项C“修理工与顾客”符合题意。
3. 正确答案是D。本题主要考查的是考生能否领会听力材料的内容要点或大意。女的说晓峰朝三暮四，又要学钢琴了，让男的找他聊一聊，意思就是让男的跟晓峰谈心，劝说一下。选项D“跟晓峰谈谈心”符合题意。
4. 正确答案是B。本题主要考查的是考生能否领会听力材料的内容要点或大意。男的问女的为什么开心，女的说面试通过了，下个星期一上班。由此可知女的找到了工作，而且试用期工资也不少。选项B“找到工作了”符合题意。
5. 正确答案是A。本题主要考查的是考生能否领会听力材料的内容要点或大意。对话中提到了“礼物”“商场”，并且提到了“转一转”的目的，由对话可以得知，说话双方要一起去商场买礼物。选项A“逛商场”与去商场转一转的意思一致，符合题意。
6. 正确答案是D。本题主要考查的是考生能否领会听力材料中说话人的观点和态度。女的对沙发上放满衣服、被子不叠、杂志扔在地上的混乱状况很不满意，让男的收拾一下。男的说去上班，回来再收拾。由此可知女的是不满的语气。选项D“不满”符合题意。
7. 正确答案是A。本题主要考查的是考生能否领会听力材料的主要信息并进行推理判断。男的说在教室里听了一天课头有点儿昏，吃完饭想去操场上走走。从“教室”“操场”等词可以推断出，说话人很有可能在学校，所以选项A为正确答案。
8. 正确答案是B。本题主要考查的是考生能否领会听力材料中说话人的观点和态度。女的说自己找不到了，男的表扬了她，又让她看颜色和大小，并说她一定能找到。因此，男的是在鼓励女的。选项B“鼓励”符合题意。
9. 正确答案是B。本题主要考查的是考生能否掌握听力材料中的主要事实并进行推理判断。女的对林峰在植树活动中的表现给予了表扬，由此可以推断出林峰的组织能力强。因此，选项B“组织能力强”符合题意。表扬不等于奖励，所以选项A不对。
10. 正确答案是A。本题主要考查的是考生能否领会听力材料中说话人的观点和态度。男的说蓝天白云，不可能下雨，由“什么中雨啊？”可知男的对这件事持相反的意见。选项A“否定”符合题意。
11. 正确答案是B。本题主要考查的是考生能否掌握对话中的关键信息。由对话可知男的想去听讲座，结束后去给合唱团送水果。因此，男的晚上打算先做的事情是听讲座。选项B“听讲座”符合题意。
12. 正确答案是C。本题主要考查的是考生能否掌握对话中的关键信息。由对话可知，女的因为自己楼下的邻居家着火而感到倒霉，一晚上也没睡好，所以脸色很差。因此选项C符合题意。
13. 正确答案是C。本题主要考查的是考生能否掌握对话中的关键信息并进行推理判断。女的说高老师住院了，问男的是否可以帮他代一下初二三班的物理课。由此可以判断出高老师是教初中物理的。选项 C“教初中物理”符合题意。

14. 正确答案是 C。本题主要考查的是考生能否把握对话中的具体信息并进行推理判断。男的问女的假期待在学校干什么，女的回答找了编辑的实习工作，报了英语班。由此可以判断出女的在准备英语考试，到年底要参加考试。选项 C 符合题意。

15. 正确答案是 A。本题主要考查的是考生能否领会听力材料的内容要点或大意。女的让男的不要出洋相，脱掉花衣服。男的回答在排小品，要在艺术节上表演。由此可知男的在为艺术节准备小品，选项 A“排练”符合题意。

16. 正确答案是 C。本题主要考查的是考生能否掌握对话中的关键信息。男的说不准备不行，因为头一次给孩子们讲，怎么讲孩子们更爱听，他心里没底。因此，选项 C“他不知道怎么给孩子们讲”符合题意。选项 B 无法从对话中推测出，选项 A、D 是学校的目的，不是男的要做准备的原因，排除。

17. 正确答案是 D。本题主要考查的是考生能否掌握对话中的关键信息并进行推理判断。男的因为不太了解孩子们的喜好而感到心里没底，女的说等儿子起来跟他聊一聊，男的同意了女的的建议并想让他的儿子把吴磊、苏梅也叫来。这说明男的接下来会与孩子们谈心。选项 D 符合题意。

18. 正确答案是 D。本题主要考查的是考生能否掌握对话中的关键信息。男的和女的要参加捡垃圾美化环境活动，男的说下午把活动通知发到微信群里，人多就组团一起去。由此可知，男的要动员更多人参加，选项 D“动员大家参加活动”符合题意。

19. 正确答案是 C。本题主要考查的是考生能否掌握对话中的关键信息。女的说早该组织美化环境活动了，这可以让每个人关注身边的环境，提高环保意识。因此选项 C“可以美化环境”符合题意。

20. 正确答案是 B。本题主要考查的是考生能否掌握对话中的关键信息。女的说女孩儿就买红的，男孩儿就买蓝的，图案也可以区别一下。男的表示同意，接着说熊猫的给女孩儿，恐龙的给男孩儿。由此可知，红色、熊猫的给女孩儿，因此选项 B“红色、熊猫的”符合题意。

21. 正确答案是 C。本题主要考查的是考生能否掌握对话中的关键信息并进行推理判断。女的开始说书包 49 元一个，男的问能优惠吗，女的说一个 28 元。由此推断，书包优惠了 21 元，因此选项 C“21”符合题意。

22. 正确答案是 B。本题主要考查的是考生能否掌握对话中的关键信息。女的问给多大的孩子买，男的说三到六岁的孩子，买书包是要捐献给贫困地区的幼儿园。由此可知男的是要献爱心。“捐献”与“献爱心”意义一致，因此选项 B“献爱心”符合题意。

23. 正确答案是 D。本题主要考查的是考生能否掌握听力材料中的关键信息。听力材料中谈到，黄飞冲进人群，跪在地上为孩子做心肺复苏。由此可知选项 D“黄飞为孩子做心肺复苏”与听力材料中的内容一致，符合题意。

24. 正确答案是 C。本题主要考查的是考生能否掌握听力材料中的关键信息。听力材料中谈到，同样喊出“我是医生”的还有河南省第二人民医院肿瘤科医生徐红艳。由此可知徐红艳是河南的一位医生，所以选项C为正确答案。

25. 正确答案是A。本题主要考查的是考生能否掌握听力材料中的主要信息。第一个医生说“请让一让，我是医生”，第二个医生也说“我是医生”，两名医生都说了“我是医生”，所以选项A为正确答案。

26. 正确答案是A。本题主要考查的是考生能否掌握听力材料中的关键信息。听力材料中谈到，韭菜、萝卜、冬瓜、丝瓜、笋、葱、姜等是我国土生土长的蔬菜，而西红柿、土豆、辣椒基本都是明清时期传入我国的，明代以前吃不到。由此可知选项A“冬瓜、韭菜”符合题意。

27. 正确答案是D。本题主要考查的是考生能否掌握听力材料中的关键信息。听力材料中谈到，西红柿、土豆和辣椒都产自美洲，由此可知，选项D“辣椒、西红柿”符合题意。

28. 正确答案是D。本题主要考查的是考生能否掌握听力材料中的关键信息。听力材料中谈到，我国土生土长的蔬菜包括韭菜、冬瓜、萝卜、姜、笋、葱，而胡萝卜和黄瓜来自国外，因此选项D符合题意。

29. 正确答案是A。本题主要考查的是考生能否掌握听力材料中的具体信息。听力材料开头就说“平时，学生忙着上学，家长忙着上班，坐在一起交流的时间很少”，选项A与这句话所表达的意思一致，所以正确答案为A。

30. 正确答案是D。本题主要考查的是考生能否掌握听力材料中的关键信息。听力材料中谈到，假期里跟家长接触多了，会发现“其实大人们也是很好沟通的”，选项D与听力材料内容一致，符合题意。

31. 正确答案是B。本题主要考查的是考生能否掌握听力材料中的关键信息并进行推理判断。听力材料通篇都在讲述学生应该如何利用假期，如何与父母增进交流，如何培养爱好等，由此可知，选项B符合题意。

32. 正确答案是C。本题主要考查的是考生能否掌握听力材料中的关键信息。听力材料中谈到，家长发动亲朋好友来投票，甚至出现了技术造假、刷票、买票等现象。由此可知选项C“用各种方法拉票”与听力材料内容一致，符合题意。

33. 正确答案是C。本题主要考查的是考生能否领会听力材料中的内容要点或大意。听力材料中谈到，“一项调查结果显示，有68%的受访者表示朋友圈拉票令人反感，其中12.3%的受访者表示非常反感”。由此可知，调查的目的是了解大家对拉票现象的看法，因此选项C“了解大家怎么看待拉票”符合题意。

34. 正确答案是C。本题主要考查的是考生能否掌握听力材料中的关键信息。听力材料中谈到“只有以实事求是的、正向的激励方式来‘选优’‘点赞’，才能让孩子形成正确的自我认知……”，因此，选项C“让孩子形成正确的自我认知”与听力材料内容一致，符合题意。

35. 正确答案是D。本题主要考查的是考生能否领会听力材料的内容要点或大意。听力材料中谈到了网络投票存在的一些不好的现象，指出正向激励能培养孩子的信心，最后说只有以实事求是的、正向的激励方式来“选优”才能让孩子形成正确的自我认知，从而真正达到评选的目的。由此可知，这段话要说的是应该用正向的激励方式来评优，选项D符合题意。

二、阅读理解

36. 正确答案是D。本题主要考查的是考生能否掌握词语在句子中的含义和用法。具体考查考生能否正确理解句义及掌握词语“别的”的意义及用法。题干空白处要表达的意思是“其他的”，选项D“别的”符合句义。

37. 正确答案是D。本题主要考查的是考生能否掌握词语在句子中的含义和用法。具体考查考生能否正确理解句义及掌握词语“随时”的意义及用法。题干空白处要表达的意思是“任何时候”，选项D“随时”符合句义。选项A“有时”表示有的时候，选项B“及时”表示时间正好，选项C“准时”表示时间的准确性，用在这里意思不合适，而且这三个词不能用在“都”的前面。

38. 正确答案是C。本题主要考查的是考生能否掌握词语在句子中的含义和用法。一般来讲，“曲子节奏明快”会让人感到愉快或高兴。因此选项C符合句义。

39. 正确答案是C。本题主要考查的是考生能否掌握词语在句子中的含义和用法。具体考查考生能否正确理解句义及掌握名词“平时”的意义及用法。题干空白处要表达的意思是“一般情况下”，选项C“平时”符合句义。

40. 正确答案是D。本题主要考查的是考生能否掌握词语在句子中的含义和用法。具体考查考生能否正确理解句义及掌握副词“实在”的意义及用法。题干空白处要表达的意思是“确实，毫无疑问地”，选项D“实在”符合句义。

41. 正确答案是C。本题主要考查的是考生能否掌握词语在句子中的含义和用法。题干要表达的意思是“开运动会穿什么衣服要在开运动会之前告诉大家”。选项C“预先”表达的就是这个意思。因此选项C符合句义。

42. 正确答案是D。本题主要考查的是考生能否掌握词语在句子中的含义和用法。“好大的口气”是一个固定说法，形容人说话的气势大。因此选项D符合句义。选项A、C均不能和“好大”搭配，选项B“口音”一般用“重”来形容。

43. 正确答案是C。本题主要考查的是考生能否掌握词语在句子中的含义和用法。具体考查动词与名词的搭配。选项A、B、D均不能和“力量”搭配。只有“依靠”可以。因此选项C符合句义。

44. 正确答案是B。本题主要考查的是考生能否掌握词语在句子中的含义和用法。具体考查考生能否正确理解句义及掌握副词“从来”的意义及用法。题干空白处要表达的意思是“某行为从过去到现在一直都是这样”，选项B“从来”符合句义。

45. 正确答案是D。本题主要考查的是考生能否掌握词语在句子中的含义和用法。具体考查考生能否正确理解句义及掌握“毫不”的意义及用法。题干空白处要表达的意思是“一点儿也不”，选项D“毫不”符合句义。

46. 正确答案是B。本题主要考查的是考生能否掌握词语在句子中的含义和用法。具体考查考生能否正确理解句义及掌握关联词语“即使……也……”的意义及用法。题干想表示的是一种假设关系，选项B符合题意。选项A“如果……就……”表示的也是假设关系，但前后两个分句的句义一致，而“即使……也……”前后两个分句的句义相背。选项C和D表示因果关系。因此只有选项B符合句义。

47. 正确答案是B。本题主要考查的是考生能否掌握词语在句子中的含义和用法。具体考查考生能否正确理解句义及掌握“如果……就……”与动词“调查”的意义及用法。题干想表示的是一种假设关系，并且前面的词必须能和“就”连用，后面的词应能和“做”搭配，因此只有选项B符合句义。

48. 正确答案是A。本题主要考查的是考生能否掌握词语在句子中的含义和用法。具体考查考生能否正确理解句义及掌握“暖和”与“仍然”的意义及用法。题干想表示的是“春天到了，天气应该暖和了，可这两天天气还是很冷”。前一句用“暖和”，后一句用“仍然”，既符合句义，也符合常理。而选项D中的“温和”多指人的性格，B中的“炎热”一般用于夏天，C中的“果然”语气与句义不符。因此只有选项A符合句义。

49. 正确答案是B。本题主要考查的是考生能否掌握词语在句子中的含义和用法。具体考查考生能否正确理解句义及掌握“充分”与“成绩”的意义及用法。题干想表示的是“心里准备充分了，才能考出好成绩”，选项B符合句义。题干前一分句表示条件，后一分句表示结果，且后一分句中有“好”一词。由此可以推断，只有条件足够充分，结果才能好。选项A、C、D的“效果”“成果”和“成就”均与“考出”不搭配，排除。

50. 正确答案是B。本题主要考查的是考生能否掌握词语在句子中的含义和用法。具体考查考生能否正确理解句义及掌握“重要”与“无所谓”的意义及用法。题干想表示的是“人品最重要，长相无所谓”，选项B符合句义。选项A中的“关心”和选项C中的“重视”的用法一般是“主语+关心/重视+宾语”，用在这里搭配不合适；选项D中的“不见得”有“不一定”的意思，用在此处也与句义不符，排除。

51. 正确答案是C。本题主要考查的是考生对文章细节内容的查找能力。文章说条形码里面包含了和商品有关的一些信息，如生产国、生产厂家、商品名称等，后面又提到售货员只要将条形码对着与计算机相连的条形码阅读器扫一下，商品的名称、价格等就会显示在计算机上。因此选项C符合题意。

52. 正确答案是A。本题主要考查的是考生对文章细节内容的查找能力。文章第一段提到条形码是一种特殊的图形，里面包含了和商品有关的一些信息，这说明条形码里面储存了商品的一些信息。因此选项A符合题意。

53. 正确答案是D。本题主要考查的是考生对文章细节内容的查找能力。文章第三段提到，如果需要变动商品的价格，技术员只需要改动存储在计算机里的数据库就行了。因此选项D符合题意。选项C说得太绝对了，并不是所有商品的包装上都有条形码。

54. 正确答案是B。本题主要考查的是考生的细节查找能力。文章说苏轼做官期间总是注意节俭，后面讲的是他被降职贬官后的生活情况，可以看出非常节俭。因此选项B符合题意。

55. 正确答案是C。本题主要考查的是考生的细节查找能力以及联系上下文理解句子意思的能力。文章提到苏轼被降职贬官来到黄州，由于薪俸减少了许多，日子过得很困难，后来在朋友的帮助下弄到了一块地，他便自己耕种起来。可见他用种地的收成和工作的收入来维持生活。因此选项C符合题意。

56. 正确答案是C。本题主要考查的是考生查找细节信息的能力和理解句子意思的能力。文章提到苏轼为了不乱花一分钱实行计划开支，他把所有的钱先分成12份，每月用1份，然后每份又平均分成 30 小份，每天只用 1 小份。因此选项 C 符合题意。

57. 正确答案是 D。本题主要考查的是考生能否根据需要获取阅读材料的细节性信息。文章谈到对身体有益的营养成分时说“如瘦肉、禽蛋、蜂蜜和新鲜蔬菜、水果等”，结合问题，选项 D 符合题意。

58. 正确答案是 C。本题主要考查的是考生的细节查找能力以及联系上下文理解句子意思的能力。文章有两处谈到新鲜空气：“多到户外、郊外呼吸新鲜空气”和“每天开窗通风，保持室内空气新鲜”。因此选项 C 符合题意。

59. 正确答案是 D。本题主要考查的是考生能否根据需要获取阅读材料的细节性信息。文章第（五）点提到“不要过度疲劳，以免造成抵抗力下降”，由此可知身体疲劳容易造成抵抗力下降。因此选项 D 符合题意。

60. 正确答案是 C。本题主要考查的是考生能否根据需要获取阅读材料的细节性信息。老人问第一个青年原居住地的人怎么样，青年觉得他们毫无礼貌、自私自利，他没有办法忍受，即原居住地的人不好。因此选项 C 符合题意。

61. 正确答案是 A。本题主要考查的是考生能否根据需要获取阅读材料的细节性信息。第二位青年认为自己原来生活的地方很好，但因为职业的原因不得不离开那里，即搬家跟职业有关，对工作要有利。因此选项 A 符合题意。

62. 正确答案是 B。本题主要考查的是考生对文章细节内容的查找能力和综合判断能力。老人根据两位青年的不同回复给出了不同的答案，由此可以看出，老人对待不同的人态度是不一样的。因此选项 B 符合题意。

63. 正确答案是 D。本题主要考查的是考生能否领会阅读材料的主要内容和中心意思。文章讲述了两个青年的故事，对比他们看待事物的不同心态以及得到的不同结果，说明在生活中人的心态非常重要。因此选项 D 符合题意。

64. 正确答案是 C。本题主要考查的是考生的细节查找能力以及联系上下文理解句子意思的能力。文章说：“张大千判断，在表面这层画儿的后面，一定还藏着至今还不为人知的更早的画儿。经过商量，张大千决定打掉眼前所看见的这一层画儿。”由此可知，张大千决定打掉眼前的画儿是为了看到更早的画儿。因此选项 C 符合题意。

65. 正确答案是 B。本题主要考查的是考生的细节查找能力以及联系上下文理解句子意思的能力。打掉五代时期的壁画后发现的是更早的画儿——盛唐时期的壁画。因此选项 B“盛唐时期比五代时期早”符合题意。

66. 正确答案是 B。本题主要考查的是考生能否根据需要获取阅读材料的细节性信息。张大千打掉敦煌壁画表层画儿的消息震惊了全国，因为被打掉的是极其珍贵的五代时期的壁画。因此选项 B 符合题意。

67. 正确答案是 D。本题主要考查的是考生能否领会作者的态度或观点。文章最后一段说，张大千的做法让世人欣赏到了历史更久远的壁画艺术，对了解盛唐时期社会的发展状况和人们的生活状态也起到了非常重要的作用，为人类文明的历史画上了光辉、灿烂的一笔。由此可以看出，张大千的做法是非常有意义的。因此选项 D 符合题意。

68. 正确答案是C。本题主要考查的是考生能否根据需要获取阅读材料的细节性信息。关于景泰蓝的得名，文章在第二段提到，它是在明朝景泰年间发展起来的，因为当时使用的釉色多是宝石一样的蓝色，所以人们把这种工艺品称为“景泰蓝”。由此可知选项C符合题意。

69. 正确答案是A。本题主要考查的是考生能否根据需要获取阅读材料的细节性信息。文章第三段讲到了景泰蓝的制作工艺，提到“工人们首先要把铜料打成瓶、罐、盒、盘等器物”，即说明了景泰蓝的形状。因此选项A符合题意。

70. 正确答案是B。本题主要考查的是考生能否根据需要获取阅读材料的细节性信息。“现存”即“现在保留下来”的意思。从文章第四段最后一句话可以找到答案。因此选项B符合题意。

71. 正确答案是A。本题主要考查的是考生能否领会作者的态度或观点。可以从最后一段推理判断。“景泰蓝可以制成瓶、罐、盒等珍贵的陈设装饰品，也可以制成很多实用工艺品，如花瓶、台灯、烟具、酒具、茶具等”这句话表明景泰蓝不仅有欣赏价值，也有使用价值。因此选项A符合题意。

72. 正确答案是C。本题主要考查的是考生的细节查找能力以及联系上下文理解句子意思的能力。第一段第一句话说“生病的经验是一步步懂得满足”，接下来叙述的是生病时才知道不生病的好。由此可以推断不生病是健康的，健康是幸福的。这与选项C“生病才能体会到健康的幸福”表达的意思是一致的。因此选项C符合题意。

73. 正确答案是B。本题主要考查的是考生的细节查找能力以及联系上下文理解句子意思的能力。“当他们意识到什么是真正幸福的时候”中的“他们”就是吃尽了疾病的苦头后把“幸福底线”定得很低的人。因为吃尽了疾病的苦头，所以人们才改变了对幸福的看法。因此选项B符合题意。

74. 正确答案是A。本题主要考查的是考生的细节查找能力以及联系上下文理解句子意思的能力。作者说“真正的幸福恰恰就在出发的原点”，即就在人们的身边。因此选项A符合题意。

75. 正确答案是A。本题主要考查的是考生能否领会阅读材料的主要内容和中心意思。文章最后一句“从今天起，我们应该给自己的幸福画一条最低的底线，学会从最平常的日子和最平常的事情里品尝幸福”表达了文章的主要意思，点明了作者写这篇文章的目的。因此选项A符合题意。

三、书面表达

76. 正确答案是A。本题主要考查的是考生能否掌握各种词语之间的搭配和修饰。选项A属于病句中的“搭配不当”类型。句子想表达的意思是“大家都同意了，只有他不同意”，应该用副词“偏偏”或“就是”，而“特别”是程度副词。此句的正确表达应为“别人都同意了，可他偏偏/就是不同意”。

77. 正确答案是C。本题主要考查的是考生对语法表达中逻辑通顺的掌握情况。选项C属于病句中的“前后矛盾”类型。句子前后两个部分表达的意思相互矛盾，正确表达应为“北京的名胜古迹太多了，一个星期都跑不过来”。

78. 正确答案是C。本题主要考查的是考生能否掌握各种词语之间的搭配和修饰。选项C属于病句中的“搭配不当”类型。“精神”与“浮现”不能搭配，可将“精神”改为“形象”。根据句义，正确表达应为“他的革命形象无时无刻不浮现在我的眼前”。

79. 正确答案是B。本题主要考查的是考生能否掌握句子成分在句子中的正确位置。重点考查是否掌握“感兴趣”的意思及用法。“感兴趣”是动宾短语，后面不能再带宾语，“我们的试验”要用介词“对”引介。因此正确表达应为“有关部门对我们的试验很感兴趣，希望大家继续努力”。

80. 正确答案是C。本题主要考查的是考生对句子结构完整性的掌握情况。选项C属于病句中的“成分残缺”类型，缺少了谓语“是”。根据句义，“是”不可以省略。因此正确表达应为“我国的传统节日很多，其中最大的节日是春节”。

81. “好奇”，二级词。本题主要考查的是考生能否结合上下文语境，根据给出的拼音，正确写出对应的字。既考查考生的书写能力，又在一定程度上考查考生的阅读理解能力。本题词语属于常用词语，难点是正确书写“奇”字的笔画笔顺。

82. “往往”，二级词。本题主要考查的是考生能否结合上下文语境，根据给出的拼音，正确写出对应的字。既考查考生的书写能力，又在一定程度上考查考生的阅读理解能力。本题词语属于常用词语，注意不要把“往”错写成“住”。

83. “鼓励”，二级词。本题主要考查的是考生能否结合上下文语境，根据给出的拼音，正确写出对应的字。既考查考生的书写能力，又在一定程度上考查考生的阅读理解能力。本题词语属于常用词语，难点是正确写出“励”字，考生容易把“励”写成同音字“历”，或者把左右结构写成左上包右下的半包围结构。

84. “奉献”，二级词。本题主要考查的是考生能否结合上下文语境，根据给出的拼音，正确写出对应的字。既考查考生的书写能力，又在一定程度上考查考生的阅读理解能力。本题的难点是正确写出“献”字右边的“犬”字，不要少写一点。

85. “科技”，二级词。本题主要考查的是考生能否结合上下文语境，根据给出的拼音，正确写出对应的字。既考查考生的书写能力，又在一定程度上考查考生的阅读理解能力。本题的难点是正确写出“技”字，考生容易将“技”错写成“枝”。